高温多雨地区公路水文地质特征及水害防治技术

陈少文　田卿燕　张彦龙　吴益林 等　著

科学出版社
北　京

内 容 简 介

本书针对公路水害问题，首先介绍了基于水文地质特征的公路水害分类方法，揭示了大气降水-水文地质与公路水害的直接关系；其次从水文地质学角度研究了路基路面水分迁移、隧道地下水运动和排水孔淤堵的发生与发展规律；再次提出了水害综合探测分析方法，实现了按不同水文地质特征分类的水害处治技术；最后研发了新型排水设施，构建了公路沿线构筑物“查、截、堵、排、养”一体化的防排水系统设计施工养护技术。

本书适合交通、土木、水利、岩溶工程设计及施工等工程领域的科研和工程技术人员阅读。

图书在版编目（CIP）数据

高温多雨地区公路水文地质特征及水害防治技术/陈少文等著．—北京：科学出版社，2021.6

ISBN 978-7-03-065784-8

Ⅰ．①高…　Ⅱ．①陈…　Ⅲ．①道路工程-排水工程-工程施工-施工技术-研究　Ⅳ．①U417.3

中国版本图书馆 CIP 数据核字（2020）第 146534 号

责任编辑：朱小刚 / 责任校对：樊雅琼

责任印制：罗　科 / 封面设计：陈　敬

科学出版社 出版

北京东黄城根北街 16 号

邮政编码：100717

http://www.sciencep.com

四川煤田地质制图印刷厂 印刷

科学出版社发行　各地新华书店经销

*

2021 年 6 月第　一　版　开本：720 × 1000　B5

2021 年 6 月第一次印刷　印张：16

字数：320 000

定价：149.00 元

（如有印装质量问题，我社负责调换）

前　言

改革开放四十多年以来，我国公路基础设施建设取得了历史性突破。近年来，公路网交通逐渐向崇山峻岭延伸，但受山区地形复杂、构造发育等因素的综合作用，地质灾害频发，其中以降雨为主的自然因素引发的灾害占总数的92.1%，主要分布在南方高温多雨地区，造成的直接经济损失达454.77亿元，公路水害已然成为阻碍我国公路发展的头号大敌。目前，高温多雨地区公路水害防治主要存在两大技术难题：一是高温多雨地区公路水害防治技术的研究主要从力学角度进行，没有重视水害的产生、发展与公路建设前后水文地质变化之间的内在联系，以及其对公路工程长期性能的影响，治理方案往往治标不治本，导致工程造价大幅度提升，造成有些水害问题经常性复发；二是高温多雨地区公路防排水设计施工及养护技术规范化程度不高，缺乏可维护型排水结构。

2005年以来，为了更加有效地解决公路水害治理难题，为水害防治和养护提供经验积累和理论支持，作者开展了高温多雨地区高速公路水害防治关键技术相关的多项研究，综合考虑大气降雨、水文地质和工程地质条件等因素对水害形成、发展的影响，提出了基于水文地质特征的公路水害分类与方法，建立了广义水-土特征曲线，提出了“野外水文地质勘查+物理探测+水联通试验+结构检测”的水害综合探测分析方法；提出了按不同水文地质特征分类的水害处治技术，研发了新型可更换硬韧组合双层曲纹网状透水管产品及其配套设计方法、施工工艺和质量控制技术标准，构建了公路沿线构筑物“查、截、堵、排、养”一体化的防排水系统设计施工养护技术，研究成果不但解决了京珠高速粤境段、深汕高速等12个高速公路项目水害难题，而且研发的产品在罗阳、潮惠和阳茂等29个项目中进行了应用。本书的研究成果对公路水害检测、咨询、治理设计、效果评价等方面具有指导意义。

全书共8章，第1章由陈少文、田卿燕、张彦龙撰写，第2章由田卿燕、林海山撰写，第3章由吴益林、田卿燕、张彦龙撰写，第4、6章由陈少文、吴益林、钱尼贵、孙晓立撰写，第5章由田卿燕、吕建兵、张青青、赵振勇撰写，第7、8章由张彦龙、李清、田卿燕、林海山、魏文胜撰写。全书由张彦龙、林海山统稿，吴益林、田卿燕校稿，陈少文审定。

除作者外，陈正汉教授、苗强强博士、但汉成博士、罗幸平教高，黎新才高工、李建武高工等先后参与了本书相关内容的研究工作。本书在成稿过程中，得到了陈国靖专家、林志教授、张建同博士等人的帮助，在此表示由衷的感谢。

由于作者水平有限，书中难免存在不足之处，敬请读者批评指正！

作　者

2021 年 3 月

目　　录

前言
第 1 章　绪论 …… 1
1.1　概述 …… 1
1.2　公路工程水文地质研究现状 …… 2
1.3　公路防排水技术研究现状 …… 3
1.4　公路水害现状及水害防治技术发展现状 …… 4
1.4.1　公路水害现状 …… 4
1.4.2　公路水害防治技术发展现状 …… 6
1.4.3　公路水害防治技术存在的问题 …… 7
1.5　高温多雨地区公路水害防治关键技术 …… 7
第 2 章　高温多雨地区公路水文地质特征 …… 10
2.1　高温多雨地区公路水文地质特征与地质灾害分布特征 …… 10
2.1.1　气候特征 …… 10
2.1.2　地表水特征 …… 11
2.1.3　地形地貌特征 …… 12
2.1.4　地下水类型及工程特性 …… 12
2.1.5　地下水分布特征 …… 13
2.2　高温多雨地区公路水文地质区划及地质灾害分布特征 …… 13
2.2.1　公路水文地质区划 …… 13
2.2.2　基于水文地质区划的地质灾害分布特征 …… 15
2.3　公路工程与水文地质相互影响关系 …… 20
2.3.1　公路路基路面与水文地质相互影响关系 …… 20
2.3.2　公路路堑边坡与水文地质相互影响关系 …… 21
2.3.3　公路隧道与水文地质相互影响关系 …… 24
第 3 章　高温多雨地区公路水害特征及分类 …… 30
3.1　填方路基水害特征及分类 …… 30
3.2　路堑边坡水害特征及分类 …… 31
3.2.1　滑坡 …… 31
3.2.2　泥石流 …… 43

3.2.3 坍塌 …… 44
3.2.4 坡面病害 …… 45
3.3 路面水害特征及分类 …… 46
3.3.1 沥青路面的水害类型 …… 46
3.3.2 水泥路面的水害类型 …… 51
3.4 地下构筑物水害特征及分类 …… 52
3.4.1 地下构筑物水害特征 …… 52
3.4.2 隧道水害分类 …… 54
第 4 章 填方路基水害防治技术及效果评估 …… 57
4.1 非饱和填方路基水分迁移规律 …… 57
4.1.1 路基水分存在形式及水分变化对路基特性的影响 …… 57
4.1.2 非饱和路堤边坡降雨入渗的室内模型试验 …… 59
4.1.3 高速公路路基水分迁移规律的现场监测与分析 …… 66
4.1.4 含水率和压实度对路基回弹模量影响试验 …… 68
4.2 填方路基水害治理关键技术 …… 76
4.2.1 注浆加固 …… 76
4.2.2 增设排水系统 …… 77
4.3 填方路基水害治理工程及效果评价 …… 78
4.3.1 工程概况 …… 78
4.3.2 病害概况 …… 78
4.3.3 病害处治措施 …… 78
4.3.4 处治效果评价 …… 80
第 5 章 挖方路基水害防治技术及效果评估 …… 81
5.1 挖方路基坡面冲刷和坡体渗流破坏机理 …… 81
5.1.1 受降雨入渗影响的边坡整体稳定性演化机制 …… 81
5.1.2 边坡坡面和坡体雨水渗流理论与计算方法 …… 84
5.1.3 公路边坡仰斜排水孔淤堵机理 …… 89
5.2 挖方路基水害治理关键技术 …… 108
5.2.1 边坡防护和排水措施适用性分析 …… 108
5.2.2 多种措施相结合的边坡水害治理技术 …… 110
5.3 挖方路基水害治理工程及效果评价 …… 116
5.3.1 广东某高速公路 B 西段 K101 边坡处治工程 …… 116
5.3.2 广东某高速公路 C K18 边坡排水及支挡综合处治工程 …… 125
5.3.3 广东某高速公路 D K108 边坡排水隧洞处治工程 …… 129

第 6 章　路面结构水害防治技术及效果评估 …… 135
6.1　路面结构渗水和动水压力破坏机理 …… 135
6.1.1　沥青路面动水压力破坏机理 …… 135
6.1.2　沥青路面结构渗水规律 …… 138
6.1.3　开裂沥青路面结构的渗水量计算 …… 146
6.2　路面结构水害治理关键技术 …… 158
6.2.1　沥青路面水害治理关键技术 …… 158
6.2.2　水泥路面水害治理关键技术 …… 162
6.3　路面结构水害治理工程及效果评价 …… 165
6.3.1　广东某高速公路 A 水泥混凝土路面水损害处治工程 …… 165
6.3.2　广东某高速公路 B 东段水泥混凝土路面水损害处治工程 …… 169
6.3.3　广东某高速公路 B 西段水泥混凝土路面水损害处治工程 …… 172
6.3.4　广东某高速公路 C 水泥混凝土路面水损害处治工程 …… 173
6.3.5　汕头海湾大桥引道水泥混凝土路面水损害处治工程 …… 174
6.3.6　广东某高速公路 D 沥青混凝土路面唧浆处治工程 …… 177
6.3.7　广东某高速公路 E 沥青混凝土路面唧浆处治工程 …… 182
6.3.8　广东某高速公路 F 沥青混凝土路面唧浆处治工程 …… 185
第 7 章　地下构筑物水害防治技术及效果评估 …… 188
7.1　地下构筑物地下水渗流破坏机理 …… 188
7.1.1　岩溶区隧道水害影响试验及渗流破坏机理 …… 188
7.1.2　岩溶区隧道水害影响数值模拟及渗流破坏机理 …… 200
7.2　地下构筑物水害治理关键技术 …… 204
7.2.1　隧道水害处治原则 …… 204
7.2.2　隧道水害处治技术 …… 204
7.3　地下构筑物水害治理工程及效果评价 …… 208
7.3.1　广东某高速公路隧道 A 渗漏水处治工程 …… 208
7.3.2　广东某高速公路隧道 B 水害处治工程 …… 217
第 8 章　公路水害治理新技术和新型排水结构设计 …… 223
8.1　公路水害与水文地质综合探测方法 …… 223
8.1.1　水文地质调查 …… 223
8.1.2　地下水连通试验 …… 225
8.1.3　水文地质物探方法 …… 226
8.1.4　构筑物结构检测 …… 229
8.1.5　排水系统检查 …… 230
8.2　新型公路防排水结构设计思路 …… 230

8.3 排水系统设置原则 …… 230
8.4 新型排水结构 …… 231
8.4.1 曲纹网状 HDPE 硬式透水管 …… 231
8.4.2 新型边坡可更换硬韧组合双层曲纹网状 HDPE 透水管 …… 232
8.4.3 曲纹网状 HDPE 方型透水管 …… 237
8.5 新型排水系统设计 …… 238
8.5.1 路基路面渗排水系统设计 …… 238
8.5.2 路面渗水上基层横向排水结构处治技术 …… 238
8.5.3 边坡排水系统设计 …… 240
8.5.4 隧道排水系统设计 …… 241
8.5.5 隧道新型排水系统 …… 241
参考文献 …… 244

第1章　绪　　论

1.1　概　　述

我国地域辽阔，山地和丘陵地带约占陆地国土面积的43%。在高温多雨地区，台风、强降雨等异常天气频繁出现，地震频发，受山区地形复杂、构造发育等因素的综合作用，地质灾害频发且隐患分布广泛。根据国家自然资源部数据，2008～2017年全国累计发生地质灾害149442起(图1.1.1)，其中仅2010年，我国南方高温多雨地区就先后出现11次大范围强降雨过程，强降雨引发的滑坡、崩塌、泥石流等地质灾害频发(图1.1.2)，造成公路交通基础设施严重损毁，有11条高速公路、17条国道、上百条省道发生过水毁交通中断事故，造成公路水毁损失118亿元，且主要发生在江西、广东、福建、浙江、湖南、湖北、广西、重庆、贵州、四川这10个省区市。

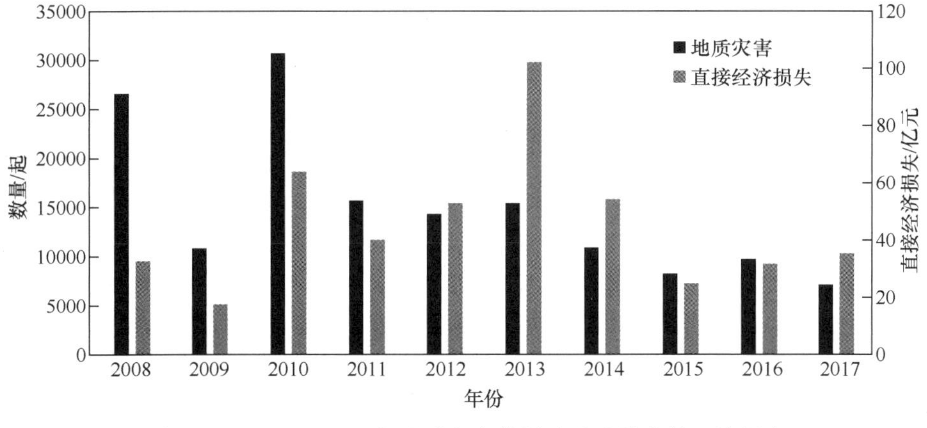

图1.1.1　2008～2017年地质灾害数量及造成的直接经济损失

我国经济发展决定了公路交通网必须逐渐向崇山峻岭延伸，但受山区复杂的工程地质条件、公路设计、施工及后期维护等因素的影响，公路水害频发，已成为公路营运期的主要病害和危险源之一。

公路工程设计往往更加注重主体结构的质量与安全，对配套的防排水设施重

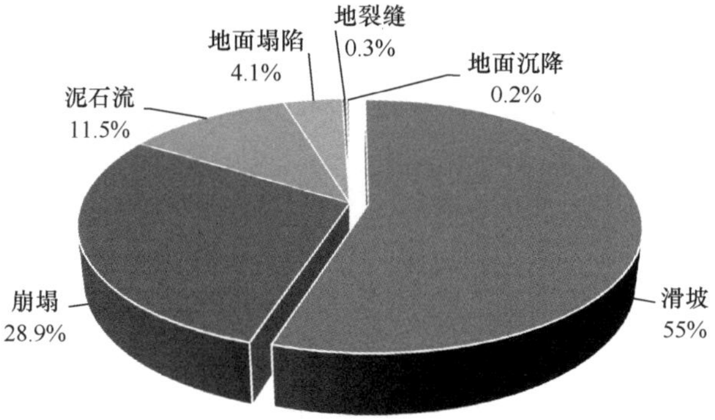

图 1.1.2　2010 年地质灾害类型构成

视程度则相对不够，未充分考虑工程所处的水文地质环境对主体结构的影响，加上道路施工对附属设施的质量控制不严等，导致防排水工程的长期功能无法得到有效保障。此外，营运公路水害问题往往只考虑单一或者局部区域水文地质特征指标，未综合考虑水害的产生、发展与公路建设造成的周边水文地质变化之间的内在联系，往往治标不治本，造成水害问题经常性复发。因此，解决高温多雨地区公路水害难题是公路交通发展的重大需求。

1.2　公路工程水文地质研究现状

公路是一种线型构造物，具有与大自然接触面广的特点，其使用性能在很大程度上由当地自然条件决定[1]。地下水作为主要的自然条件之一，若处理不当，往往会诱发一系列病害。地下水对公路工程危害的直接因素有地下水埋藏深度、地下水矿化度、地下水富水程度、渗流量等，对公路工程危害的间接影响因素有气候条件、地貌、含水介质和含水层性质及降水等。

公路水文区划是公路自然区划的重要组成部分，它是在分析研究区域的流域特点、河流的补给类型、水情阶段等的基础上，根据公路建设的特点并结合实际情况，将研究区域划分为不同等级的单元，为公路建设及营运提供科学依据[2]。

国外水文区划研究起步较早，苏联达维多夫首先按海洋流域和大河流域将苏联分为 10 大流域，然后分为 15 个水文地理地区[3]。1983 年，德国学者 Czaya 按照河流的集水面积是否位于同一气候区，将河流分为 6 类。

我国水文区划研究始于 20 世纪 50 年代，但真正的发展还是在改革开放以后[4-6]。我国水文区划可以分为一般性水文区划和以河流为主的水文区划，以流域、水量(径流深)、气候带等为主要划分依据，适用于水资源估算和评价，为流域规划、治理及各用水部门经济用水提供科学依据，具有综合水文区划的特征。不同的分区方法各有其优势和不足，采用的分区原则也不相同，研究人员应从应用的角度来选择适合自身研究目的的方法。在水文区划分区指标的研究过程中，早期的区划由于理论、技术和各类实测资料有限，定性指标相对较多，定量和综合性指标较少。随着区划研究不断深入，理论不断完善，技术不断进步，研究层次不断扩展，指标及指标体系也向综合化、定量化、多元化方向发展。利用地理信息系统(geographic information system, GIS)技术平台，通过空间数据分析、叠加运算等进行指标数值计算，进行公路水文区划图的编制，使公路水文区划的研究跨上一个新台阶。我国水文区划体系及公路自然区划体系已有较丰富的研究成果，这为公路建设特别是公路桥涵构造物等的建设提供了科学依据，也为进一步开展水文区划的研究提供了理论依据。然而，公路水文地质研究未与公路工程防排水系统设置、水害防治技术进行有机的结合，目前缺乏基于水文地质条件和特征对水害的形成、发展和防治系统的研究。

1.3　公路防排水技术研究现状

国内外公路工程防排水系统设计主要包括路面路基结构排水、边坡排水、隧道防排水三个方面。

路面内部排水系统的设置有利于及时排出路面结构中的水分,保持路面干燥，从而增强公路整体结构的稳定性。国内公路排水系统设计主要体现在材料选用方面的研究，还没有涉及公路排水系统的结构设计，在结构设计方面，前期基本上是借鉴国外的设计方案。路基排水设计则必须考虑路基土的非饱和特性及非饱和渗流，基层和路基的湿度(含水量)与路面的回弹模量存在直接关系，随着含水量的增大，其回弹模量减小。

我国的边坡失稳大多与水有关，边坡内部深层水的作用大大降低了边坡的稳定性，进而导致边坡发生水毁和滑坡等灾害。边坡排水目前除采用坡顶设置截水沟和坡面设置截排水沟截排地表水外，边坡内部水分能否正常排出对保持边坡整体稳定具有重要影响。仰斜排水孔是公路边坡工程应用非常广泛的一种截排水措施。

当前隧道排水系统包含洞外排水和洞内排水。洞内排水通过设置纵向、环向管将衬砌背后水引排至排水边沟或中央排水沟。洞外排水一般采用洞口边仰坡，以及洞顶地表根据地形条件设置截排水沟，防止洞口及边坡受地表水冲刷，避免洞外地表水流入洞内。早期的防水系统是在隧道内设置内贴或外贴式防水层，目前已开始采用以防水混凝土为主的防水措施[7]。此外，可以通过在初期支护基面上喷涂一层防水层以达到防水的目的，但这种方法在国内仍处于试验研究阶段。

目前，我国防排水技术还存在几类问题：①缺乏指导性的规范。美国、日本、德国等发达国家在20世纪80年代就制定了关于公路排水设计及养护的规范；我国在1997年颁布了《公路排水设计规范(附条文说明)》，2012年修订后，该规范缺乏考虑公路修筑后周边水文地质条件及气候环境变化对公路工程长期性能的影响，而且我国还没有公路内部排水系统养护的规定。②对防排水系统重视程度不够。施工过程中较难控制隐蔽工程的质量等问题，导致工程防排水系统的功效、质量和长期使用性能难以得到有效保障。③缺乏可养护型排水结构，后期养护不到位。设计时没有考虑隐蔽排水系统的养护可操作性，公路大部分隐蔽排水系统无法进行维修和养护。

1.4 公路水害现状及水害防治技术发展现状

地下水的补给、径流及对工程的影响是工程水文地质学研究的内容。我国关于水文地质对构筑物和建筑物影响的研究主要集中于坝区渗漏、水库渗漏、水库浸没、渠道渗漏、隧洞涌(突)水、工民建地区的渗流等问题，对公路工程水灾害的防治研究较少且比较分散。

1.4.1 公路水害现状

我国地域非常辽阔，存在非常多的山地丘陵地带，山区公路的修建难度增大。受经济条件的影响，在设计维护、施工维护和后期维护方面都存在一定的问题。尤其在高温多雨地区，非常严重的水害问题引发了路基软化坍塌、路面开裂、滑坡、隧道涌水等工程地质问题，从而直接影响公路工程的使用寿命和安全，如图1.4.1所示。

(a) 路基路堤边坡局部坍塌

(b) 板底脱空引发的路面开裂

(c) 边坡滑坡

(d) 隧道涌水

图 1.4.1 公路水害类型

1. 路基路面水害

公路和路基结构直接暴露于地表，受自然因素的影响较大，其中水对路基路面破坏的影响最大。公路路基水害主要为路基沉陷和边坡滑塌，路面水害的主要表现形式包括松散、网裂变形、坑洞、唧浆、开裂与板底脱空等。路基内部水的分布对路面水损害有着重要的影响，无论是沥青路面还是混凝土路面，路基作为路面结构的基础，它的强度、刚度和稳定性对路面结构的整体强度、刚度和稳定性起着决定性的作用。影响路基强度、刚度和稳定性的因素主要有地理条件、地质条件、气候条件、水文和水文地质与土的类别等，对具体的土类和施工水平而言，含水量和压实度是最主要的影响因素[8]。

2. 边坡水害

湿热多雨气候条件是亚热带地区公路边坡病害的重要诱发因素之一。公路边坡水害的空间分布规律受地形地貌、岩土类型、地质构造、地震、降雨及人类活动等因素控制[9]。高温多雨地区公路边坡水害形式主要包括滑坡、泥石流、错落、坍塌及坡面病害等。

3. 隧道水害

水害是目前隧道普遍存在的问题，隧道水害主要表现为结构破损、涌水涌泥、渗漏水和地表塌陷等。日本曾在 1996 年对隧道渗漏水情况做过统计，发现总长 4870km 的隧道，58%的隧道出现渗漏，其中 49%出现在拱部，23%出现在边墙，28%的施工缝及变形缝出现渗漏水。随着我国长大公路隧道里程的不断增加，50%的隧道在施工和运营过程中曾发生较大规模的岩溶突涌水害[10]。广东省作为典型的湿热地区，粤北和粤西岩溶较为发育，如京港澳高速公路韶关至广州段大宝山隧道、曲江至南雄高速公路白山隧道、S51 罗阳高速公路阳阳段鹅步岭隧道、云梧高速公路茶树顶隧道等在运营期出现了衬砌破坏、涌水涌泥、渗漏水等不同程度的水害。

1.4.2 公路水害防治技术发展现状

我国学术界和工程界对水害给予了高度的重视，也取得了显著的成绩，但是面对灾害发生机理的复杂性及过程的突发性，以往更多地侧重于机理研究，对策研究较少，反映出对灾害与交通的相互影响及成灾过程的研究不够深入，尚没有形成一套成熟的灾害防治对策理论体系[11]。随着我国公路建设飞速发展，由公路引起的或涉及公路的灾害日趋增多。

1. 公路路基路面水害防治技术现状

路面积水、积水下渗和地下水上升是引发公路路基路面水害的主要原因之一。为了有效防治公路路基路面水害，国内外学者从设计、施工、养护等多个环节入手，进行了相关的研究。

(1) 设计阶段预防措施。为了保证路面水能够及时排出，应采用更加合理的路基路面排水系统，如横坡设计应在确保安全和排水能力的前提下适当加大[12]，避免因路基下沉和施工等原因而出现平坡甚至反坡现象。此外，通过设置中央分隔带、纵向排水盲沟，使裂隙水、路面渗水、路基地下水顺利排出，从而有效避免水害。

(2) 施工阶段质量控制。施工中宜选用防水性能较好的混合料，严格控制混合料的空隙率，确保混合料具备良好的高温性能及水稳定性，提高路基路面的密实度，避免雨水下渗，损害路面基层，从而提高路基路面结构的可靠性、稳定性。对于沥青路面，还应提高沥青与集料的黏附性。

(3) 养护阶段处治措施。对于早期出现的裂缝、唧浆等病害，在路面整体强度较好路段，单纯性的裂缝、唧浆一般采取高聚物注浆与焊缝技术处理。对于发现的裂缝，要及时采用灌缝工艺进行灌缝，防止雨水渗入路面。对于已经产生网裂、唧浆等病害的路面，一般采用挖除病害位置路面面层和松散的水稳基层，以及填料填筑的方式进行处治。对接缝密封材料要加强养护，如果接缝中的密封材料出现流失或老化，应及时补充或更换密封材料，以使其保持良好的弹性和防水性能。

2. 公路边坡水害防治技术现状

在防治公路边坡降水型滑坡、泥石流方面，目前国内根据滑坡的性质、成因、规模、滑体厚度及对工程的危害程度提出了相应的工程治理措施。其中，主要的工程治理措施有 10 个：①绕避；②加载反压；③削坡减载；④抗滑挡墙；⑤抗滑明洞；⑥排水整治；⑦抗滑桩；⑧锚杆(索)加固；⑨注浆；⑩综合治理。

近年来，可供采用的边坡水害处治措施很多，有削坡减载技术、支挡措施、锚固措施及植物框格护坡、护面等，在边坡治理工程中强调多措施综合治理的原则[13]，以增强边坡的稳定性。然而，随着工程建设规模的不断增大，边坡高度增大，复杂性增大，对边坡的水害处治技术要求也越来越高。随着科学技术的发展，边坡水害处治技术将得到进一步的发展，并逐步走向完善。

3. 公路隧道水害防治技术现状

国内外隧道水害防治基本遵循“以排为主，防、截、排、堵相结合，因地制宜，综合治理”的原则。对于隧道水害治理，可以基于渗漏水分类对其进行分类治理。隧道渗漏水根据其发生部位及渗漏形式可分为点状漏水、面状漏水、接缝漏水和基底水害等。

1.4.3　公路水害防治技术存在的问题

国内外学术界和工程界自20世纪90年代就开始对公路构筑物水害方面进行研究，如路基路面水毁、边坡滑坡、隧道涌水涌泥等地质灾害的发生机理和防治方法的研究。但这些对水害机理和水害防治的研究主要基于力学角度，未重视水害的产生、发展与公路建设前后水文地质变化之间的内在联系，以及其对公路工程长期性能的影响，治理方案往往治标不治本，导致工程造价大幅度提升，造成有些水害问题经常性复发。目前行业内更没有系统的可操作性强的水害防治体系。

1.5　高温多雨地区公路水害防治关键技术

目前国内外对地质灾害发展和防治技术研究有了一定的基础，但是缺乏对公路水害发生与发展的研究，以及缺少从水文地质角度研究防治技术。为了更加有效地解决公路水害治理难题，为水害防治和养护提供经验积累和理论支持，通过开展高温多雨地区高速公路水害防治关键技术的研究，综合考虑大气降雨、水文地质和工程地质条件等因素对水害形成、发展的影响，研究水害发生和发展机理，研发新型水害防治结构、材料和技术，提出一套高效可行的综合防治体系，预防和减少公路水害，提高公路运营效率。

本书围绕高温多雨地区公路水害防治难题，经过近15年的理论和技术创新，突破了水害防治技术瓶颈，取得了集理论、方法、设计、施工和养护于一体的高温多雨地区水文地质特征和公路水害防治关键技术，该成果推动了高温多雨地区公路工程水害防治及防排水系统设计养护的技术进步。主要创新性成果如下。

1. 公路水害分类方法

公路工程的修建改变了原有的地貌，增加了水土流失量，改变了地表水体的水文条件和水质，改变了地下水径流规律等。而在公路营运过程中，由于构筑物防排水系统成为地下水补径排系统的重要组成部分，水文地质环境会导致构筑物灾害的发生和发展，而灾害的发生和发展又会进一步加剧水文地质环境的恶化，引发灾害的发生。本书揭示了大气降水-水文地质与公路水害的直接关系，将公路水害分为孔隙水类病害、裂隙水类病害和岩溶水类病害，并建立了不同水文区划的水害类型和特征，为根据水害成因选取防治方法奠定了基础。

2. 公路水分迁移及水害形成机理理论体系

采用室内模型试验、γ透射法、地震影像法、高密度电法、地质雷达法、数值模拟、现场监测、试验工程等方法，对填土路基和挖方边坡采用非饱和理论、路面采用流体力学的理论和隧道采用地下水动力学理论，分别对内部水分迁移规律及其对工程的影响进行微观分析和研究，得出了路基、路面、边坡和隧道的水害相关规律和机理。创立了路基非饱和土的广义水-土特征曲线，从水文地质学角度研究了路基路面水分迁移规律；运用非饱和土固结理论对公路路基工程进行非饱和渗流数值分析，得出降雨强度、历时等对非饱和路堤吸力和切线模量的影响关系。采用室内试验和理论分析相结合的方法得出了隧道地下水运动规律和边坡排水孔淤堵的发生与发展规律；建立了填土路基应力应变与路基内部非饱和土含水量的半对数关系；推导了路面水渗入率的理论计算公式；提出了不同类型路面的渗水系数检验新标准。从而形成了公路水分迁移及水害形成机理理论体系。

3. 基于水文地质特征的公路水害防治技术

通过对公路水害防治技术的调研、资料收集、归纳分析、理论分析和现场试验，在综合分析水害机理和原因的基础上，提出了“野外水文地质勘查+物理探测+水连通试验+结构检测”的水害综合探测分析方法；结合各类水害特点和机理，从水文地质学角度提出了公路沿线构筑物各类水害适用的处治技术，并经十多项工程应用验证其有效性。

4. 构建了可更换的公路内部排水结构系统

基于颗粒流运动理论，研发了曲纹网状透水管和新型可更换硬韧组合双层曲纹网状透水管产品及其配套设计方法、施工工艺和质量控制技术标准，构建了公路沿线构筑物“查、截、堵、排、养”一体化的防排水系统设计施工养护技术。该系统具有可更换、易清洗、防淤堵、施工和养护方便等特点，相对于传统方法可节约建设费用 2%，节约养护费用超过 64%。

新型曲纹网状透水管结构，充分利用虹吸原理和毛细现象，集吸水、透水、排水于一体。曲纹网状透水管结构具有满足工程设计要求的耐压能力、透水性和反滤作用，以及超强耐压、超强抗沉降性。不因地质、地理温度变化而发生断裂，并可达到快速排水的效果，不会对环境造成二次污染，属于新型环保产品。不仅极大地延长了高速公路的使用寿命，而且减少了维护次数，降低了维护成本。

新的排水系统应根据构筑物所处的工程地质环境、水文地质环境、构筑物结构特点及工程设计需求，科学、合理、有效地进行设置。根据使用部位不同，新型曲纹网状透水管主要分为曲纹网状 HDPE 硬式透水管、新型边坡可更换硬韧组合双层曲纹网状 HDPE 透水管及曲纹网状 HDPE 方型透水管，其结构和外观各不相同。

第 2 章　高温多雨地区公路水文地质特征

目前，大部分公路工程相关规范未综合考虑地质环境对工程长期性能的影响。公路工程建设改变了已有的自然环境，导致水文地质环境发生变化。在公路运营过程中，因地下水的运移，构筑物施工薄弱部位易出现灾害，会加剧水文地质环境的恶化，进一步诱发灾害的发生，造成恶性循环，因此公路工程与水文地质环境相互影响和制约。

2.1　高温多雨地区公路水文地质特征与地质灾害分布特征

我国南北方地区以秦岭—淮河作为地理分界线，其中高温多雨地区主要位于南方，包括陕西南部、河南南部、安徽中南部、江苏中南部、上海、四川东南部、重庆、湖北、湖南、江西、浙江、福建、贵州、云南、广西、广东、台湾等。

2.1.1　气候特征

1. 季风性气候

我国气候主要受位于夏威夷附近的海洋热高压中心和大陆腹地的蒙古寒带冷高压中心影响，前者带来暖湿气流，后者带来干冷气流。大部分高温多雨地区的主要气候类型为亚热带季风性气候。

2. 降水

受季风性气候影响，我国旱季、雨季分明，降水量在时空上分布不均。我国降水量总体趋势是由东南沿海向西北内陆逐渐减少。其中，东南及华南沿海年均降水量在 1500mm 以上；长江中下游年均降水量约为 1200mm；黄河下游、渭河流域及海河流域年均降水量为 500～750mm；云贵高原年均降水量为 1000～1500mm。

3. 气候带分区

中国科学院《中国自然地理》编辑委员会，以日平均气温高于 10℃的积温和日平均气温高于 10℃的天数，参考北方地区最暖月的平均温度和南方地区的平均温度或最低温度，并参照自然景观和作物的分布，将我国划分为温带、亚热带、热带和高原寒带四大类气候区，温带与亚热带的分界线大致在秦岭—淮河一线，亚热带与热带的分界线大体通过台湾南部—雷州半岛北端—云南省南部。再根据气候带内的温度差异做进一步划分，亚热带分为北亚热带、中亚热带和南亚热带；热带分为北热带、中热带和赤道热带。

2.1.2　地表水特征

1. 河流

我国的河流可分为外流河和内陆河两类，其中外流河汇入海洋，内陆河则汇入封闭盆地。我国水系分布不均匀，大部分分布在降水较为充沛的东南地区，西部地区和藏北高原降水稀少，水系极不发育。河流径流量与其所处的自然条件、流域面积、降水量及流域下垫面等因素有关。根据径流量划分，横穿高温多雨地区区域的长江是我国最大的河流，其径流量为 $9.794\times10^{11}m^3$；珠江次之，其径流量为 $3.492\times10^{11}m^3$。

河流径流量年内变化较大，该变化与降水周期变化和气候相关。按河水补给方式，可分为雨水补给、雨水融水补给和融水雨水补给三种类型。

雨水补给类型河流分布在淮河—秦岭以南地区和青藏高原东部，处于亚热带和热带气候区，降水以降雨为主，河流汛期与雨季相对应，不同地区的汛期分布有所不同。东南沿海地区春末夏初接受锋面降水较多，夏季台风活动频繁，以夏汛为主，秋汛次之并有春汛；湘、赣地区，以春汛为主，3 月春汛来临，5～6 月进入梅雨季节，是主汛期，7～8 月受副热带高气压带影响，干旱少雨，进入枯水季节；江淮地区，以夏汛为主，春汛次之，4 月中下旬降雨增多，汛期开始，7～8 月暴雨盛行，为主汛期，9 月以后汛期结束；四川盆地，汛期一般从 6 月开始，7～8 月暴雨频繁，洪峰涨落迅速。

雨水融水补给类型河流分布在淮河—秦岭以北地区。

融水雨水补给类型河流主要分布在冬季积雪较多的内蒙古东北部、西北的天山、阿尔泰山、昆仑山和祁连山地区，径流量主要来自冰雪融水。

2. 湖泊

我国湖泊众多，通常分为东北湖区、蒙新湖区、青藏湖区、云贵湖区和东部湖区 5 个湖区，其中云贵湖区和东部湖区位于高温多雨地区。

云贵湖区：云贵高原的湖泊都是构造湖。湖泊沿褶皱断面方向排列，长轴与大断裂带走向基本一致，大体为近南北走向。贵州高原碳酸盐类岩层广布，岩溶地貌发育，山间盆地中常有岩溶塌陷湖发育，湖泊类型多为岩溶湖。

东部湖区：位于长江中下游平原和黄淮海平原。湖泊成因主要有两种类型：一类是发育在构造坳陷盆地中的湖泊，如洞庭湖、鄱阳湖等，此类湖泊面积较大；另一类是与河道演化有关的河迹湖，这类湖泊大多分布在长江两岸，面积较小。区内降水充沛，河流给湖泊带来丰富的水量。

总体来看，我国大部分地区处于中纬度地区，即以秦岭—淮河为地理分界线的高温多雨地区及西南地区，降水量大，水资源丰富。

2.1.3 地形地貌特征

我国总的地势是西高东低，西部主要为高山、高原和内陆盆地，东部主要分布着丘陵、平原，由西向东，地势层层降低，形成陆上地形的三级阶梯，构成我国地势的基本特征。

由于降水充沛，水循环积极，高温多雨地区碳酸盐岩石褶皱普遍，裂隙发育，岩溶作用十分活跃，广泛形成溶原、峰丛、峰林、孤峰残丘等典型的岩溶地貌，尤以云贵高原边缘和广西盆地最为典型。在四川盆地、湖北、湖南、浙江和江苏等地，岩溶地貌以各种岩溶洼地、漏斗、落水洞和丘陵为特征。高温多雨地区地表化学作用强烈。以东南地区为例，硅酸盐矿物强烈分解、淋失，铁、铝氧化物相对富集，形成厚达数十米的红色风化壳，广泛分布于东南地区各省。

2.1.4 地下水类型及工程特性

区域构造运动铸就了现今的地貌形态和分布格局，控制着区域含水岩系的形成和发育，构建起独具特色的五大区域水文地质区：①青藏高原中纬度多年冻土、岛状冻土水文地质区；②西北干旱内陆盆地水文地质区；③东部湿润气候坳陷平原水文地质区；④高温多雨地区低山丘陵水文地质区；⑤东部沿海、中山水文地质区。

1. 孔隙水

孔隙水是指埋藏和运动于松散沉积物孔隙中的重力水。在我国东部及北部河谷地区和山前倾斜平原、松辽平原、黄淮海平原、江汉平原、河流三角洲等地区广泛分布着各种成因类型的第四纪松散沉积物，其中埋藏着丰富的地下水，已成为这些地区具有重要意义的工农业及生活的供水水源。

由于孔隙含水层中孔隙分布较均匀、连通性较好，孔隙水具有分布较均匀、呈层状、含水层内部水力联系密切、具有统一的潜水面或测压面等基本特征。但孔隙水的这些特征是相对的，由于含水层所处的地貌单元、岩性成因类型和水文气象条件不同，孔隙水也存在较大的差异。因此，孔隙水可分为山前倾斜平原区的地下水、冲积平原地下水、山间河谷区的地下水、黄土区的地下水、滨海平原区的地下水。

2. 裂隙水

埋藏于基岩裂隙中的地下水统称为裂隙水。它的埋藏分布与裂隙的发育特点相适应，在同一地区，不同成因的裂隙水可以共存，或以某一成因类型的裂隙水为主。在不同地区，不同构造单元的裂隙水有不同的埋藏分布特点。总体而言，裂隙水的埋藏和分布很不均匀，主要受地质构造、岩性、地貌等条件的控制。

根据裂隙水埋藏分布的特征，将裂隙水划分为面状裂隙水、层状裂隙水和脉状裂隙水三种类型。

3. 岩溶水

储存于可溶性岩层中的溶蚀洞穴和裂隙中的水称为岩溶水。岩溶水就埋藏条件而言，可以是上层滞水，也可以是潜水或承压水。岩溶上层滞水的形成与岩溶岩层中透水性极小的个别透镜体有关。这些透镜体可以是不透水夹层，也可以是溶蚀残余物充填了裂隙和溶洞而成。当岩溶岩层大面积出露地表时，储存并运动于其中的岩溶水主要为潜水。例如，我国云贵高原石灰岩区及广西的石灰岩低山丘陵区广泛发育着岩溶潜水。当岩溶岩层被不透水岩层覆盖，并被地下水充满后，便形成岩溶承压水。我国北方奥陶纪石灰岩和高温多雨地区石炭纪、二叠纪及三叠纪石灰岩中都埋藏有岩溶承压水。

2.1.5 地下水分布特征

根据含水介质类型分为四种主要的含水岩系，包括碳酸盐岩岩溶含水岩系，红色裂隙、孔隙含水岩系，第四系松散孔隙含水岩系，基岩裂隙含水岩系。我国含水岩系的形成和分布主要受构造运动和不同地质时期的古地理沉积环境的控制。

2.2 高温多雨地区公路水文地质区划及地质灾害分布特征

2.2.1 公路水文地质区划

齐洪亮等[14]在 2007 年根据全国径流深度指标，并采用暴雨区域特征和水系流域性作为辅助指标，将全国公路分为 6 个一级水文区，其中高温多雨地区水文分区主要位于Ⅱ区和Ⅲ区，根据坡面径流强度指标和河川径流强度指标将高温多雨地区分为 11 个二级水文区。

1. 东南亚热带、热带多水、丰水区(Ⅱ区)

Ⅱ区北以秦岭—淮河为界，东南临海，西面沿武当山、荆山东端、长江三峡、宜昌、雪峰山，逆沅江而上经过九万大山至十万大山，主要包括福建、浙江、江西、广东及江苏、安徽、湖南、湖北大部分地区。该区地质灾害以中、小型滑坡为主，其次是中、小型崩塌和泥石流。

1) 东南沿海极强径流区(Ⅱ1 区)

Ⅱ1 区位于武夷山以东、南岭西段以南，直至我国东南国境的广大地区，包括浙江、福建、广东、海南岛、台湾及南海诸岛的广大地区。

2) 湘、赣强径流区(Ⅱ2 区)

湘、赣强径流区位于东南地区的北部，天目山、幕阜山以南，雪峰山以东，武夷山以西，南岭西段以北的广大地区。

3) 长江中下游平原强、极强径流区(Ⅱ3 区)

Ⅱ3 区西起宜昌，东迄东海、黄海。

4) 桐柏、大别强径流区(Ⅱ4 区)

Ⅱ4 区位于长江与淮河之间，包括桐柏山区、大别山、大洪山、汉水中游的丘陵与平原及唐白河盆地。

2. 西南亚热带、热带多水、丰水区(Ⅲ区)

Ⅲ区北至秦岭，东临第二水文大区，南抵国界，西起岷山紧接青藏高原边缘东部山地，南段以云岭、哀牢山接滇西、藏东南。该地区主要包括秦岭、大巴山、三峡山地、四川盆地和云贵高原的大部。行政上包括贵州全省，四川和云南的大部分地区，以及湖南、广西、陕西南部的部分地区。该区地质灾害区域分布密度仅次于Ⅱ区，主要分布在重庆、四川南部、云南西南部等地区。

1) 川东、湘、鄂西山地强径流区(Ⅲ1 区)

Ⅲ1 区西起岷山，北以秦岭、伏牛山为界，南抵武陵山地、大娄山，西接四川盆地边缘，包括汉中、安康盆地、大巴山、长江三峡、川东平行岭谷区等。

2) 四川盆地中径流区(Ⅲ2 区)

Ⅲ2 区西面与青藏高原东部边缘山地相接，南抵长江以南，东至华鉴山，北接龙门山。四周被高山、高原环抱。盆地西部为洪积冲积平原，中部为大片方山式丘陵和低山。

3) 云贵高原东部中径流区(Ⅲ3 区)

Ⅲ3 区位于云贵高原东部，西北以五莲峰为界，东南以苗岭、六诏山为界。

4) 桂西强径流区(Ⅲ4 区)

Ⅲ4 区位于西南地区最南部，北与云贵高原东部中等径流水文区相接，东临第二水文大区，南抵国界，包括广西大部分地区、贵州南部小部分地区。

5) 滇中、滇东高原强径流区(Ⅲ5 区)

Ⅲ5 区位于云南省的中部和东部，东北以五莲峰为界，西南至碧江—兰坪。

6) 滇西南强径流区(Ⅲ6 区)

Ⅲ6 区位于碧江—兰坪以南。

7) 藏东南、滇西北弱径流区(Ⅲ7 区)

Ⅲ7 区位于东喜马拉雅山南翼和横断山脉北部。

2.2.2　基于水文地质区划的地质灾害分布特征

全国地质灾害的 80%以上都分布在位于高温多雨地区的东南亚热带、热带多水、丰水区(Ⅱ区)和西南亚热带、热带多水、丰水区(Ⅲ区)，其中尤以川东、湘、鄂西山地强径流区(Ⅲ1 区)，东南沿海极强径流区(Ⅱ1 区)，湘、赣强径流区(Ⅱ2 区)，长江中下游平原强、极强径流区(Ⅱ3 区)，桐柏、大别强径流区(Ⅱ4 区)占比最大，这些分区的主要地质灾害为中、小型滑坡，其次是中、小型崩塌和泥石流。

高温多雨地区地质灾害分布呈现明显的区域集中特点，主要分为如下四个分区：西南地质灾害集中区、东南沿海地质灾害集中区、中南地质灾害集中区及华南地质灾害集中区。

各二级分区的地质灾害分布如图 2.2.1 所示，其公路水文地质特征及公路水害类型如表 2.2.1 所示。

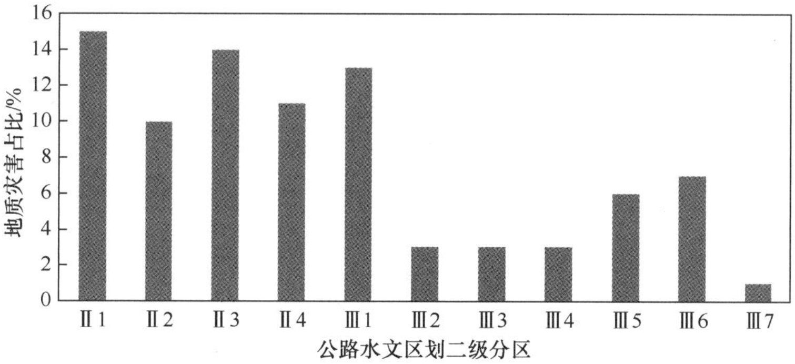

图 2.2.1　各二级分区地质灾害分布(2016 年)

表 2.2.1　高温多雨地区公路水文地质特征及公路水害类型

公路水文区划二级分区	气候特征	地形地貌	地表水特征	地下水分布特征	地层岩性	地质灾害比例	公路构筑物特征	公路水害类型	
东南沿海极强径流区(Ⅱ1)	气候：受东亚季风气候影响，冬季低温干燥，夏季高温多雨； 降水：暴雨强烈，降水量多在 2000mm 以上，局部降雨可达 500mm/d	以低山和中山为主，局部高山，地形坡度复杂	大部分地区坡面径流强度极强，部分地区坡面径流强度强	以弱富水强度的基岩裂隙含水岩系和第四系松散孔隙含水岩系为主，少部地区分布有强-中等富水强度的碳酸盐岩岩溶含水岩系	主要以中生界、第三系和第四系及古生外地层为主，区内花岗岩、砂岩分布广泛	15% ～ 17%(滑坡和崩塌为主，地面塌陷次之)	以填土地基为主，在高山地区隧道和边坡穿越砂岩、花岗岩和灰岩	裂隙水类病害	路面：唧浆、网裂(富存层状水为主因，以下同)； 路基：大型滑坡； 隧道：渗漏水
								孔隙水类病害	路面：松散、坑柄(富存孔隙水为主因，以下同)； 路基：坍塌、滑坡、掏空、沉陷和排水孔机械淤堵
								岩溶水类病害	边坡：排水系统化学淤堵； 隧道：排水系统化学淤堵、渗漏水、涌水涌泥和结构破坏等
湘、赣强径流区(Ⅱ2)	气候：亚热带季风气候； 降水：降水量丰富，降雨强度大，年降水量在 800～1600mm	以低山丘陵为主，地势较缓，河谷开阔，形成许多小型盆地	植被覆盖度高，坡面径流强度强	主要分布弱富水强度的红色裂隙、孔隙含水岩系、第四系松散孔隙含水岩系和基岩裂隙含水岩系，以及弱-强富水强度的碳酸盐岩岩溶含水岩系	主要以元古界、古生界、第四系地层为主，区内部分分布有花岗岩	9%～12%(滑坡和泥石流为主，崩塌次之)	以填土路基为主，局部隧道和边坡穿越红色砂质岩、碳酸盐岩和花岗岩	裂隙水类病害	路面：唧浆、网裂； 边坡：大型滑坡； 隧道：渗漏水
								孔隙水类病害	边坡：滑坡、泥石流、崩塌、排水孔机械淤堵； 隧道：地表塌陷； 路面：松散、坑槽； 路基：掏空、沉陷和滑移
								岩溶水类病害	隧道：排水系统堵塞、渗漏水、涌水涌泥和结构破坏等

续表

公路水文区划二级分区	气候特征	地形地貌	地表水特征	地下水分布特征	地层岩性	地质灾害比例	公路构筑物特征	公路水害类型	
长江中下游平原强、极强径流区(Ⅱ3)	气候：亚热带季风气候； 降水：降水集中在夏季，降水量丰富，降雨强度大，年降水量在800～1600mm	由长江及其支流的一系列河谷平原和湖盆平原组成	河网密度大，大部分地区坡面径流强度极强，部分地区坡面径流强度强	主要分布弱富水强度的红色裂隙、孔隙含水岩系、第四系松散孔隙含水岩系	主要以古生界、第四系地层为主，局部为元古界、花岗岩地层	12% ～ 16%(滑坡和泥石流为主，崩塌次之)	以填土路基为主，局部隧道和边坡穿越红色砂岩和泥岩	裂隙水类病害	路面：唧浆、网裂
								孔隙水类病害	路面：松散、坑槽； 路基：掏空、沉陷和滑移； 边坡：滑坡泥石流和排水孔机械淤堵
桐柏、大别强径流区(Ⅱ4)	气候：亚热带季风气候； 降水：受梅雨影响，春雨较多，4月中下旬雨量开始增多，7～8月暴雨盛行，洪、涝灾害严重	山丘面积较大，地形坡度大	大部分地区坡面径流强度强，部分地区坡面径流强度中等	主要分布弱富水强度的红色裂隙、孔隙含水岩系和基岩裂隙含水岩系，局部分布有第四系松散孔隙含水岩系	分布有古生界、第四系、元古界地层，局部分布有花岗岩地层	10% ～ 13%(滑坡和泥石流)	以穿越红色砂泥岩、花岗岩及变质岩的挖方路基和隧道为主，地表覆盖层松软，透水性强	裂隙水类病害	边坡：大型滑坡； 隧道：渗漏水、结构破损
								孔隙水类病害	路面：松散、坑槽； 路基：掏空、沉陷和滑移； 边坡：滑塌、坍塌、泥石流和排水孔机械淤堵； 隧道：地表坍塌
川东、湘、鄂西山地强径流区(Ⅲ1)	气候：亚热带季风气候； 降水：雨量丰富，受地形和季风影响，降雨强度大，洪水凶猛，年降水量在1200mm左右	山高坡陡，地质、地形复杂，地形坡度达到25%～35%，包括大巴山、巫山、武陵山等	总体坡面径流强度强，汉中、安康盆地较少地区坡面径流强度中等	主要分布弱富水强度的裂隙含水岩系和强-中等富水强度的碳酸盐岩岩溶含水岩系	以古生界地层为主，局部分布有中生界、元古界地层	11% ～ 14%(滑坡、崩塌和泥石流)	以穿越沉积岩和碳酸盐岩的挖方路基和隧道为主，沥青路面半刚性基层	裂隙水类病害	路面：唧浆、网裂； 边坡：人型滑坡； 隧道：渗漏水
								岩溶水类病害	隧道：排水系统堵塞、渗漏水、涌水涌泥、结构破坏、地表塌陷等
四川盆地中径流区(Ⅲ2)	气候：亚热带季风气候； 降水：降水量从盆地四周的1100mm向内心减到900mm	四周被高山、高原环抱，盆地西部为洪积冲积平原，中部为大片方山式丘陵和低山	整体属于中等坡面径流强度区，部分地区强烈	主要分布弱富水强度的红色裂隙、孔隙含水岩系和第四系松散孔隙含水岩系	中生界地层分布广泛，局部分布有第四系地层	3%左右(滑坡为主，崩塌次之)	以填土路基为主	裂隙水类病害	路面：唧浆、网裂
								孔隙水类病害	路面：松散、坑槽； 路基：掏空、沉陷和滑移

续表

公路水文区划二级分区	气候特征	地形地貌	地表水特征	地下水分布特征	地层岩性	地质灾害比例	公路构筑物特征	公路水害类型	
云贵高原东部中径流区(Ⅲ3)	气候：亚热带季风气候； 降水：年降水量在1000mm左右，东部暴雨强度大	地势以西部最高，分别向北、东、南倾斜，峡谷、圆洼地、深陷的漏斗和落水洞分布广	坡面径流强度中等，公路自然灾害多发	主要分布强-中等富水强度的碳酸盐岩岩溶含水岩系，局部分布有弱富水强度的基岩裂隙含水岩系和第四系松散孔隙含水岩系	古生界地层分布广泛，局部分布有中生界、元古界地层	3%左右(滑坡和崩塌为主，泥石流次之)	以穿越碳酸盐岩的挖方路基和隧道为主	岩溶水类病害	边坡：排水系统化学淤堵； 隧道：排水系统堵塞、渗漏水、涌水涌泥和结构破坏、地表塌陷等
桂西强径流区(Ⅲ4)	气候：亚热带季风气候； 降水：受东南季风影响，暴雨强度大，大部地区降水量在1200～1400mm，局部多雨区可达1600mm	山地多，地势由西北向东南倾斜，地形坡度大	整体坡面径流强度强，部分地区坡面径流强度极强	主要分布强-中等富水强度的碳酸盐岩岩溶含水岩系和第四系松散孔隙含水岩系	以中生界和古生界地层为主	3%左右(崩塌和地面塌陷)	以穿越碳酸盐岩的挖方路基和隧道为主	岩溶水类病害	边坡：排水系统化学淤堵； 隧道：排水系统堵塞、渗漏水、涌水涌泥和结构破坏、地表塌陷等
								孔隙水类病害	路面：松散、坑槽； 路基：掏空、沉陷和滑移； 边坡：崩塌、泥石流、排水孔机械淤堵； 隧道：地表塌陷
滇中、滇东高原强径流区(Ⅲ5)	气候：以北部的亚热带季风气候为主，南部地区为热带季风气候； 降水：年降水量由南向北减少，南部达到1200～1600mm，北部降低到1000mm左右	大小湖泊数量众多，集中分布在南盘江右岸	地形坡度大，坡面径流强度强	主要分布强-中等富水强度的碳酸盐岩岩溶含水岩系，局部分布有中等富水强度的红色裂隙、孔隙含水岩系、第四系松散孔隙含水岩系	以古生界、中生界、元古界地层为主	5%～7%(滑坡为主，崩塌、泥石流和地面塌陷次之)	以穿越碳酸盐岩和红色砂岩的挖方路基和隧道为主	岩溶水类病害	边坡：排水系统化学淤堵； 隧道：排水系统堵塞、渗漏水、涌水涌泥和结构破坏、地表塌陷等
								裂隙水类病害	路面：唧浆、网裂； 边坡：滑坡； 隧道：渗漏水
								孔隙水类病害	路面：松散、坑槽； 边坡：滑坡、崩塌、泥石流和排水孔机械淤堵； 隧道：地表塌陷

续表

公路水文区划二级分区	气候特征	地形地貌	地表水特征	地下水分布特征	地层岩性	地质灾害比例	公路构筑物特征	公路水害类型	
滇西南强径流区(Ⅲ6)	气候：以北部的亚热带季风气候为主，南部地区为热带季风气候； 降水：该区南部降水丰富，大部分地区年降水量为 1400～2000mm，局部地区可达到 2500mm	区内山岭与河谷排列紧密，相对高差大，只有局部地区高原面保存比较完整，没有宽广的盆地	地形坡度大，整体坡面径流强度强	主要以弱富水强度的第四系松散孔隙含水岩系和基岩裂隙含水岩系为主，局部分布有碳酸盐岩岩溶含水岩系	以中生界、古生界、花岗岩地层为主，局部分布有元古界地层	6%～8%(滑坡为主，崩塌和泥石流次之)	以穿越基性岩与深海相沉积岩的挖方路基和隧道为主	孔隙水类病害	路面：松散、坑槽； 路基：掏空、沉陷和滑移； 边坡：滑坡、崩塌、泥石流和排水孔机械淤堵； 隧道：地表塌陷
								裂隙水类病害	路面：唧浆、网裂； 边坡：滑坡； 隧道：渗漏水
								岩溶水类病害	边坡：排水系统化学淤堵； 隧道：排水系统堵塞、渗漏水、涌水涌泥和结构破坏、地表塌陷等
藏东南、滇西北弱径流区(Ⅲ7)	气候：亚热带季风气候； 降水：受印度洋暖湿气流的影响，降水量丰富，年降水量达 1600～3000mm	该区位于东喜马拉雅山南翼和横断山脉北部，区内多山，自然条件优越，植被覆盖度高	坡面径流强度弱，修建公路时应注意生态环境的保护，避免水土流失	主要分布弱富水强度的基岩裂隙含水岩系，局部分布有弱富水强度的孔隙含水岩系	古生界地层	1%左右(崩塌)	以穿越超基性岩、基性岩与深海相沉积岩、岩浆类岩石、变质岩、混杂岩的挖方路基为主	裂隙水类病害	路面：唧浆、网裂
								孔隙水类病害	路面：松散、坑槽； 边坡：崩塌、排水孔机械淤堵

注：①按照该区所占比例从大到小排序；

②各区地质灾害比例引自全国地质灾害点分布图，高温多雨地区地质灾害数量占全国地质灾害数量的比例超过 80%；

③水害类型按照病害易发性从大到小排序。

2.3 公路工程与水文地质相互影响关系

2.3.1 公路路基路面与水文地质相互影响关系

1. 填土路基水分来源

填土路基的水分来源大致可分为三个部分：①通过路面多孔材料、裂缝接缝和路肩等处入渗；②路基边坡降水入渗；③地下水毛细上升与水汽运动，如图 2.3.1 所示。

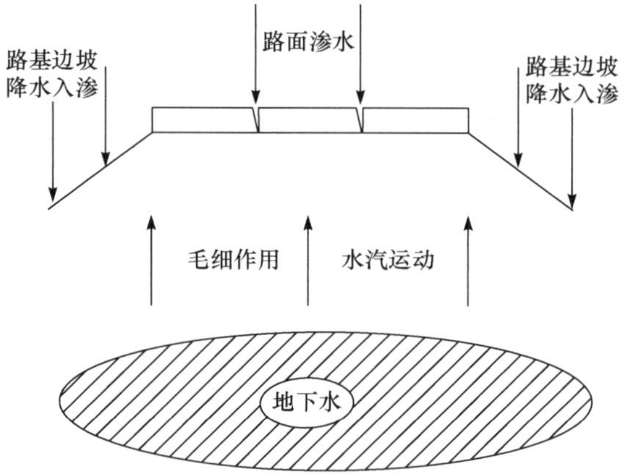

图 2.3.1 路基水分来源示意图

2. 地表水入渗对路基路面的影响

降落在路面表面的水，大部分通过路面表面的横坡和纵坡以路面径流的形式流出路基外，另外一部分则由路面混合料的空隙、路面接缝和裂缝、路面与路肩的接缝等渗入路面结构内，并有可能渗入路基的内部。路基是在土体处于最佳含水量时进行压实的，路基压实后土体颗粒表面包裹一层很薄的强结合水，溶解在土体颗粒中的阴阳离子将表面带负电荷的黏粒连接起来，使土体成为一个整体结构。当水渗入土体后，土体部分起胶结作用的可溶盐就会发生离子交换，从而削弱骨架颗粒间的黏结强度。首先在土体最薄弱的地方形成不稳定结构，由于支架孔隙的存在，水分不断渗入、累积，支架结构迅速瓦解，随着颗粒间水分的增多，水膜变厚，土粒表面发生膨胀，颗粒间引力减小，黏聚力降低，并导致更多的胶结物溶解。随着水分的不断供给，这一过程得以持续，最终水分渗入整个土体之中，使整个压实土体变成多孔松散土体，从而土体强度完全丧失。

研究表明，入渗水在向路基土迁移的过程中，会改变路面结构层间的结合状况，在相同压实条件下，路基回弹模量随含水量的增加而明显降低，从而导致在荷载的作用下路表弯沉值显著增加及基层、底基层所承受的拉应力增大，加速路基和路面的破坏[15]。

3. 地下水对路基路面的影响

地下水通过对路基的渗入，引发土体湿度及土体应力状态的改变，进而可能带来路基土的浸没、路基沿山坡滑动等病害。常见的病害有如下四种。

(1) 浸没。当地下水接近地表，特别是地下水浸没地表时，就有可能形成沼泽，发生区域沼泽化。

(2) 路基沿山坡滑动。路基修筑在天然山坡的坡积层上，在地下水动水压力和静水压力的作用下，坡积层滑动，从而导致路基整体失稳。

(3) 冻胀。对于季冻区，如果地下水上升至冰冻线以上，就会出现冻胀现象，春季温度升高，路基土化冻，从而引起一系列的路基路面病害。

(4) 路基土含水量增大。路基上层滞水或者潜水层毛细水上升浸润路基土会使局部路基土含水量增大，抗剪强度和稳定性降低。

另外，地下水位的变动也会影响路基土的回弹模量和弯沉，进而影响路面各结构层的应力应变状态。

2.3.2　公路路堑边坡与水文地质相互影响关系

1. 路堑开挖对周边岩土体渗流特性的影响

路堑的开挖使原地下水渗流途径改变，如果地下水位高于路面(或边沟)，路堑的开挖使地下水从路堑坡面或路面或边沟渗(流)出，渗流途径变短；如果地下水位低于路面(或边沟)，路堑的开挖使地下水从路堑坡面或路面或边沟蒸发，蒸发面积增大，同时，蒸发地面与地下水面的距离缩短，蒸发量可能增大，地下水位降低。路堑开挖会使有些地下透水层接受地表降水，使雨水更容易补充地下水，从而使地下水位升高，这样就改变了地下水的水位和渗流路径。图 2.3.2(a)和(c)所示为边坡开挖为上层滞水、地下承压水提供出路，造成坡面出水，地下水位降低；边坡开挖也会使潜水水面线后退，如图 2.3.2(b)所示。

在路堑开挖过程中，如果采用爆破开挖，爆破能量会对边坡坡体产生破坏。因此，在坡面附近的岩土体裂隙增多，渗透性增强，使地表雨水更容易入渗，地下水也容易渗出。

在路堑开挖以后，对原自然边坡中上部位坡体产生卸荷，路堑边坡的岩土体产生回弹变形；在坡脚部位形成明显的应力集中带，特点是最大主应力与最小主应力差达到最大值，坡度越大，应力集中越明显；同时，坡体中存在与坡面近于

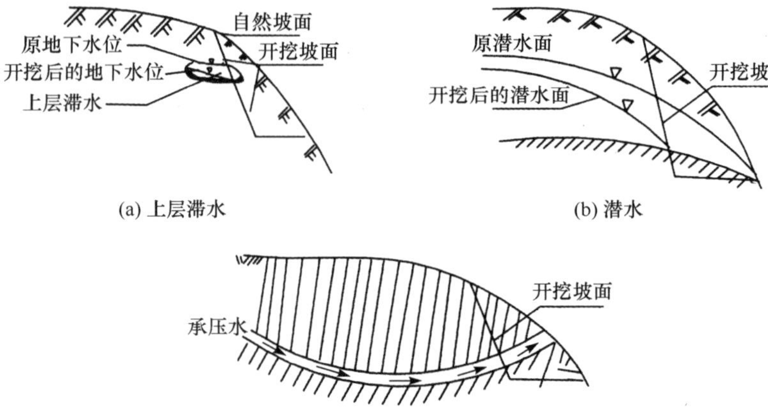

(a) 上层滞水　　(b) 潜水

(c) 承压水

图 2.3.2　地下水类型及路堑开挖对地下水渗透的影响

平行的剪应力，其总的趋势是由坡内向坡外增大，越接近坡脚部位，剪应力越大，坡内则逐渐恢复到初始应力状态；坡面处的岩(土)体由于侧向压力近于零，实际上由三向应力状态变为双向应力状态，向坡内逐渐恢复为三向应力状态；有些部位边坡所受到的应力更小，甚至产生拉应力，如坡顶和坡面。在上述坡体的应力变化作用下，如果坡体中存在结构面，在结构面的尖灭部位出现应力集中现象，使原有裂隙的长度更长，密度更大。

由于上述应力的变化和对原有裂隙的作用，路堑的坡顶和坡面垂直向的裂缝增多，长度增大，雨水或坡面水入渗更容易，入渗量更大。在路堑坡体的中下部位可能形成剪切裂缝，其剪切裂缝也可能变为坡体地下水的渗流通道。

对于路堑路基，会由于路基的开挖揭露含水岩层(图 2.3.3)，便于地下水的渗出，或者使有的导水(强透水)而不含水的岩层暴露，接受大气降水的补给而变成含水岩层(图 2.3.4)。

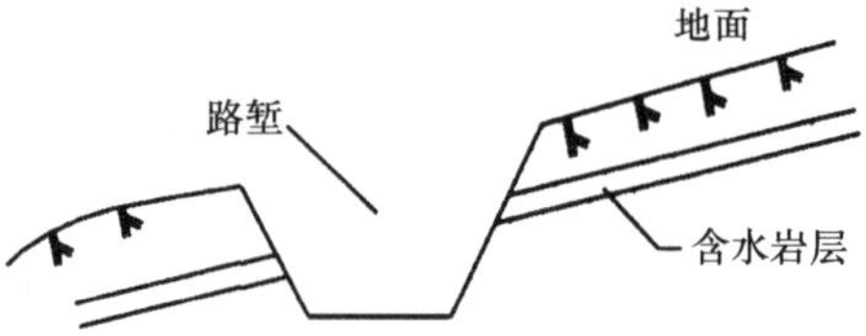

图 2.3.3　路堑开挖揭露含水岩层

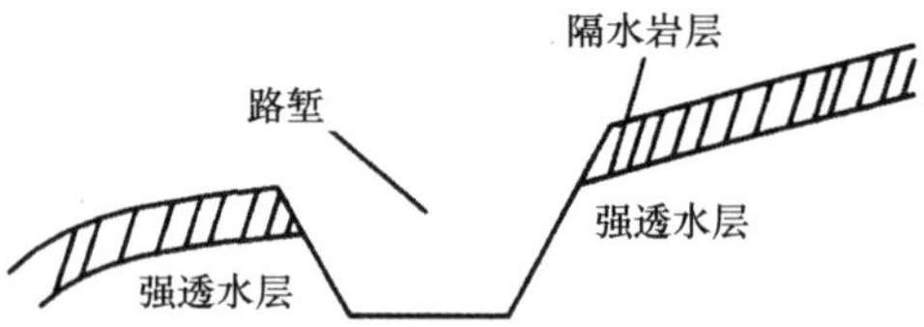

图 2.3.4　路堑开挖使强透水层接触大气降水

2. 降雨对公路边坡的影响

降雨冲刷主要包括降雨溅蚀和径流冲刷所引起的面蚀和沟蚀。降雨形成的地表径流冲刷坡面会造成坡面的水土流失，进而形成冲沟或冲蚀坑等，如果冲刷严重，还有可能造成边坡滑坡、滑塌等病害，并造成泥沙堵塞、掩埋排水沟渠，在连续降雨的情况下，如果未能及时清理沟渠中的淤积物，就会造成水流冲刷坡面和路面，甚至可能造成毁坏路基、路面等严重后果。

3. 边坡加固对路堑渗流特性的影响

当路堑边坡产生滑动或者可能产生滑动时，需要对路堑边坡进行加固。边坡的加固措施有挡土墙、抗滑桩、锚索(杆)、注浆等，这些加固措施对路堑边坡可能产生不同的影响。

挡土墙可以分为混凝土挡土墙、浆砌石挡土墙、干砌石挡土墙等。一般来说，混凝土挡土墙、浆砌石挡土墙的渗透性都比路堑边坡岩土体的渗透性低，就会形成一种类似于挡水结构的作用，使路堑边坡的地下水位升高。如果采用干砌石挡土墙，由于干砌石挡土墙的缝隙较多，渗透性较强，对路堑边坡地下水的渗流特性没有多大的影响，而由于边坡的开挖，地下水位可能会比原地下水位低。

抗滑桩采用碎石桩、灰桩、灰土桩、水泥混凝土桩等，但以采用水泥混凝土桩居多。采用水泥混凝土抗滑桩加固路堑边坡时，水泥混凝土桩的渗透性一般比路堑边坡岩土体的渗透性低，对路堑边坡地下水的渗出起到阻碍作用，会造成边坡地下水位有所升高；灰桩、灰土桩加固路堑边坡时，其作用与水泥混凝土桩作用类似；采用碎石桩加固路堑边坡时，碎石桩的渗透性一般比路堑边坡岩土体的渗透性高，对边坡排水有利。但是，由于抗滑桩的断面一般不大，所占边坡体的平面面积较小，而且边坡渗流以水平向渗流居多，因此抗滑桩对边坡地下水渗流的影响较小。

锚索(杆)加固路堑边坡时，一般都要采用水泥浆或化学浆液对钢筋或钢绞索进行高压或低压灌浆，这些高压或低压水泥浆或化学浆液对锚索(杆)周围岩土体的孔隙或裂隙起到一定的胶结作用，就会形成一个个低渗透性圆柱体，如果这些圆柱体相互重叠，就形成了一个整体的挡水结构，阻碍地下水的排出，甚至在路堑边坡形成更高的地下水位，使地下水压力增大。

注浆加固路堑边坡是采用水泥浆或其他化学浆液对边坡的裂隙和孔隙进行灌注，提高边坡岩土体的整体性和强度，由于注浆加固的水泥浆或其他化学浆液堵塞了路堑边坡的裂隙和孔隙，边坡地下水的渗流通道减少，从而造成加固部分的边坡渗透性比原来边坡岩土体的渗透性低，使地下水的水位不同程度地升高，水压力增大。

4. 边坡坡面防护对路堑渗流特性的影响

为了防止雨水对路堑边坡坡面的冲刷，采用框格梁、干砌片石、浆砌片石、喷射混凝土、勾缝等对路堑边坡进行护理，这些护坡措施会在一定程度上影响边坡地下水的渗出或地表雨水的入渗。一般来说，由于框格梁所占路堑坡面的面积较小，对路堑边坡坡体地下水的渗出或雨水的入渗影响不大；干砌片石的渗透性一般比路堑边坡岩土体的渗透性强很多，可以认为对路堑边坡坡体地下水的渗出或雨水的入渗没有影响或影响较小；浆砌片石、喷射混凝土的渗透性一般比路堑边坡岩土体的渗透性低；勾缝护坡是采用水泥砂浆对路堑坡面裂缝进行处理，会堵塞路堑边坡地下水的渗出或地表雨水的入渗。因此，浆砌片石、喷射混凝土、勾缝护坡会在路堑边坡的坡面或坡面表层形成一个低渗透性的挡水结构，使降落到坡面的雨水很难渗入坡体，同时也阻碍边坡地下水的排出，甚至造成路堑边坡坡体的地下水位比未进行护坡处理的路堑边坡坡体的地下水位高。

2.3.3　公路隧道与水文地质相互影响关系

公路隧道与水文地质的关系密不可分，对其相互影响的分析具有重要意义。下面针对隧道开挖对周边岩体渗流性质的影响进行分析，同时，分析公路隧道修建前后围岩地下水补径排变化规律。

1. 公路隧道修建对水文地质的影响分析

1) 隧道开挖对周边岩体渗流性质的影响

隧道开挖过程中，如果采用爆破方法施工，部分爆破能量会对隧道围岩造成破坏，产生新的裂隙，原有的裂隙长度和宽度增加。同时，在原岩应力的作用下，隧道周边的原岩压应力降低，甚至产生拉应力，出现张拉裂隙；一些部位压应力增大，甚至出现压剪破坏。具体什么位置出现张拉、什么位置出现压剪，受原岩应力和隧道断面形状、开挖方式、开挖顺序等因素的影响。

由于洞室开挖，在隧道周边产生破坏，并且隧道周边的围岩向隧道中移位，使隧道周边形成一个裂隙更发育、裂隙宽度更大的塑性松胀区(Ⅰ区)；由于这种塑性松胀,原来由隧道附近岩石承受的应力一部分转移到由更深一些的岩体承担，因此在塑性松胀区以外出现一个应力增大区(Ⅱ区)，在应力增大区以外，岩体应力恢复为应力平稳区(Ⅲ区)，如图 2.3.5 所示。

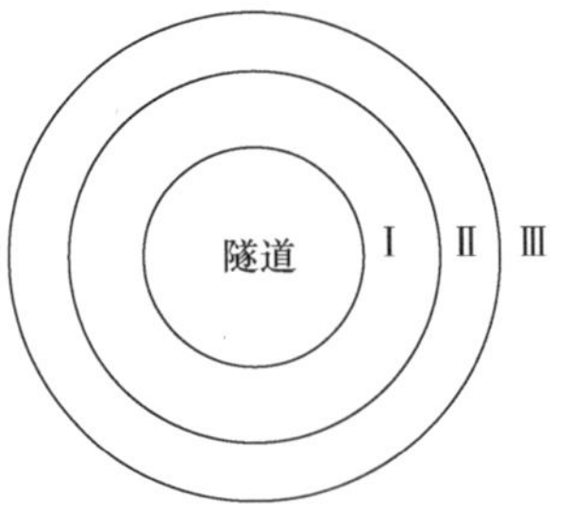

图 2.3.5　隧道开挖引起的应力及渗透性变化

由于隧道开挖对围岩的破坏和应力、变形的调整形成不同的三个区域，在这三个区域中，岩体的渗透性发生了不同的变化。在隧道周边的塑性松胀区(Ⅰ区)，渗透性比原岩体增强；在应力增大区(Ⅱ区)，由于压应力的增大，裂隙张开度减小，孔隙直径也同样减小，渗透性减弱；在应力平稳区(Ⅲ区)，由于岩体应力和性状基本没有发生改变,渗透性基本没有发生变化。

2) 隧道开挖对周边岩体地下水渗流的影响

由于隧道的开挖形成后，为地下水的排出提供了一个通道，就会在隧道形成一个地下水降落槽。隧道衬砌以后，如果采用透水式衬砌，可以认为衬砌对地下水的作用影响很小或与未衬砌形式的隧道作用相同。如果采用以堵为主的衬砌形式，或者采用注浆的形式进行防水或支护，在隧道周围的衬砌范围或者注浆所形成的范围内可以认为是不导水的，或者是低导水的，则原来的地下水渗流形式和渗流路径就会发生变化，在隧道周围的一定范围内，地下水渗流就会受到扰动，形成绕隧道周围一定范围流动的渗流场，相当于在隧道及其周围形成阻水结构，地下水绕隧道周围低渗透区流动。

2. 公路隧道修建前后围岩地下水补径排变化规律

1) 公路隧道修建前围岩地下水补径排变化规律

地下水是自然界广泛存在的非常重要的物质，在细观上，可用达西线性渗透定律及毛细水的运动规律等来描述；在宏观上，其参与自然界水循环，包括水文循环和地质循环，而地下水循环指的是地下水的补给、径流和排泄过程。补给是含水层(含水系统)从外界获得水量的过程；径流是水由补给处向排泄处的运动过程；排泄是含水层(含水系统)失去水量的过程。地下水在补给、径流、排泄的过程中，不断地进行着水量的交换和运移。

隧道修建前，围岩地下水补径排变化规律与隧道选址有关，在不同的隧道选址条件下有不同的地下水补径排变化。一般而言，地下水的补给来源包括大气降水、地表水、凝结水、来自其他含水层或含水系统的水等，以及人工补给(水库渗漏水等)。按补给方式可分为侧向补给和垂向补给两种，侧向补给主要是山区地下水径流通过河床砂砾石层和周边基岩裂隙水直接补给地下水；垂向补给主要包括大气降水、河渠水等入渗补给。侧向补给取决于围岩裂隙节理及其发育程度，裂隙节理发育，则有利于裂隙水的赋存和运移；而大气降水补给与年平均降水量等有关，河渠水、水库渗漏水的补给与该隧址所处水系的发达程度有关。

地下水的径流与地面坡降方向有关，并且如果隧址区冲洪积层结构松散，则地下水径流条件良好，甚至可以以泉水形式排泄，同时，人工开采和植物蒸腾作用也是主要的排泄方式。碳酸盐岩类岩溶水，由于岩溶裂隙、溶隙的发育，提供了良好的径流条件，也在裂隙、溶隙的基础上形成了地下水的优势通道，同时，这种排泄方式受断层的影响很大，大多在山体底部以泉水的形式排泄。基岩裂隙水，基岩在风化作用、构造作用的影响下，形成良好的裂隙网络，岩层透水性良好。在接受地表水和松散堆积孔隙水补给后转化为裂隙水，这类地下水在裂隙网络中赋存、运移，部分裂隙水则在有利部位以泉水的形式排泄。

一般地下水的补径排条件及特征如表 2.3.1 所示。

表 2.3.1　地下水的补径排条件及特征

地下水类型	主要补给来源	径流特征	排泄方式特征
松散堆积层孔隙水	大气降水、农灌入渗补给、河水入渗、地下水侧向补给	受地面坡降影响	人工开采、植物蒸腾作用、泉水
碳酸盐岩类岩溶水	大气降水、上覆松散层水、地下水侧向补给	裂隙、溶隙赋存、运移	泉水
基岩裂隙水	大气降水、上覆松散层水、地下水侧向补给	地质构造、风化作用影响	泉水、松散层水

山体上部松散岩类孔隙水和裂隙水主要接受大气降水和雨季地表洪流(溪沟暂时性流水)的补给，垂直向下径流至灰岩岩溶水垂直径流带(包括表层岩溶带、包气带)，进一步向下径流对季节变动带(包括季节交替带、浅饱水带)、水平流动带(压力饱水带和深部缓流带)进行补给。在雨季，当上述含水层饱水后，各含水层的水一部分向下径流对下覆含水层进行补给，在附近溪沟等低洼处排泄，水平流动带内的地下水主要以水平向流动为主，在远处更低洼处的河沟排泄；另一部分砂岩裂隙水直接向下补给深部砂岩裂隙、构造裂隙含水层，在附近溪沟等低洼处或在远处更低洼处的河沟排泄。这样就形成隧道山体处的两个地下水循环系统。

(1) 隧道山体地下水微观循环系统。大气降水和雨季地表洪流→孔隙、风化裂隙、落水洞→松散岩类孔隙含水层和其他岩类裂隙含水层→灰岩岩溶含水层→沟谷等低洼处排泄。

(2) 隧道山体地下水宏观循环系统。隧道山体地下水宏观循环中地下水的排泄以远处低洼处排泄为主。

图 2.3.6 为隧道修建前山体地下水的补径排关系。

2) 公路隧道修建后围岩地下水补径排变化规律

由于在隧道的修建过程中会破坏隧道的控水构造，隧道修建后会发生涌水涌泥现象。地下水是在岩石空隙中赋存和运移的，而空隙的多少、大小及其连通性和发育程度均与岩性、构造直接相关，即岩性和构造决定了能否形成控水构造及所能容纳的水量，而地形地貌、气候等条件又决定了地下水的补给、径流和排泄条件[16]。

(1) 岩性与地下水的关系。岩石中的各种裂隙、溶隙、孔隙是水在岩石中赖以赋存的基础，而这些空隙的形成又与岩石本身的性质密切相关。对于固结的坚硬岩层，其裂隙大小、发育程度及连通性与岩性直接相关。岩石在形成过程中由

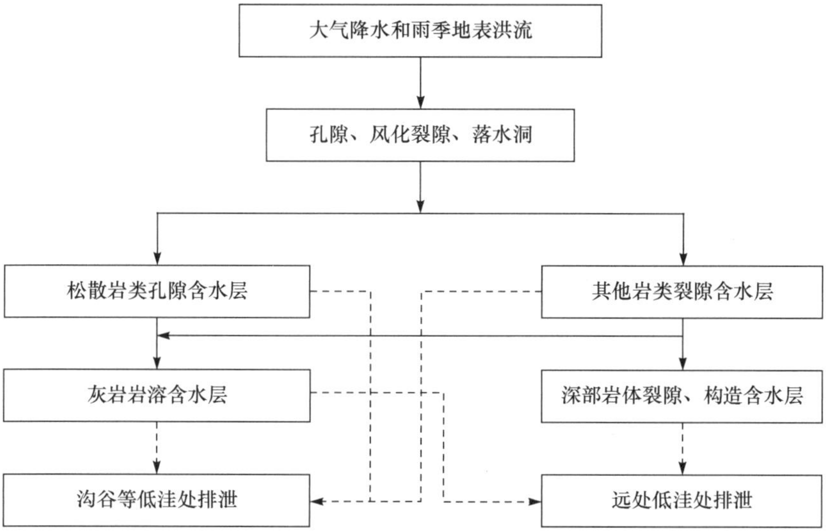

图 2.3.6　隧道修建前山体地下水的补径排关系

实线表示水的主要流动方向，虚线表示水的次要流动方向

于形成方式、成因、形成环境及后来所受到的构造应力作用的不同，岩石本身具有不同的化学性质和物理力学性质。

岩石的物理力学性质对地层富水性的影响很大。岩石在应力作用下所表现出的弹性、塑性、蠕变等对应力的反应不同，在一定的构造应力作用下发育的构造裂隙的规模也就不同，进而影响地层的富水性。

(2) 构造与地下水的关系。构造是基岩地下水分布、富集的控制因素，在构造应力的作用下，地层产生各种形态的变形，如褶皱、断裂等。含水岩层则自然地随着整个地形的变化而形成各种不同形态的蓄水构造，主要有风化节理蓄水构造及次级向斜蓄水构造。通过分析钻孔的资料和实际野外调查可以得出，次级向斜蓄水构造对研究区域的地下水循环起一定的局部控制作用。

(3) 地形地貌与地下水的关系。地下水的埋藏和分布主要受地形地貌因素的控制，所以地下水主要富集于汇水地形的低洼部位，如 U 型谷、簸箕地等；而在山脊、陡坡地带的风化带中，则不易储存地下水。

由于隧道位于山体松散岩类孔隙含水层和岩溶水垂直渗透带内，隧道排水直接改变了原有地下水的补径排条件，使原来的地下水循环系统改变为以山体-隧道微循环系统占绝对优势的地下水宏观循环系统。山体-隧道微循环系统中隧道排水成为隧道山体地下水循环系统的主要排泄口。图 2.3.7 为隧道修建后山体地下水的补径排关系。

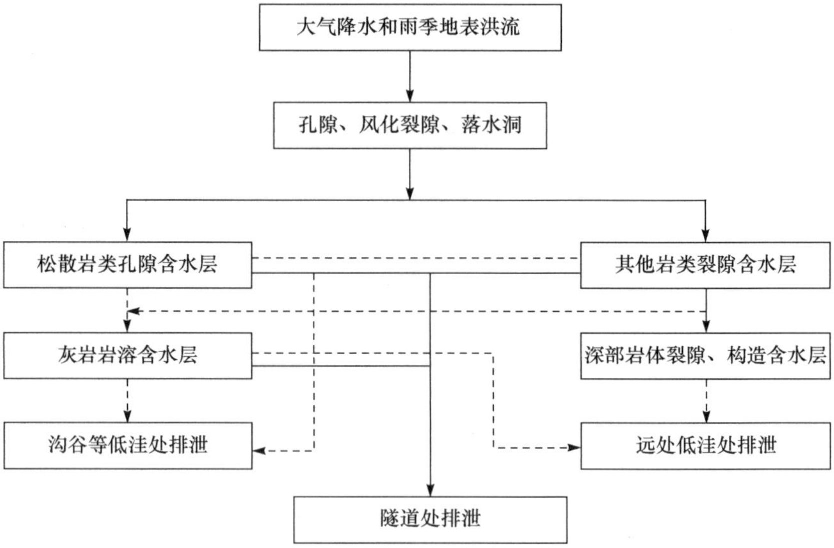

图 2.3.7　隧道修建后山体地下水的补径排关系

实线表示主要渗流路径，虚线表示次要渗流路径

由于隧道的修建，隧道山体处地下水循环系统具有以下特性。

(1) 形成了独立的地下水循环系统。地下水的补径排条件变得相对简单，大气降水和雨季地表洪流通过孔隙、风化裂隙、落水洞对松散岩类孔隙含水层进行补给，松散岩类孔隙水和裂隙水对下部灰岩岩溶含水层进行补给的同时，大部分地下水通过隧道直接排泄；灰岩岩溶水在对深部灰岩岩溶含水层进行补给的同时，大部分岩溶水通过隧道直接排泄。

(2) 循环路径更短。虽然隧道山体地形有一定的起伏，但山体存在多处塌陷、落水洞，同时松散岩体孔隙发育，裂隙岩体风化裂隙发育，灰岩岩溶、溶隙发育，大量的降水经上述通道直接渗漏进入地下，经过非常短的径流、补给后通过隧道直接排出地下。

(3) 人类活动对地下水循环系统的干预十分明显。隧道的修建，一方面直接凿穿了灰岩中的溶隙、溶洞，另一方面缩短了地下水的径流途径，增大了地下水的水力坡度和冲刷、潜蚀能力，加大了地下水各种通道的透水能力。因此，大量的地下水从隧洞中涌出，自然条件下缓慢渗流的地下水变成了明流，水流速度加快，透水量增大，冲刷、潜蚀能力增强，原有的地下水循环系统被破坏[17]。

3. 公路隧道运营多年后地下水补径排变化规律

随着运营时间的增长，公路隧道地下水补径排也会产生一定的变化，可能产生的变化规律如下。

(1) 围岩的劣化造成地下水补径排变化规律有所变化。在地下水长期潜流冲刷作用下，会将围岩裂隙、节理、交界面、软弱夹层、破碎带和岩溶等的软弱物质带走，造成围岩的渗透系数不断增大，导致隧道的涌水量逐渐增大，从而影响到整个隧道区域内地下水补径排变化规律。

(2) 隧道排水系统变化造成地下水补径排变化规律有所变化。随着通车年限的增加，隧道排水系统由于堵塞、老化和失效等原因，原有的地下水渗流路径产生变化，从而造成隧道区域内地下水补径排规律的变化。

(3) 地表状况的变化造成地下水补径排变化规律有所变化。在岩溶地区和隧道浅埋段，在降雨入渗和地下水长期作用下，造成局部地表的塌陷和覆盖层渗透系数的增大，导致地表水入渗量增大，从而影响到整个隧道区域内地下水补径排变化规律。

第 3 章　高温多雨地区公路水害特征及分类

3.1　填方路基水害特征及分类

无论是沥青路面还是水泥混凝土路面，路基作为路面结构的基础，它的强度、刚度和稳定性对路基路面结构的整体强度、刚度和稳定性起着决定性作用[18]。影响路基强度、刚度和稳定性的因素主要有地理条件、地质条件、气候条件、水文和水文地质与土的类别等，对具体的土类和施工水平而言，含水率和压实度是最主要的影响因素。其中，压实度可以通过严格的施工质量控制及现有的压实机械达到规范规定的要求，含水率是随着降水、地表径流和地下水位等环境条件及水分迁移的变化而不断发生变化，即影响路基强度、刚度和稳定性的其他因素通常通过水分的迁移变化方式影响路基内部的含水率变化。

对于南方多雨的平原区和丘陵区，由于路基排水不良及长期的干湿循环变化，路基内部含水率不断地发生变化，导致路基抗变形能力产生衰减，即路基回弹模量降低，这直接影响路基路面结构的强度、刚度和稳定性，从而降低公路的使用品质和使用寿命[19]。路基内部含水率的变化实质上是路基内部水分产生迁移的结果，路基内部水分的迁移包括竖向迁移和横向迁移，不同的环境因素(温度、降雨、水文和水文地质等)和人为因素(路基横断面形式、填土类别和压实度等)下路基水分的迁移是不一样的。

路基水害可分为路堤与路床病害、路堤边坡病害、防护及支挡结构物病害、排水设施病害四类。

(1) 路堤与路床病害。开裂滑移(图 3.1.1)、不均匀沉降、翻浆等。

(2) 路堤边坡病害。局部冲刷(图 3.1.2)、局部坍塌、滑坡等。

图 3.1.1　不均匀沉降导致的开裂滑移

图 3.1.2　路堤边坡局部冲刷

(3) 防护及支挡结构物病害。排(泄)水孔淤堵(图 3.1.3)、局部损坏、结构失稳等。

(4) 排水设施病害。排水设施堵塞、损坏、不完善等。

图 3.1.3　排水孔无效设置或淤堵

3.2　路堑边坡水害特征及分类

湿热多雨气候条件是亚热带地区公路边坡病害的重要诱发因素之一。以广东省为例，公路边坡病害的空间分布规律受地形地貌、岩土类型、地质构造、地震、降水及人类活动等因素控制[20]。从降水条件来看，地质灾害多发生在年降水量为 1400～2000mm 或最大降水量为 50～100mm/h 的地区，并随着日最大降水量的增大而逐渐增多。根据以往研究成果和对多条高速公路边坡的病害调查，可将广东省高速公路边坡病害进行区划。

高温多雨地区公路边坡水害形式主要包括滑坡、泥石流、错落、坍塌及坡面病害等。以工程地质环境(地貌、岩性)作为依据，可将广东省分为 6 个区，分别为粤北中低山丘陵岩浆岩沉积岩组区(Ⅰ区)、粤西低山丘陵多种岩组区(Ⅱ区)、粤东低山丘陵多种岩组区(Ⅲ区)、粤东沿海台地平原岩浆岩沉积岩组区(Ⅳ区)、珠江三角洲平原台地多种岩组区(Ⅴ区)、雷州半岛台地平原岩浆岩组区(Ⅵ区)。

3.2.1　滑坡

公路建设对自然斜坡主要有开挖和加载两个作用。开挖使自然斜坡坡脚失去支撑，边坡体松弛，加剧地表水、地下水的作用，破坏原有的自然斜坡平衡。加载增加原有斜坡的载重，改变地表水、地下水的条件，破坏原来的平衡条件。其中，边坡病害对运营公路安全威胁最大、影响范围较广的是滑坡。滑坡通常是指重力引起主滑带剪切、后缘拉张、前缘剪出的“带破坏”。运动方向以水平向为主，沿滑动面向前滑移。地下水和降雨渗入，使滑坡强度降低，动静水压力、振动力、上部加载、下部削方等均是其发生的原因。在即将滑动时和滑动后，前缘两侧及后缘均有滑坡裂缝出现。在省内高速公路建设过程中，滑坡发生频率高，危害也大。中国铁路科学研究院对广东省内高速公路边坡病害情况进行总结，按地层岩性和地质构造的不同组合方式将公路边坡滑坡划分为四种类型，如表 3.2.1 所示。

表 3.2.1　广东省公路边坡典型滑坡类型

岩类	地层	公路边坡坡体结构	典型滑坡类型
沉积岩	碳酸盐岩、碎屑岩	顺坡层状(顺坡斜交)边坡岩体结构；上硬下软反倾层状边坡岩体结构	① 沉积岩、变质岩地层顺层滑坡； ② 沉积岩、变质岩地层构造结构面滑坡
岩浆岩	花岗岩	碎裂状边坡岩体结构；散体粒状边坡岩体结构	③ 花岗岩全强风化层(残积层)类均质体滑坡(同生面滑坡)； ④ 花岗岩全强风化层(残积层)构造结构面滑坡
变质岩	板岩、千枚岩、变质砂岩类和石英岩类	顺向缓倾似层状边坡岩体结构；反向缓倾似层状边坡岩体结构；有向临空缓倾贯通结构面的碎裂状边坡岩体结构；散体粒状边坡岩体结构	① 沉积岩、变质岩地层顺层滑坡； ② 沉积岩、变质岩地层构造结构面滑坡
第四系土体	堆积层	类均质土体边坡岩土结构；堆积结构面顺倾边坡岩土体结构；二元边坡岩土体结构	⑤ 堆积结构面滑坡； ⑥ 堆积层沿基岩顶面滑坡

注：表中①、②类滑坡类型将沉积岩与变质岩归为一类，因为广东地区变质岩除部分片麻岩外，主要为沉积岩浅变质，其滑坡破坏类型与沉积岩类似；③、④类滑坡类型将花岗岩全强风化层与残积层归为岩浆岩类，因为在广东地区，花岗岩全强风化层与残积层不易区分，且两者破坏模式基本一致，所以在滑坡类型中不予区分。

上述分类结果表明，滑坡的发生和发展与边坡所处地质条件的关系十分密切，边坡本体病害程度主要受其自身条件控制。作者对广东省内高速公路发生过的 20 个典型滑坡案例资料进行整理和分析，按照滑坡主要控制因素(边坡本体状况指标)进行分类，如表 3.2.2 所示。可以看出，统计的滑坡中有超过 50%为地质类滑坡，即边坡地层岩性对其稳定性起决定性作用，其次是构造类滑坡，老滑坡数量普遍不多，其影响程度也比前两种情况小。

表 3.2.2　广东省公路边坡典型滑坡案例统计

滑坡类型	滑坡工程案例	数量/个	比例/%
地质类滑坡	高速公路 A K108+210～K108+478 段右侧滑坡	11	55
	高速公路 B K123+600～K123+800 段右侧滑坡		
	高速公路 C K97+020～K97+375 段路堑左侧滑坡		
	高速公路 A K27+263～K27+290 段右侧滑坡		

续表

滑坡类型	滑坡工程案例	数量/个	比例/%
地质类滑坡	高速公路 D K18+170～K18+225 段左侧滑坡	11	55
	高速公路 E 新铺互通右侧边坡滑坡		
	高速公路 C K105 位置边坡滑坡		
	高速公路 B K79+605～K80+160 段左侧滑坡		
	高速公路 B K80+620～K81+120 段左侧滑坡		
	高速公路 F K7+760～K7+880 段右侧滑坡		
	高速公路 Q K61 右侧边坡滑坡		
构造类滑坡	高速公路 R K111+286～K111+433 段右侧滑坡	6	30
	高速公路 G K13+305～K13+525 段左侧滑坡		
	高速公路 H K114+170～K114+430 段右侧滑坡		
	高速公路 S K42+960～K43+070 段右侧滑坡		
	高速公路 B K199+417～K199+532 段左侧滑坡		
	高速公路 I K57+715～K57+837 段右侧滑坡		
老滑坡	高速公路 J K275(原 K101)路堑滑坡	3	15
	高速公路 H K123+060～K123+260 段左侧滑坡		
	高速公路 A K98+450(国道 323 侧)段左侧滑坡		

经资料调研与分析，发现广东省内诱发滑坡的主要地质类型包括高液限土、煤系地层、泥质岩和炭质岩、砂岩、强风化岩和残坡积土等。下面介绍一些比较有代表性的公路边坡滑坡案例。

1. 高液限土

高液限土的工程性质十分独特，具有不良的物理性质和较好的力学特性。由于该类土具有一定的胀缩性、裂隙性和分布不均等特性而具有很大的工程隐患，一般要求对其进行单独研究和评价处治。《广东省高液限土路基修筑技术指南》(GDJTG/T E01—2014)将广东省高液限土划分为四个代表性区域：①以韶关为中心的北部地区(Ⅰ区，分布区域较广，密度不高)；②湛江和茂名一带的南部地区(Ⅱ区，分布区域较广，密度高)；③深圳、广州、云浮一带的珠江流域地区(Ⅲ区，分布区域广，密度高)；④以梅州、揭阳、潮州、汕头为中心的东部地区(Ⅳ区，分布区域较广，密度较高)。

广东省高液限土的工程特性主要包括：①含水率高，渗透性低；②液限高，塑性指数高；③细颗粒含量高，具微膨胀性；④浸水强度低，水稳性差；⑤工程处理难度大。无论边坡高低，高液限土路堑边坡均易产生坍塌、滑坡等边坡病害及表土溜坍、冲蚀等坡面病害。有许多堑坡坡度放缓为 1∶2，仍然不稳定[21]。例如，广东某高速公路 A K27+263～K27+290 段右侧边坡在运营期间曾发生两次滑动，2006 年雨季期间曾发生第一次滑动，2009 年 7 月调查时该边坡出现第二次滑动。经调查分析，该边坡变形体物质主要为灰岩和泥岩、页岩、粉砂岩风化物，厚度大，超过 15m，孔隙率大，液限高，具弱膨胀性，岩层产状为 110°∠27°～50°，顺坡向(坡向为 90°)，残积黏土层中具有顺坡向结构面。第一次滑动的原因主要为降雨引起坡体松弛，一级坡脚泡水软化造成基底承载力不足，导致边坡出现滑动变形。第二次滑动的原因主要是坡体内溶蚀裂隙发育且存在空洞，由于地下水作用，空洞内物质流失，导致上部坡体临空。图 3.2.1 为现场记录的边坡各部位病害照片。

2. 煤系地层

广东省煤系地层多为灰黑～黑色，岩性含炭、含泥质较重，粉砂质泥晶～泥质结构，薄层状、页理状构造。以全～强风化层为主，厚度达 20～40m，煤层每

(a) 右侧滑坡全貌

(b) 棕黄砂页岩残积物

(c) 滑坡后缘陡坎(陡坎高 2.0m)

(d) 滑坡后缘陡坎(陡坎高 1.5m)

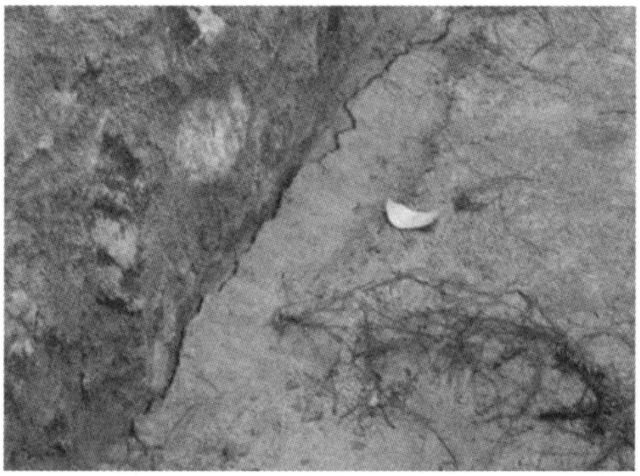

(e) 坡顶截水沟后缘裂缝

图 3.2.1　广东某高速公路 A K27+263～K27+290 段右侧滑坡全貌

层厚 0.2～0.6m[22]，常呈透镜状、藕节状或鸡窝状。煤系岩层岩性软，含有大量伊利石，具有干裂、吸水性强、遇水膨胀软化、结构易破坏而丧失强度等特点[23]。煤系地层在广东省公路病害中较为突出，多条高速公路均因煤系地层的影响出现多次多层较大滑坡。

根据中国铁道科学研究院的调查结果，广东省内煤系地层多存在于砂页岩、泥岩、灰岩等沉积岩地层。薄层和厚层煤系地层发生边坡失稳的机理有所不同。薄层煤系地层呈多层状，煤层每层厚 0.2～0.6m，在水和其他外力作用下易形成具有隔水、含水和强度低等特点的软弱带，对边坡稳定不利。若边坡为顺坡向层状边坡岩体结构，由于煤系地层遇水软化并隔水的特征，其成为边坡软弱层面，易诱发顺层滑坡，煤系地层的软化往往是滑坡发生的决定性因素。反之，若边坡为反倾层状边坡岩体结构，煤系地层对边坡稳定性的影响并不明显。厚层煤系地层多指炭质泥岩、炭质灰岩地层，其组成边坡的病害类型与极软岩边坡类似。由于煤系地层遇水易软化，丧失强度，易发生边坡坍塌、崩塌及滑坡病害。坍塌主要是在浸水条件下煤系地层岩土体强度不足所致，崩塌或滑坡则与边坡坡体结构密切相关。若边坡岩层为顺倾，由于煤系地层的隔水及强度低等特点，炭质泥岩、灰岩的层面或与坚硬岩层的交界面易成为顺层滑坡的滑带；若顺坡向结构面贯通，也可能发生顺坡向构造结构面滑坡。若边坡岩层为反倾，坡体为顺坡节理发育的巨厚层为主的坡体结构时，易发生构造结构面滑坡；坡体为上硬下软反倾坡体结构时，由于下部软岩强度较低，易发生错落挤压剪切式滑坡或崩塌；坡体为层面发育的软硬岩互层结构时，倾向临空的结构面对边坡稳定不起控制作用，软岩由于抗风化能力低，易发生硬岩的崩塌。广东某高速公路 A K108+210～K108+478 段右侧滑坡、广东某高速公路 B K123+600～K123+800 段右侧滑坡、广东某高速公路 C K97+020～K97+375 段路堑左侧滑坡均与边坡位置普遍为煤系地层有密切关系。

图 3.2.2 为广东某高速 B K123+600～K123+800 段右侧边坡煤系地层及滑坡。该边坡于 2013 年 2 月底至 3 月初开始开挖，3 月中旬三级、二级边坡开挖到位，随后对一级边坡也进行局部开挖，在未施加任何加固防护措施的情况下，3 月 17 日产生滑坡，并逐步向两侧扩大、向深层发展、向后牵引。根据现场情况推断，滑坡是因为组成边坡的岩性软弱，煤系地层在含水情况下，抗剪强度较低；开挖引起地表水下渗，地下水的改变软化了接触带的强度，并增加动水压力的作用；边坡坡脚快速开挖卸载作用，坡脚地基承载力不足，同时没有采取边开挖边支护的施工顺序。此外，在边坡第一次滑动后，坡体低洼，形成地表水汇集洼地，坡体松散，汇集的地表水下渗，进一步软化坡体强度，并增加动水压力的作用，导致边坡向两侧扩大，向后牵引，滑动面向深层发展，形成新的滑动面。

(a) 煤系地层边坡全貌

(b) 二级坡脚滑坡前缘剪出口

(c) 边坡第一次滑坡全貌

(d) 边坡第二次滑坡全貌

图 3.2.2　广东某高速公路 B K123+600～K123+800 段右侧边坡煤系地层及滑坡

广东某高速公路 C K97+020～K97+375 段路堑左侧边坡范围覆盖层主要为残积黏性土，基底由粉砂质泥岩、炭质泥岩组成，曾先后发生过两次较大的滑坡。2009 年 11 月边坡开挖至一级平台时，K97+220～K97+260 段坡体沿着该软弱夹层滑动，在开挖出的三级坡面形成贯通性的剪出口裂缝，发生较大规模的工程滑坡。2010 年年底，K97+200～K97+300 段加固措施完成，2011 年 1

月在 K97+240～K97+270 段边坡堑顶、坡面及平台裂缝有贯通趋势。图 3.2.3 为记录的两次滑坡的现场照片。

(a) 第一次滑坡全貌

(b) 滑坡后缘擦痕

(c) 第二次滑坡全貌

(d) 滑坡后缘

(e) 二级平台垮塌破坏

(f) 一级平台裂缝出露

图 3.2.3　广东某高速公路 C K97+020～K97+375 段路堑左侧边坡滑坡

3. 泥质岩和炭质岩

泥质岩是指泥质质点(主要指黏土矿物)含量超过 50%且粒径小于 0.0039mm

的沉积岩，也称黏土质岩。炭质岩是含有炭质成分的岩石，以炭质泥岩和炭质页岩较为典型。广东某高速公路 D K18+170～K18+225 段左侧边坡为典型的泥质岩边坡滑坡，如图 3.2.4 所示。

图 3.2.4　广东某高速公路 D K18+170～K18+225 段左侧泥质岩边坡滑坡

4. 砂岩

粉砂岩是指主要由粉砂碎屑组成的沉积岩。粉砂岩的碎屑组分一般比较简单，以石英为主，长石和岩屑少见，有时含较多的白云母。填隙物有钙质、铁质及黏土质等。粉砂岩中常具有薄的水平层理，沉积物含水时易受液化产生变形层理及其他滑动构造。广东某高速公路 E 新铺互通右侧边坡受降雨和防护措施失效影响，在运营期间产生了滑坡。图 3.2.5 为边坡现场滑坡照片。

图 3.2.5　广东某高速公路 E 新铺互通右侧边坡滑坡

5. 残坡积土、强风化岩

广东某高速公路 B K79+605～K80+160 段左侧路堑边坡出露地层分别为第四

系坡残积粉质黏土，全风化泥质粉砂岩、泥页岩，下覆灰岩。灰岩与砂岩间接触带地层为全风化泥质粉砂岩、泥页岩。边坡开挖在坡脚形成高约 20m 的高陡临空面，坡脚岩性软弱，承载力低，基底长期泡水引起边坡不均匀沉降变形；开挖和不均匀沉降引起坡体松弛。强降雨期间，地表水易沿裂隙下渗并软化坡脚，软化了灰岩顶面倾向临空的软弱结构面导致其强度降低。另外，地下水的急剧下渗导致土压力增大，当土压力增大到坡体提供的抗滑力不能抵挡时，施工期间发生两次滑坡。图 3.2.6 为施工期记录的现场病害照片。

(a) 左侧滑坡全貌

(b) Ⅰ区(K79+880 段)第一次滑动情况

(c) Ⅱ区(K79+980 段)第一次滑动情况

(d) 滑坡后缘裂缝宽约 0.2m

(e) 持续发展的滑坡体后缘

图 3.2.6　广东某高速公路 B K79+605～K80+160 段左侧滑坡全貌

广东某高速公路 F K7+760～K7+880 段右侧边坡地层主要由第四系坡残积碎石土和花岗岩组成。该边坡在运营期间发生了一次滑动。经调查，滑动原因为边坡岩土体主要为全～强风化混合花岗岩，岩体破碎，岩性软弱，结构面极为发育，大部分为张性，泥质充填，风化深度较大，全风化岩体中长石含量较高且易风化；坡残积物和全风化岩体具有遇水膨胀、干燥收缩的特点；加上雨季期间由于地表排水不畅，地下水的长期下渗软化了岩土体并使土体饱水，且坡体内存在顺坡向的结构面，导致边坡产生沿顺坡向结构面的滑动破坏。图 3.2.7 为运营期记录的现场病害照片。

(a) 右侧滑坡全貌

(b) 堑顶截水沟附近滑坡后缘下错 6.0m

(c) K7+785 段附近一级平台下错 1.0m

图 3.2.7　广东某高速公路 F K7+760～K7+880 段右侧滑坡

广东省内公路边坡构造类滑坡以构造带滑坡和顺层滑坡最为常见，病害案例数量也较多。广东某高速公路 G K13+305～K13+525 段左侧边坡、广东某高速公路 H K114+170～K114+430 段右侧边坡和广东某高速公路 I K57+715～K57+837 段右侧边坡均因普遍存在贯通的顺坡向缓倾软弱结构面(带)，在施工开挖过程中受降雨入渗影响而产生滑坡。图 3.2.8～图 3.2.10 为现场记录的上述各高速公路产生病害的边坡照片。

(a) 左侧滑坡全貌

(b) 病害发生时边坡施工情况

(c) 堑顶弧形贯通裂缝

(d) 前缘剪出口

图 3.2.8　广东某高速公路 G K13+305～K13+525 段左侧滑坡

(a) 右侧滑坡全貌

(b) 二级边坡结构面产状

(c) 滑坡后缘位于堑顶截水沟附近

(d) 四级边坡结构面产状

图 3.2.9　广东某高速公路 H K114+170～K114+430 段右侧滑坡

(a) 右侧滑坡全貌

(b) 截水沟和坡护面墙

(c) 挡墙鼓胀开裂

(d) 泄水孔渗水流泥

图 3.2.10 广东某高速公路 I K57+715～K57+837 段右侧滑坡

老滑坡的存在首先是滑坡复活的基本内在条件(地质环境因素)，其次由于修路切坡破坏了坡体原先的平衡状态，在人类活动和强降雨等外界环境因素共同作用下，地表水下渗使土体饱水，滑带土抗剪强度降低，触发老滑坡的复活。广东某高速公路 J 西段 K275(原 K101)段路堑边坡滑坡和广东某高速公路 H K123+060～K123+260 段左侧滑坡都是十分典型的开挖施工导致老滑坡复活的案例。图 3.2.11 和图 3.2.12 为相关的现场病害照片。

(a) 路堑边坡滑坡全貌

(b) 靠山侧路肩挤压隆起变形

(c) 滑坡后缘裂缝

(d) 山侧边墙斜向裂缝

图 3.2.11　广东某高速公路 J 西段 K275(原 K101)段路堑边坡滑坡

(a) 滑坡全貌

(b) 牵引裂缝

(c) 滑坡区坡脚渗水

(d) 构造结构面

图 3.2.12　广东某高速公路 H K123+060～K123+260 段左侧滑坡

3.2.2　泥石流

泥石流是指在山区或者其他沟谷深壑，地形险峻的地区，因为暴雨、暴雪或其他自然灾害引发的山体滑坡并携带有大量泥沙及石块的特殊洪流，如图 3.2.13 和图 3.2.14 所示。泥石流具有突然性、流速快、流量大、物质容量大和破坏力强等特点，通常会导致公路、铁路等交通设施甚至村镇等损毁，造成巨大财产损失乃至人员伤亡。

图 3.2.13　泥石流物源区照片

图 3.2.14　泥石流实图

3.2.3　坍塌

坍塌是指岩体各部分结合强度低，在重力作用下，不沿固定面坍落——体破坏，而是自上而下、自外向里坍落。降雨降低岩土体强度，增大自重，边坡过高过陡等，先在顶部形成密集拉裂缝，坍塌后，拉裂缝逐渐向后发展，拉裂缝产状外倾。例如，广东某高速公路 K 清新区径口段、广东某高速公路 L S29K18～K19 段路堑边坡等均发生过此类病害。图 3.2.15 和图 3.2.16 为记录的现场病害照片。

图 3.2.15　广东某高速公路 K 清新区径口段边坡坍塌

图 3.2.16　广东某高速公路 L S29K18～K19 段路堑边坡坍塌

3.2.4　坡面病害

坡面病害往往是坡面岩土受自然风化营力，如温差、日照、水汽等作用产生的氧化和还原，风蚀，雨淋、裂隙水、坡面水等产生的冲刷等作用而在坡体表层范围内的岩土变形和破坏。坡面病害中常见坡面流石流泥(或称坡面溜坍)、坡面冲沟、落石、碎落、剥落和土爬等变形现象。虽然坡面病害主要发生在浅层边坡，影响范围较为有限，对运营公路的危害程度也相对较低，但如果不予以重视，其破坏过程可能从坡体表层和局部开始，逐步扩展至斜坡上整个风化破碎带或重力堆积体中，对公路的不利影响程度将加大。

广东地区由于经常受湿热多雨气候影响，大量边坡浅部存在较厚的残坡积土、风化岩层，该类病害在边坡工程中十分常见，其发生的概率大大增加。图 3.2.17～图 3.2.20 为出现过坡面病害的一些高速公路边坡工程案例。

图 3.2.17　广东某高速公路 M BK74 位置坡面冲刷

图 3.2.18　广东某高速公路 M 强风化花岗岩边坡坡面冲刷

图 3.2.19　广东某高速公路 N K43+000～K43+200 段左侧边坡冲刷

图 3.2.20　广东某高速公路 O K8+700 段边坡坡面台风后滑溜

3.3　路面水害特征及分类

3.3.1　沥青路面的水害类型

沥青路面水损病害的主要形式有如下几种：沥青路面面层出现松散、掉粒、剥离、麻面和坑槽等病害，沥青路面基层出现唧浆病害，路面表面出现网裂、龟裂等现象。本节介绍松散、网裂变形、坑槽、唧浆四种主要的水损病害。

1. 松散

松散是沥青与集料黏附性不足导致的混合料水稳定性不足，沥青胶结料与集料表面的结合力丧失[24]。

在调研中，海南省很多路段普遍出现了沥青路面大面积的松散现象，即使沥青路面表层，也可以清楚地看到剥离出来的骨料，并且骨料周围很少有沥青包裹，如图 3.3.1 所示。

图 3.3.1　海南省某高速公路路面松散实例

2. 网裂变形

当路面的积水通过沥青路面的裂缝和空隙等途径进入沥青路面内部时，水分就滞留在路面下面层和上面层的交界面上。水分逐渐渗入沥青薄膜内部，破坏沥青与集料的黏结力。因此，沥青路面的剥离都是从面层下部开始，并逐渐向面层上部扩散。当路面下面层破坏之后，在车辆荷载的作用下，上面层会产生网状裂缝和变形等病害，如图 3.3.2 所示。

图 3.3.2　海南省某高速公路网裂实例

3. 坑槽

当沥青路面的表面层和中面层都采用空隙率较大的半开级配沥青混凝土，而底面层采用空隙率较小的密实型沥青混凝土时，路面由于降水或其他原因带来的积水较容易渗入并滞留在沥青路面的表面层和中面层内，在水分渗入沥青路面的表面层后，会从沥青路面的中面层薄弱处进入中面层，并滞留在表面层和中面层中[25]。在温度荷载和活荷载的循环作用下，水分加速进入这两层的沥青薄膜中，破坏沥青与集料界面的黏结，使沥青从集料表面剥落。剥落后形成贯穿沥青路面表面层和中面层的坑槽损坏，如图 3.3.3 和图 3.3.4 所示。

图 3.3.3　海榆西线某公路段坑槽实例

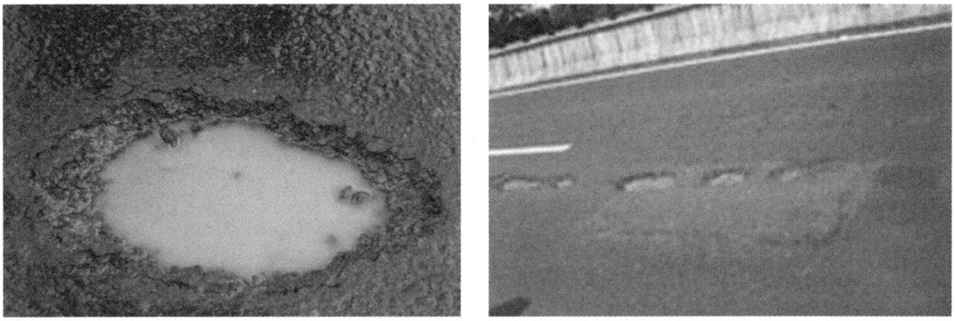

图 3.3.4　广东某高速公路坑洞实例

某公路路况普查数据显示，局部路段出现了坑槽、车辙及泛油等早期病害，病害以坑槽为主。坑槽主要分布在主车道轮迹带上，沿线每千米坑槽分布情况如图 3.3.5 和图 3.3.6 所示。从图中可以看出，在广州方向的 K4+000～K5+000、K14+000～K17+000、K28+000～K33+000、K36+000～K40+000 段坑槽分布较密集，阳江方向的 K3+000～K4+000、K34+000～K35+000、K37+000～K40+000 段坑槽数量比较多，但不如广州方向密集。其他路段坑槽分布具有较大的随机性。广东某高速公路 P 坑槽发生和发展过程如图 3.3.7 所示。

由调查结果可知，开平段的坑槽表现出以下特点：

(1) 坑槽整体分布表现出较强的随机性。

(2) 坑槽多分布在行车道的轮迹线上，且绝大部分在主车道的右轮迹带上。

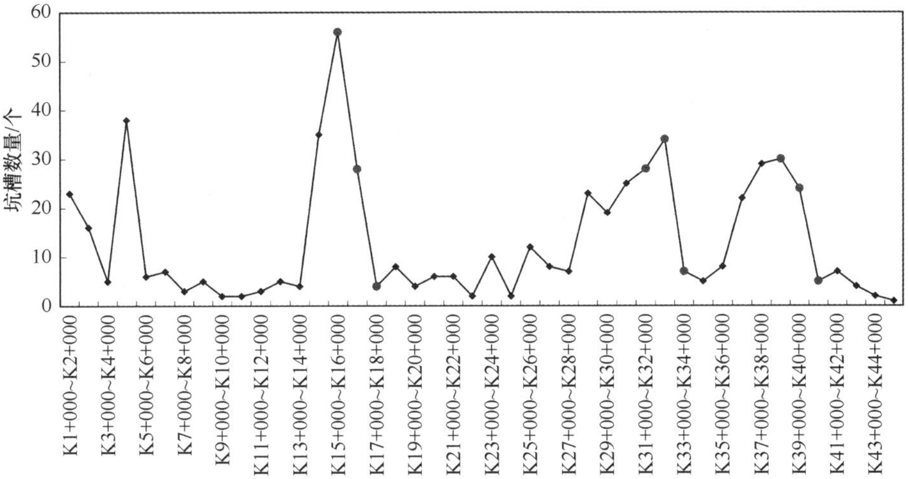

图 3.3.5　某高速公路广州方向每千米坑槽分布情况

图中圆点表示使用意大利拌和楼产生的沥青混合料铺筑的路段

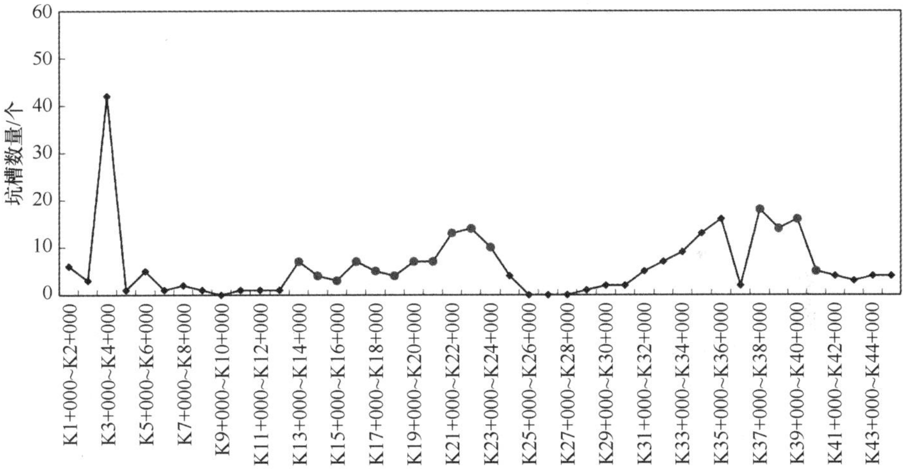

图 3.3.6　某高速公路阳江方向每千米坑槽分布情况

图中圆点表示使用意大利拌和楼产生的沥青混合料铺筑的路段

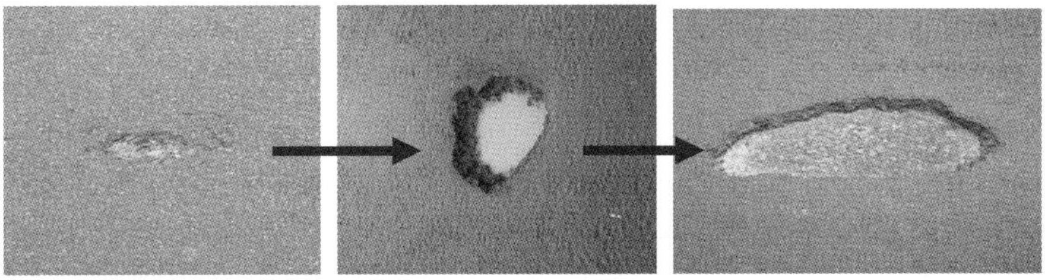

图 3.3.7　广东某高速公路 P 水损害坑槽发生和发展过程

(3) 坑槽主要发生在沥青路面上面层。

(4) 广州方向的坑槽数量比阳江方向的坑槽数量多。

(5) 局部路面坑槽较集中，如广州方向的 K4+000～K5+000、K14+000～K17+000、K28+000～K33+000、K36+000～K40+000，以及阳江方向的 K3+000～K4+000 等路段坑槽较多。

(6) 雨后坑槽数量剧增。2004 年 7 月底至 8 月初对该路段进行数据采集时，坑槽的数量仅有 200 个左右，经两次大台风及其带来的降雨后，坑槽数量增加到原来的四五倍。

根据坑槽的特点，初步分析坑槽主要是水损害造成的。

4. 唧浆

当路面面层发生损坏之后，路面的混合料松散剥离，导致水分进入路面基层和路基中。在活荷载的循环作用下，只有滞留的自由水产生动水压力，在出现裂缝的范围内，动水不断地冲刷和抽吸混合料，导致组成混合料的细小颗粒剥离，并沿着动水流动方向运动。当这些细小颗粒沿着沥青混合料的空隙向上运动到路面表面时，便形成了唧浆病害，如图 3.3.8 和图 3.3.9 所示。当水分进入路基后，路基在水的浸泡下降低了强度，路面在活荷载的作用下出现网状裂缝、变形和坑洞等病害，组成路基的细小颗粒材料也会沿着沥青路面的空隙向上运动，形成唧浆病害。

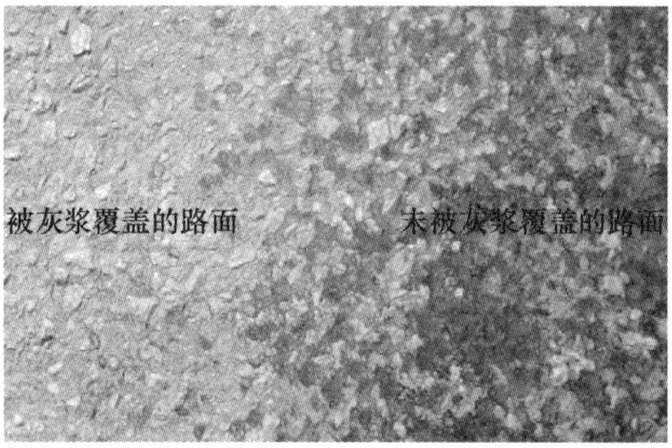

图 3.3.8　海榆西线公路路面唧浆实例

图 3.3.9　广东某高速公路路面唧浆实例

路面水损坏是指发生在混凝土路面中的一种由于水的作用而使路面产生破坏的现象。对于沥青路面，面层不可能完全隔水，当水从缝隙或其他路径进入沥青路面结构内部时会使沥青黏附性减小，由于集料表面对水有更强的吸附力，在水与集料长期接触下沥青会从集料表面剥落，加上行车荷载的影响会使水产生流动，产生动水压力进而使剥落的沥青流失，从而导致路面出现松散、剥离、坑槽等病害。

3.3.2　水泥路面的水害类型

水泥混凝土路面因其强度高、刚度大、耐久性好、养护维修费用低的特点而受到人们的青睐，但仍旧存在低应力水平状况下的开裂破坏、路面板下存在的局部不均匀支撑导致的脱空等问题[26]。

1. 开裂

水泥混凝土路面是将水泥混凝土直接浇筑在凹凸不平的基层上。由于基层存在孔隙或裂隙，浇筑过程中水泥砂浆会渗入基层一定深度，待混凝土凝固后，水泥砂浆将面层、基层形成一个整体。然而这一界面部分的弹性模量、泊松比和强度既不同于面层，又不同于基层的相应指标，实质上是一个过渡层，并且相对面层而言，该层即为强度薄弱层。

随着时间的推移，基层和面层的弹性模量、泊松比和强度以不同的速度在增长，同时面层水泥混凝土逐渐凝结，混凝土将产生收缩变形和周期性的温度变形，而面层与基层之间的不等量变形在面板横缝切割后必然会导致本来融为一体的过渡层沿路面板薄弱层平面开裂和破坏，将面层与基层彼此分离，且分离界面处于一种非光滑的凹凸不平状态[27,28]，如图 3.3.10 所示。

图 3.3.10　某高速公路路面开裂实例

过渡层破坏，面板与基层分离，混凝土路面继续胀缩和产生温度变形，使板产生巨大的剪应力。然而，板的自重及面板与凹凸不平的基层之间的咬合作用，对路面板收缩起到阻碍作用，导致剪应力对板直接施加撕裂破坏，从而使板底不同部位微裂纹的产生成为必然。在行车荷载和温度应力作用下，损伤度会逐渐增大，路面板板中裂纹尖端附近的混凝土逐渐损伤，裂纹会逐渐发展和加剧，而不是待外界荷载增大到临界荷载时原裂纹才出现失稳破坏。在车辆动荷载作用下，路面在不平整条件下板的应变会大大增加，同样对其裂纹的生成和扩展起较大的促进作用[29]。

2. 脱空

脱空是指水泥混凝土路面不连续的现象，如果不及时处理，会引起断角、断板等病害，从而影响道路的使用寿命。

水泥混凝土路面板底存在局部不均匀支撑，主要与重载和超载车辆作用、混凝土板受温度和湿度影响产生翘曲、旧水泥混凝土路面加宽、基础和路堤不均匀沉降，以及近桥涵段填土压实不足等有关[30]。它的产生改变了水泥混凝土路面板的受力状态，是水泥混凝土路面板产生早期断裂的主要原因之一。

水泥混凝土路面板底存在的局部不均匀支撑划分为两大类型：一是支撑存在但弱化，即局部弱支撑；二是支撑消失，即板底脱空[31]，如图 3.3.11 所示。

图 3.3.11　板底脱空实例

水泥混凝土路面板底脱空的产生过程总体上是由基层均匀支撑的水泥混凝土路面板过渡到非均匀支撑(局部弱支撑)，进而到局部失去支撑(脱空)。基层非均匀支撑和脱空都可以导致水泥混凝土路面板的早期断裂；断裂后的路面板在地表水和车辆荷载的共同作用下又加速新的脱空和断裂的产生。结果路面板由整块板变为大块板，再变为小块板；裂缝由微小裂缝发展到宽大裂缝，严重恶化行车路况。当然，这一过程产生和发展的快慢与线路所处路段的区域自然地理、气候特征和岩土工程条件有着密切的关系。在不同的路段，基层不均匀支撑的产生及发展是有区别的，不能一概而论。

3.4　地下构筑物水害特征及分类

3.4.1　地下构筑物水害特征

通过对广东省渗漏水严重的公路隧道和区段的水文地质资料、设计资料及施工日志等的归纳总结，并结合对其运营期间现状的调研，得出运营隧道水害有如下四个特征。

1. 渗漏水病害区段地质特点

通过大量调研发现，隧道水害与不良地质段在里程上的分布基本一致，这说明隧道渗漏水病害与不良地质也存在密切联系。通过调研发现，隧道渗漏水病害主要发生在隧道施工中揭露的富水区段，尤其是岩溶发育地段、向斜核部储水型构造区段及可溶岩与不可溶岩交界地段。隧道富水区段的地表往往发育有溶蚀性槽谷和落水洞，地表降雨由溶蚀性槽谷聚集，经落水洞快速补充地下水，地下水一方面经地下暗河系统排出，另一方面聚集在储水型构造中，这些储水型构造成为运营隧道高水压的来源[32]。

2. 空间里程上呈带状分布

隧道病害的空间分布特征体现了隧址区域地下水的分布特点，而这一特点又与隧道防排水形式有密切的联系。隧道的防排水设计表明，隧道的防排水板在纵向空间上是相互连通的，如果隧道的防排水板在某处因为施工期间的搭接不合格，或防排水板与初期支护之间不密贴，形成其背后存水空间，或浇筑二次衬砌时对其造成破坏损伤等，均可能导致地下渗流水通过防排水板在其内侧串流，进而造成某一区段内发生渗漏水病害。

3. 时间上具有延续性

从隧道渗漏水病害的统计结果来看，隧道渗漏水比较严重的区段在施工期间往往发生了比较严重的水害，因而隧道水害在时间上具有一定的延续性。例如，某高速公路隧道 L K1919+210～K1919+310 段岩溶和断层强烈发育，在施工期间先后发生了两次比较严重的突水突泥和底板隆起，部分区段隧道的二次衬砌厚度厚达 1.0m，但是当隧道进入运营期后，该区段依旧成为渗漏水病害最为严重的区段之一。

4. 隧址区渗漏水随天气状况呈动态变化

大气降水以面状渗入或点状灌入的方式进入地下，致使其地下水的动态变化与降水量的变化呈明显的线性关系。例如，广东某高速公路隧道 2011～2013 年在旱季隧道内干燥无水，在雨季隧道内渗漏水随降水量的变化而变化，在暴雨期间隧道内存在喷射状渗漏水，大雨期间隧道内存在涌流状渗漏水，小雨期间隧道内存在滴漏。表面隧址区域地下水与大气降雨的相关性造成隧道渗漏水病害严重程度呈现随大气降雨的动态变化特征。

3.4.2　隧道水害分类

隧道水害按照对隧道的影响程度可分为结构破损、涌水涌泥、渗漏水、地表塌陷和侵蚀锈蚀等。

1. 结构破损

在地下水高水压作用下，隧道结构的薄弱部位会发生塑性变形或破坏。按照结构破损的部位可分为基底破损和衬砌裂损。

基底破损是指隧道底部出现的基底开裂破损、下陷等病害现象。基底开裂破损主要是受施工材料、施工技术等影响，隧道基底与下方基岩存在裂隙，裂隙遇地下水渗入后，在围岩压力和水压力的作用下导致开裂破损；基底下陷主要是指隧道基底下方渗入腐蚀性地下水后，长期浸泡混凝土，软化基底混凝土结构，导致基底下陷。

衬砌裂损主要指隧道洞身衬砌、拱部上出现的破损或开裂病害，如图 3.4.1 所示。

图 3.4.1　衬砌裂损实例

2. 涌水涌泥

在地下水作用下，岩体发生水力劈裂，裂缝增大，从而增大渗透力，使局部隔水屏障作用被突破，地下水位高出，带出地下泥沙，从而形成涌水涌泥现象，如图 3.4.2 所示。

3. 渗漏水

围岩或土体的水体通过衬砌裂缝或间隙渗透到衬砌内表面发生的浸渗、滴漏、涌流、喷射现象[33]。

隧道渗漏水产生的原因可分为自然因素与人为因素两个方面。自然因素主要是指当隧道穿越含水地层、断层带及节理(裂隙)发育的富含裂隙水的地层、可能富有水压的岩溶地层及受地表水影响严重的浅埋地层时，就有可能产生隧道渗漏

图 3.4.2　涌水涌泥实例

水。人为因素可分为两种：①勘测设计阶段对周围地下水的水源、水量、水质调查分析不够，防排水理念落后，防排水设施布置不周，衬砌的防蚀、抗渗专项设计不足；②施工质量差，造成隧道衬砌开裂，先天防水能力差，或防水混凝土不达标，或防水材料施工不合格，或结构工作缝、伸缩缝、沉降缝等接缝处理不当。衬砌水害没有及时发现并治理，造成病害加重。

渗漏水按照病害平面分布可分为点渗、线渗和面渗，如图 3.4.3 所示。点渗指围岩或土体的水体通过衬砌裂缝或间隙渗透到衬砌内表面发生的浸渗现象呈点状分布时；线渗指围岩或土体的水体通过衬砌裂缝或间隙渗透到衬砌内表面发生的浸渗现象呈线状分布，或浸渗现象沿裂缝呈线状分布时；面渗指围岩或土体的水体通过衬砌裂缝或间隙渗透到衬砌内表面发生的浸渗现象呈面状分布，无法确定具体浸渗点时。

图 3.4.3　隧道渗漏水实例

渗漏水按照病害部位流量可分为浸渗、滴漏和涌流。浸渗的渗漏水流量极小，渗漏状态轻微，或仅在衬砌表面出现水痕；滴漏的渗漏水流量呈水滴状间断滴落，渗漏状态明显；涌流的渗漏水流量呈连续柱状水流涌出，渗漏状态严重。

4. 地表塌陷

地表塌陷是地表岩层、土体在自然因素或人为因素的作用下向下陷落，并在地面形成塌陷坑洞的地质现象，如图 3.4.4 所示。

图 3.4.4　地表塌陷实例

地表塌陷发生的主要原因是地表岩层、土体存在岩溶空腔或受地表水的影响导致泥土流失形成空洞，并在地面形成塌陷坑洞。

5. 侵蚀锈蚀

建在富含腐蚀性介质处的公路隧道，其衬砌背后的腐蚀性环境水容易沿衬砌的工作缝、变形缝、毛细孔及其他孔洞渗流到衬砌内侧成为隧道渗漏水，对衬砌混凝土和砌石、灰缝产生物理性或化学性的侵蚀作用，造成衬砌侵蚀和结构锈蚀。

环境水对混凝土和水泥砂浆的侵蚀作用主要可归纳为三种：溶出性侵蚀(非结晶性侵蚀)、结晶性侵蚀和复合性侵蚀(溶出性和结晶性侵蚀同时作用或交替作用)[34]。对于溶出性侵蚀，只要能解决衬砌的渗漏水问题，就能达到防蚀的目的。对于结晶性侵蚀，由于侵蚀是水泥中的化合物与水作用后的新生成物或水中盐类介质析出结晶发生体积膨胀而导致材料破坏，而析出结晶的条件是混凝土中的干湿变化，干湿变化越频繁，侵蚀速度越快。因此对这类侵蚀，不仅要防渗漏，还要防止混凝土浸水，避免侵蚀水与混凝土发生作用。复合性侵蚀包含了上述两种侵蚀的特性。

第 4 章　填方路基水害防治技术及效果评估

本章通过室内外试验和数值分析对路基内部水分迁移规律进行深入系统的研究，针对沉陷、开裂和排水系统堵塞等填方路基病害的成因提出治理办法，具体成效以广东省某高速公路沉陷及开裂滑移处治为例进行了介绍。

4.1　非饱和填方路基水分迁移规律

通过在路基内部埋设多种仪器，对路基的水分、温度、变形进行长期监测和分析。考虑到路基内部水分迁移与土本身的工程特性及水气运动规律密切相关，下面将对路基土的持水特性、水气运动规律、变形特性(包括湿化)、强度特性、弹塑性本构模型及弹性模量等进行室内非饱和土试验和降雨入渗模型试验研究，并考虑降雨强度、历时及不同断面形式的路堤等工况，对降雨入渗进行数值模拟。

4.1.1　路基水分存在形式及水分变化对路基特性的影响

1. 路基水分存在形式

1) 地下水按含水特征分区

非饱和土中充填于土粒间孔隙中的水和气与固相土粒相比更容易变化。外界条件的改变，如大气降水、干旱、地下水升降，都将引起土中水和气含量的变化，从而使土的性状发生变化。

如图 4.1.1 所示，按含水特征将地下水自上而下分为非饱和带、毛细带和饱和带三部分。通常情况下，在地面下浅层区域，土是非饱和的，称为非饱和带。地下水的蒸发和入渗是以非饱和渗流的方式实现的，所以非饱和带也称为渗流带，传统上称为包气带，其特征如下：

(1) 非饱和带存在于水位以上，且在毛细带以上。

(2) 土体的孔隙中仅有一部分充满水，因此土的体积含水率小于土的孔隙率。

(3) 流体的压力低于大气压力，孔隙水的压力为负值，即存在基质吸力。

(4) 土中的压力水头需用张力计或基质吸力计量测。

(5) 即使对同一种土来说，渗透系数也不是常数，而是含水率或基质势的函数。土在非饱和状态下的渗透系数远远小于饱和状态下的值，含水率越低，渗透系数越小。

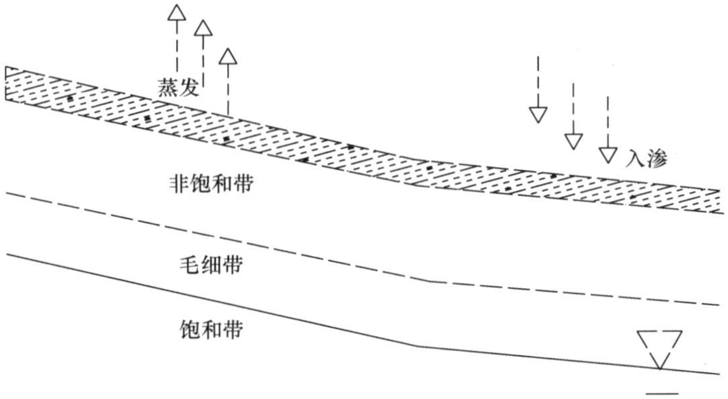

图 4.1.1　地下水按含水特征分区

如图 4.1.1 所示，地下水位以下是饱和带。一般来说，地下水位是在这样一个面上，即土体的孔隙水压力或流体的压力水头都等于零。饱和带有如下几个性质：

(1) 饱和带存在于地下水位以下。

(2) 土体的孔隙被水充满，因此土的体积含水率等于土的孔隙率。

(3) 随着深度的增大，流体压力大于大气压力，压力水头大于零。

(4) 水头可以用地下水位计或孔压计量测。

(5) 对于同一种土，渗透系数是一个常数。

在饱和带与非饱和带之间存在一个毛细带，在此区域内，土中的水是靠毛细张力来维系的，因此即使在靠近水位的一定高度范围内可能处于饱和状态，其孔隙水压力也为负值，不能形成自由水面。毛细带有如下几个性质：

(1) 毛细水的上升高度与土的级配和土颗粒的大小有关，在黏性土中，上升高度较大。

(2) 在毛细水的上升过程中，随着高度的增大，含水率不断降低，从土的分区来说，从毛细带逐步过渡到非饱和带，两个带之间并不存在一个绝对的界面。也就是说，从含水率角度来看，整个毛细带中的情况不同。

(3) 毛细滞后现象是在毛细现象的理论研究中发现的，在土体中也存在这种现象。

2) 降雨入渗和水分的蒸发

大气降雨主要给予路基渗流作用，路堤的稳定性除考虑稳定渗流力外，还应该考虑雨水的渗透作用。大部分路堤边坡失稳出现在降雨后，降雨特别是连续的且能持续一定时间的强降雨，降于边坡坡面的雨水，一部分从边坡表面流失，造成坡面土体局部冲刷，影响边坡整体稳定性；另一部分通过渗透进入路基，降低路基土体强度，同时产生一定渗流力。强度降低和渗流力两者共同作用使路堤边坡稳定性降低，发生破坏。

路基中的水分在温度的影响下，从路面、路肩和路堤等处由水蒸气的形式逸出，改变了路基土的含水率，对大多数路基土的强度、变形和稳定性是有益的，但对膨胀土、膨润土等土类较为不利，很容易形成收缩裂缝等病害。

2. 水分变化对路基特性的影响

含水率的变化直接影响基层及路基等结构的强度、刚度和稳定性，从而决定道路结构尤其是路基的使用性能。影响路基水分的因素有大气降水、蒸发、地表水及地下水等。大气降水浸湿透水路面结构并下渗润湿路基，或沿路面接缝和裂缝通过透水基层渗入路基。降水还浸湿透水路肩和边坡，并通过毛细作用向路基内扩展。同时，路基内水分通过蒸发作用溢出路面使路基干燥。因此，路基干湿程度与降水量、蒸发量及路面类型有关。当路基所处路段地势低洼、排水不良时，积滞在边沟中的水与道路附近江河高水位的水均可通过渗透或毛细作用进入路基。浸水数量与积水面积和给水期的长短有关，也与土质和路基压实程度有关。对于地下水位较高的路段，地下水是路基湿度变化的主要来源。当地下水位受到附近地面水影响，或者受到较高处土层内地下水影响而产生变动时，可直接改变路基湿度。同时，地下水的毛细上升作用与水汽移动也能显著影响路基湿度。当路基沿深度出现较大温度梯度时，水分在温差影响下以液态或气态形态由热向冷移动，并积聚(或凝结)。降雨、路基水分蒸发及地下水的影响，与路基相对高度、路面和路基透水性等结构特性有关。面层采用不透水结构时，将减少降水和蒸发对路基水分的影响。通常，路面中心区下路基湿度变化在修建好后 2～3 年内逐渐趋于稳定的波动范围，称为平衡湿度状况。地下水位如果离地表面较近，路基湿度主要受地下水位控制，并随地下水位升降而围绕平衡湿度状况波动。根据不同地区的野外观测资料，湿度受地下水位控制，水位临界深度因土质而异，黏土约为 6.0m，砂质黏土或粉土约为 3.0m，砂土约为 0.9m。地下水位在此深度范围内，路基平衡湿度可根据地下水位高度和土吸湿能力来确定。地下水位低于上述范围而降水量稍大(年降水量大于 250mm)的地区，路基的平衡湿度主要受降水和蒸发等气候因素和排水条件的影响。对于干旱地区，远离水面层下路基的平衡湿度主要受空气相对湿度和路基内气态凝结水影响。当路面面层或基层采用透水性结构时，面层路基的湿度状况还要受到降水和蒸发影响，其湿度值和波动范围均比不透水面层大。采用不透水性路肩时，路面边缘下路基湿度状况与路面中心区下的情况相似；采用透水路肩时，不透水面层边缘下路基湿度因路肩处渗透和蒸发作用而变化较大。

4.1.2　非饱和路堤边坡降雨入渗的室内模型试验

如何定量分析不同时刻某点或某个断面的含水率变化，是非饱和土降雨入渗研究的一个难点。为此，下面介绍路堤边坡降雨入渗的室内模型试验，分析在不同降雨历时和降雨强度下，边坡内部水分运移过程和降雨后不同时刻含水率的分布规律。

1. 试验测试系统

试验采用 LGD-Ⅲ水分运动测量系统进行土体内部水分的测量。该系统具有如下功能：①系统测架可移动，具有调平功能；②测架上的水分测定系统具有同步自动升降功能，升降范围为 20～220cm；③测架上的水分测定系统具有同步自动水平移动功能，水平移动范围为 0～150cm，测量点的重复定位误差为 2mm，空间分辨率误差小于 2mm；④控制台与测架分离，并具有移动功能；⑤土中水分测量范围为 0～100%(体积含水率)，测量误差为±1.5%。

该系统可用于非饱和土中水分运动参数-扩散率和导水率测量、土中水分含量的在线测量，并能进行降雨入渗的水分运动模拟试验。其主要特点是对被测点土体无扰动性，即水分含量的非接触、非破损测量技术，测量精度较高。该系统由被测土体、放射源、能谱探头、驱动电机、点位传感器和采集器、测控仪及工业 PC 等部分组成，如图 4.1.2 所示。

如图 4.1.2 所示，电机带动放射源和能谱探头沿 X、Z、Y 三个方向运动。Y 方向的运动用于调整放射源和探头之间的间距，最大调节步长为 100cm，最小调节步长为 5cm，其调节过程在正式试验之前完成，一次试验的过程中不允许对该方向重新进行操作；X 和 Z 方向为探头和放射源进行土中水分测量的运行方向，其中 X 方向运行范围为 1.6m，最小运行步长为 2.5cm，Z 方向运行范围为 2.2m，最小运行步长为 5cm。在计算机控制下，当放射源和探头通过机械系统的带动到达某一测点后，计算机启动定标器对射线穿过介质后的强度进行测量，按照定标器上设定的采样时间，待数据稳定后，计算机采集定标器的数据并进行计算，求得土中含水率，同时显示和存储测量与计算结果。一个测点测量完成以后，计算机指导机械系统运行，带动放射源和探头到下一个测点测量。

γ 射线穿过物质的过程中，会发生极其复杂的相互作用，对于射线平均能量为 0.66MeV 的铯 137(^{137}Cs)放射源，与物质(如土和水)发生作用的结果是部分能量被物质吸收，穿过物质后的射线能量(以射线强度表示)被减弱，减弱程度与放射源能量、吸收体性质和厚度有关，并服从指数关系。

$$I = I_0 e^{-\mu\rho L} \tag{4.1.1}$$

式中，I_0 和 I 分别为γ 射线穿过物质前后的射线强度，即单位时间的脉冲数；μ 为吸收体对射线的质量吸收系数；ρ 为吸收体的单位体积质量，即密度，g/cm^3。

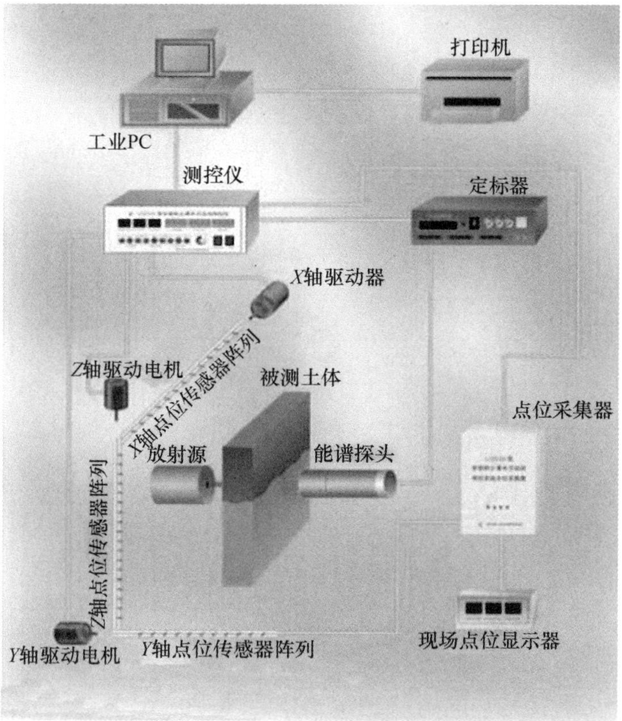

图 4.1.2　试验系统结构图

射线穿过液、固两相介质的土(或含砂水体)时，其减弱程度服从以下关系：

$$I = I_0 e^{-(\mu_w \rho_w + \mu_s \rho_s)L} \tag{4.1.2}$$

式中，μ_w 和 μ_s 分别为水和固体颗粒对 γ 射线的质量吸收系数，不随时间变化；ρ_w 和 ρ_s 分别为水和固体颗粒的单位体积质量；L 为 γ 射线透射法穿透土体或水的厚度。

假设时刻 t_1 和 t_2 的固体颗粒和水的密度分别为 ρ_{s1}、ρ_{s2} 和 ρ_{w1}、ρ_{w2}，穿过厚度为 L 的土水系统时的减弱程度为

$$I_1 = I_0 e^{-(\mu_w \rho_{w1} + \mu_s \rho_{s1})L} \tag{4.1.3}$$

$$I_2 = I_0 e^{-(\mu_w \rho_{w2} + \mu_s \rho_{s2})L} \tag{4.1.4}$$

由式(4.1.3)和式(4.1.4)可得

$$\frac{I_2}{I_1} = e^{-\mu_w(\rho_{w2}-\rho_{w1})L-\mu_s(\rho_{s2}-\rho_{s1})L} \tag{4.1.5}$$

式中，$\rho_{w2} - \rho_{w1}$ 为水的密度增量 $\Delta\rho_w$；$\rho_{s2} - \rho_{s1}$ 为土的密度增量 $\Delta\rho_s$。

式(4.1.5)可写为

$$\frac{I_2}{I_1} = e^{-\mu_w \Delta\rho_w L - \mu_s \Delta\rho_s L} \tag{4.1.6}$$

如果在测定过程中土水系统以土为主，即测量土的含水率，并且土的干密度不变，则由式(4.1.5)有

$$\frac{I_2}{I_1} = e^{-\mu_w (\rho_{w2} - \rho_{w1}) L} \tag{4.1.7}$$

$$\Delta\rho_w = \frac{1}{\mu_w L} \ln \frac{I_1}{I_2} \tag{4.1.8}$$

将 ρ_{w1}、ρ_{w2} 和 $\Delta\rho_w$ 分别以 θ_1、θ_2 和 $\Delta\theta$ 表示，则有

$$\Delta\theta = \frac{1}{\mu_w L} \ln \frac{I_1}{I_2} \tag{4.1.9}$$

或

$$\theta_2 = \theta_1 + \frac{1}{\mu_w L} \ln \frac{I_1}{I_2} \tag{4.1.10}$$

式(4.1.9)或式(4.1.10)就是 γ 透射法测定土中含水率的基本计算公式。

2. 试验设计与步骤

试验加工的模型箱尺寸为长 120cm、宽 20cm、高 200cm，模型箱和量测系统如图 4.1.3 所示。试验用土初始含水率为 4.32%，控制干密度为 1.70g/cm³，用夯

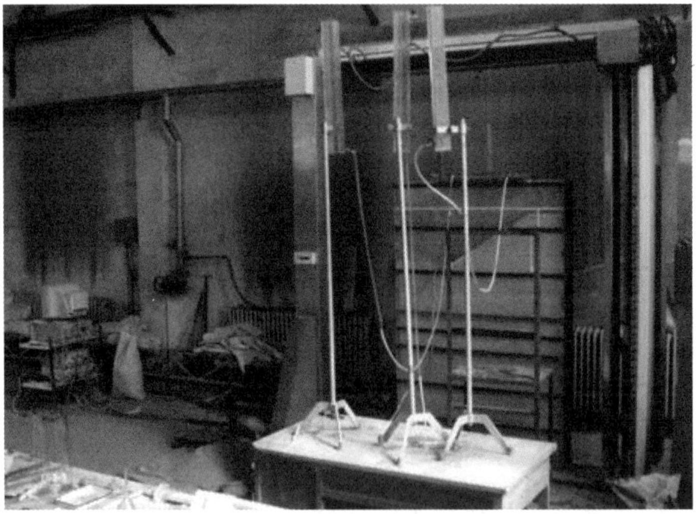

图 4.1.3　模拟人工降雨的边坡模型和量测系统

锤每 5cm 分层夯实到控制干密度，整体成型后根据试验需要，将模型削坡，使坡体倾角为 37°，在坡脚处埋设产流槽使坡面的产流水分经导管流入产流量测装置，取模型箱中水分可能影响的区域作为重点研究对象。

人工降雨装置由针管式降雨器和马氏筒组成，如图 4.1.4 所示。试验模拟了三种降雨强度，即 11.6mm/h、21.5mm/h 和 32.7mm/h。根据设计的降雨强度布置相应的降雨器针头，如图 4.1.4(b)所示。

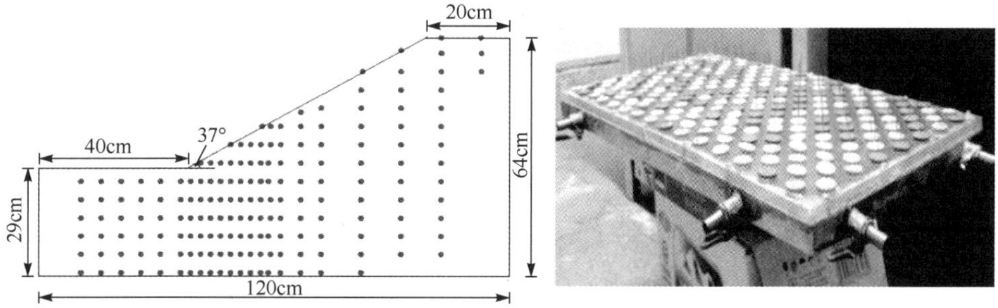

(a) 探测器位置分布　　(b) 降雨器

图 4.1.4　降雨模型箱、测点位置和降雨器

降雨器的安装步骤如下：①按标定的水头，将蒸馏水注入降雨器相应的位置，确定为所需水头，然后将降雨器中的水全部倒出，存放于某一容器中；②将空的降雨器放置于模型箱上面正对斜坡上部，使降雨器的针头降雨能够均匀地覆盖斜坡表面；③调节马氏筒的高度，使其供水高度为降雨器所需水头；④开始降雨，将从降雨器中倒出的水重新倒入降雨器，同时打开马氏筒的开关，使降雨器的水头保持某个恒定值，保证降雨强度的稳定性。

试验开始前，先将空的模型箱整体扫描一次作为模型箱介质脉冲，待装样结束后再将模型箱连同土样扫描一次，作为土样和箱体的初始脉冲，然后按照设计降雨。降雨步骤如下：①降雨强度 11.6mm/h 连续降雨 2h，降雨结束后整体扫描一次，静置 24h 后，进行第二次扫描；②降雨强度 32.7mm/h 连续降雨 2h，降雨结束后整体扫描一次，静置 24h 后，进行第二次扫描；③降雨强度 21.5mm/h 连续降雨 5h，降雨结束后整体扫描一次，静置 24h 后，进行第二次扫描。

3. 试验结果分析

图 4.1.5 给出了降雨强度 11.6mm/h 连续降雨 2h 后不同时段水分分布图。左侧为 SUFFER 7.03 软件绘制的等值线图，右侧为对应时刻的试验照片，在不同时间水分入渗湿润峰用黑笔标记于箱体上，两图中的线条形状近似一致，表明该系统测量效果总体比较可靠。由图 4.1.5(a)可知，降雨强度 11.6mm/h 连续降雨 2h 后，水分主要分布在边坡表层，随着距离坡面深度的增大，土体含水率逐渐减小，

此时降雨强度小于该土在干密度 1.70g/cm^3、含水率 4.32%时的入渗率，所有的降雨都入渗到坡体内部，没有产流形成。水分的入渗在距离坡面 5～8cm 内，表层的含水率高达 33.93%，仍然未达到饱和含水率 39.72%。但随距坡面距离的增大，含水率急剧减小。由图 4.1.5(b)可知，随着降雨结束，边坡表面不再有雨水补充，同时坡面高含水率的水分向坡体低含水率(在重力势和基质势等的作用下)的土样中运动。坡面土样含水率逐渐减小，随之坡体内土样含水率逐渐增大。直到水分的入渗达到距坡面 10～14cm，表层的含水率明显低于降雨后的含水率。同时，图 4.1.5(b)中坡脚水分的扩散范围相对图 4.1.5(a)更大。

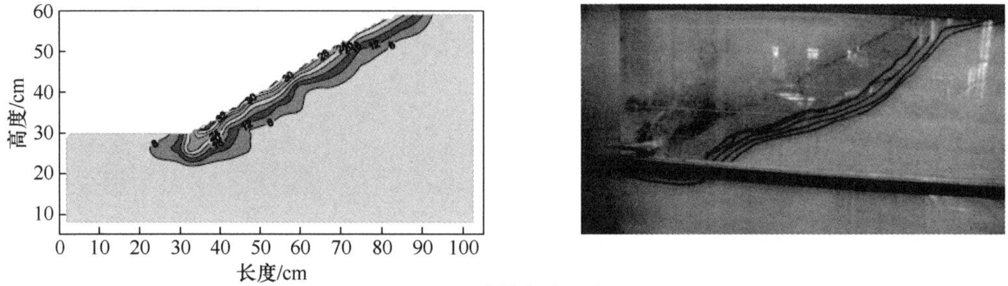

(a) 连续降雨2h后

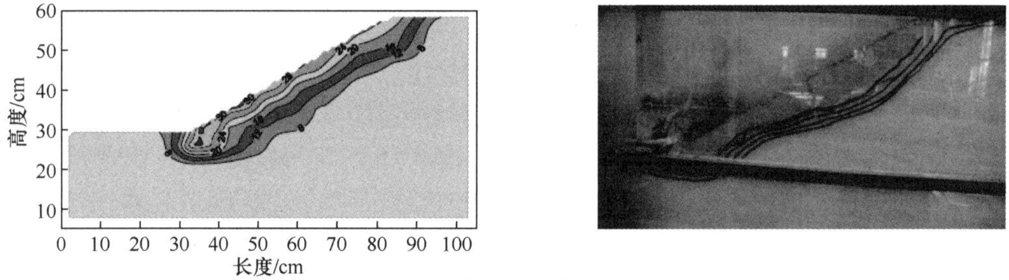

(b) 连续降雨2h且静置24h后

图 4.1.5　连续降雨 2h 后不同时段水分分布图(降雨强度 11.6mm/h)

图 4.1.6 给出了降雨强度 32.7mm/h 连续降雨 2h 后不同时段测得的水分分布图。可以看出，随着降雨强度的增大，水分运移的范围不断增大，在降雨强度 32.7mm/h 连续降雨 2h 后，水分入渗的影响范围由 10～14cm 增大到 20～25cm。同时产流量不断增加，平均产流量为 73.6%，并且随降雨持时的增大而增大。这与以下几个因素有关：一是随着降雨的增多，土壤颗粒膨胀使孔隙率变小；二是降雨强度超过入渗率；三是渗流路径变长。因此，大量的降雨只能以产流的形式排出。由于排水槽设在坡脚处，可看出坡脚水分运移扩散的范围较大。

图 4.1.7 给出了降雨强度 21.5mm/h 连续降雨 5h 后不同时段水分分布图。在前两阶段降雨的影响下，由于雨点击打，表皮土被压密，边坡表面形成一层致密

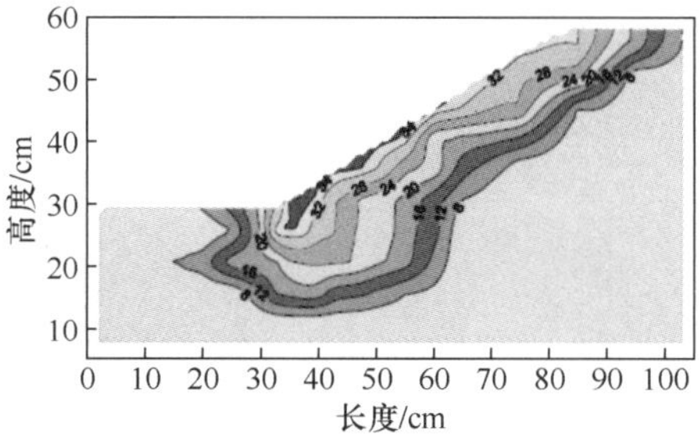

(a) 连续降雨2h后

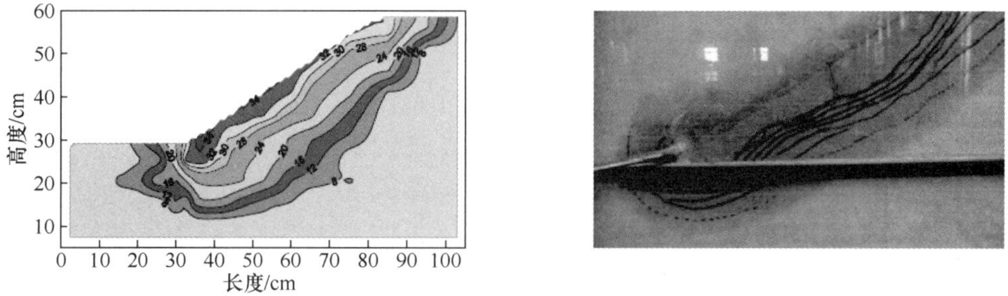

(b) 连续降雨2h并静置24h后

图 4.1.6　降雨强度 32.7mm/h 连续降雨 2h 后不同时段水分分布图

的土层，土样表层孔隙率减小，水分运移通道变得曲折，水分入渗率急剧降低，由于降雨历时较长，产流量高达 71.6%。坡体内部水分运移向水平方向发展的趋势增强，向竖直方向发展的趋势减弱。从图中可以看出，降雨强度 21.5mm/h 的水分运移不同于降雨强度 11.6mm/h 和 32.7mm/h 的情况。降雨结束后，水分运移显著，是因为降雨强度 21.5mm/h 连续降雨 5h，使土体表层土粒间的结构发生变化。尤其在坡脚位置更加明显，随降雨量持续增长，大部分降雨在重力作用下向坡脚方向运动，坡脚处积水量逐渐增多，大部分雨水被排出，还有一小部分雨水积聚在坡脚，在基质势和重力势的作用下向坡脚水平方向运移。

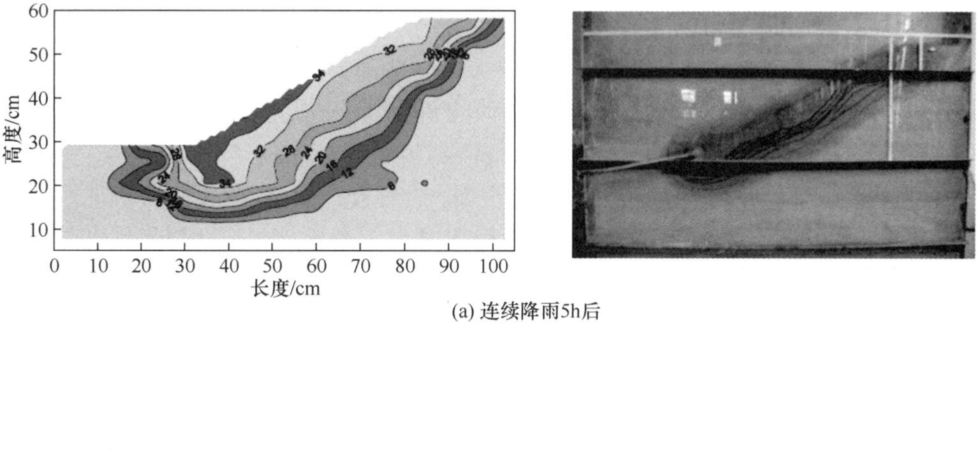

(a) 连续降雨5h后

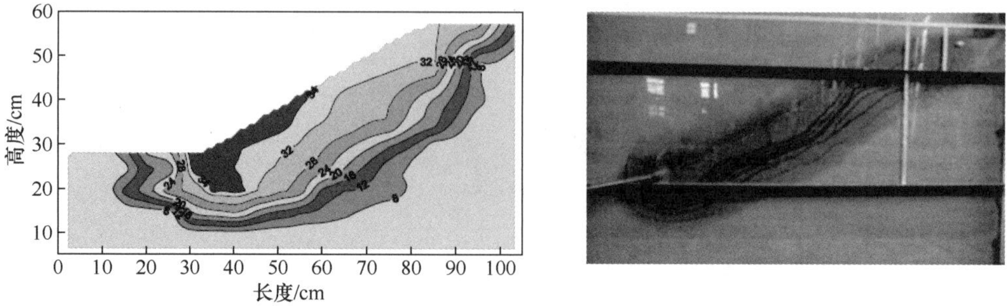

(b) 连续降雨5h并静置24h后

图 4.1.7　降雨强度 21.5mm/h 连续降雨 5h 后不同时段水分分布图

由图 4.1.5～图 4.1.7 可以得到，坡面在降雨期间土体都是从非饱和状态到饱和状态，降雨结束静置 24h 后土体又从饱和状态到非饱和状态，这是降雨停止后水分由土水势高的坡体向土水势低的坡体内运移所致[35]。无论在降雨期还是降雨停止 24h 后，大量水分积聚在坡脚到距坡脚 1/3 处，这部分在降雨期间及降雨后都是吸力减小较大、土坡强度降低最快的地方，是路坡发生破坏的薄弱部位。因此，实际工程应特别重视坡脚病害处治并加强该位置排水。

4.1.3　高速公路路基水分迁移规律的现场监测与分析

(1) 本节以广东某高速公路 A 和某高速公路 B 两个典型试验段为例，进行长期现场含水率监测，以掌握公路路基内部含水率的真实变化情况，研究高速公路路基的水分迁移规律及其对路面结构性能的影响。

(2) 为了准确测试路基含水率，采用英国出产的 MP406 水分传感器(图 4.1.8)和 DT80 远程监测记录仪(图 4.1.9)，对广东某高速公路 A 扩建工程试验路路基内部含水率进行了长达 30 个月的现场监测工作。广东某高速公路 A 扩建工程沥青面层厚度较大，沥青玛蹄脂碎石(stone mustic asphalt, SMA)上面层施工质量较好，路面几乎不渗水。中央分隔带采用铺面封闭，降落在分隔带上的表面水排向两侧行车道，避免了降雨对路基含水量的不利影响。试验路路堤高度约为 4m，路堤上部水分传感器 A2、A3 测量值较大，A2 点处含水率(指体积含水率)保持在 12%附近，A3 点处含水率保持在 30%附近(该位置为新老路堤拼接处)，A4 点处含水率保持在 8%附近，其他点处含水率测量值逐步变小，如图 4.1.10 所示。路基内部含水率自 2010 年 3 月开始监测，初期测量值较大，至 2011 年 3 月，两个路基含水率监测断面大部分水分传感器监测趋于稳定至平衡含水率(EMC)且随季度变化较小，含水率变化绝对值为 2%。试验路建成通车 3 年后，路基内部含水率逐步减小并趋于稳定，路面检测的各项指标均达到优良标准。拼接路段路基含水率偏高，说明路基拼接施工质量对路面使用寿命具有重要影响。

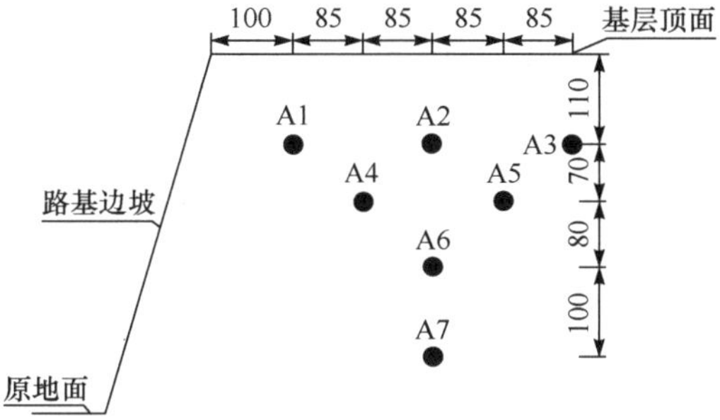

图 4.1.8　水分传感器埋深布置(单位：cm)

图 4.1.9　试验路段路基含水率的现场监测

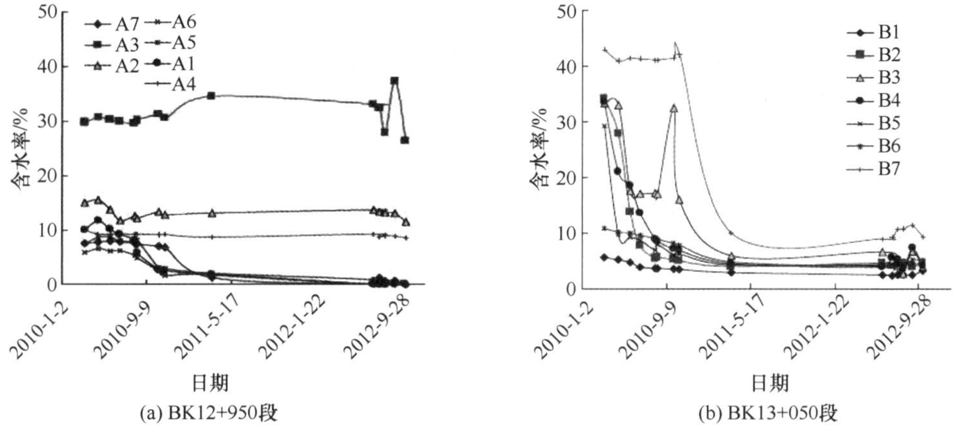

图 4.1.10　广东某高速公路 A 扩建试验路路基含水率变化曲线

(3) 广东某高速公路 B 已通车运行多年，由于采用“两黑一白”的路面结构，渗入路面内部的自由水较难排出，因此水泥面板破损严重，路基体积含水率总体上大于 25%，路基土长期处于饱和状态。挖方路段路基含水率比填方路段路基含水率高；挖方路段路肩改造试验段路肩上部含水率比未改造路段低，而填方路段路肩改造试验段路肩上部含水率与未改造路段相差不大。在相同断面，随深度的增大，含水率并不一定增大。由于水泥面板破损严重，降雨对路基含水率影响较大，当降雨发生时，雨水从破裂路面进入路基，这时含水率会升高；当降雨结束后，在土水势作用下，雨水在非饱和路基中由土水势高的地方向土水势低的地方运移，这就出现了含水率降低的情况。近年来，运营单位在硬路肩增设了多孔混凝土盲沟，对中央分隔带进行封闭，并将硬路肩改为水泥混凝土面板。以上措施取得了一定的效果，水泥路面破损率明显降低。

(4) 地下水位变化对路基含水率影响较大，试验路挖方路段地下水位距路面深度比填方路段小，且变化幅度大，这是由于填方路段增加了土层厚度，地下水深度增大。路基内部含水率随地下水位呈季节性变化，地下水位上升的主要原因之一是降雨，降雨主要发生在 4 月以后，随着降雨入渗，地下水位会上升，且几个断面的变化同步，如图 4.1.11 和图 4.1.12 所示。这说明试验路段路面的防水效果较差。在测试断面都有雨水渗入路基，而且时间也较为同步。

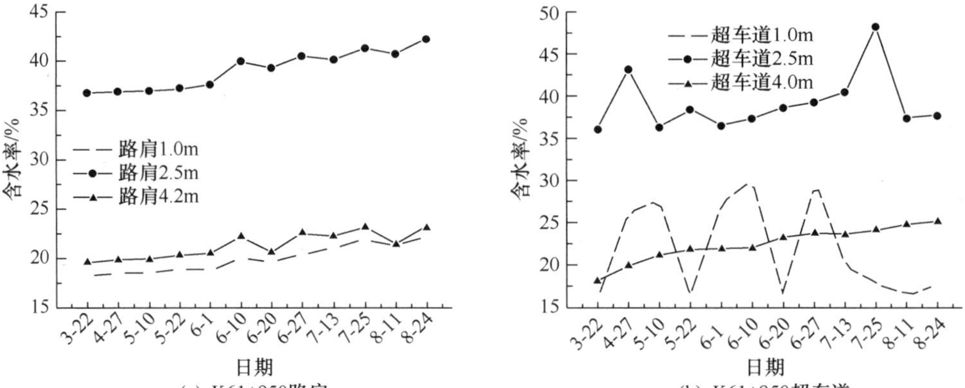

(a) K61+950路肩　　(b) K61+950超车道

图 4.1.11　K61+950 断面处含水率随时间的变化曲线

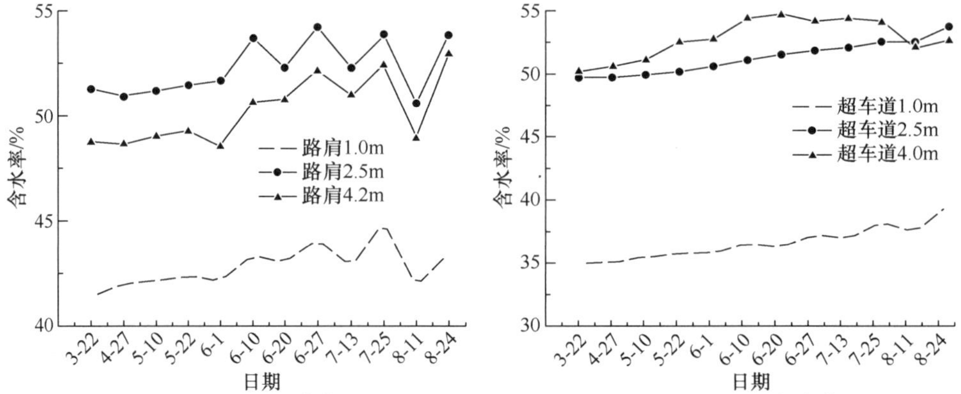

(a) K62+050路肩　　(b) K62+050超车道

图 4.1.12　K62+050 断面处含水率随时间的变化曲线

(5) 根据广东某高速公路 A 和某高速公路 B 路基含水率现场监测结果，可知当路面防排水系统较好时，路基含水率初期较高，后不断降低，直至达到平衡含水率，路基含水率达到平衡含水率约需要 1 年。当路面破损严重或排水系统较差时，路基含水率变化较大，且不会达到平衡含水率。

4.1.4　含水率和压实度对路基回弹模量影响试验

在我国沥青路面和水泥混凝土路面设计中，反映路基强度、刚度和稳定性的主要设计参数是路基回弹模量，它是表征路基抵抗交通荷载下变形能力的主要力学参数[36]。由于路基排水不良及长期的干湿循环变化，路基内部含水率不断发生变化，导致路基抗变形能力衰减，即路基回弹模量降低，这直接影响路基路面结构的强度、刚度和稳定性，从而降低公路的使用品质和使用寿命[37]。

影响路基土回弹模量的另一个重要因素是压实度，不同压实度下路基回弹模量的差异性较大。受路基土区域性的影响，每种土对压实度和含水率的敏感性各有侧重点。本节针对含黏砂土的工程特性，主要分析含水率和压实度对含黏砂土路基回弹模量的影响。通过两种(承载板法和不排水不排气非饱和土三轴仪法)室内试验结果，分析含水率和压实度对非饱和含黏砂土的影响规律和特点。

1. 采用承载板法研究含水率和压实度对路基回弹模量的影响

采用南京土壤仪器厂的 HM-1 型回弹模量仪，试验用土为广东某高速公路 A 路基非饱和含黏砂土。依据《公路土工试验规程》(JTG 3430—2020)，进行室内回弹模量试验研究。试验控制 6 种含水率(9.14%、10.74%、11.68%、13.63%、14.83%、16.02%)、5 个干密度(1.50g/cm^3、1.60g/cm^3、1.70g/cm^3、1.80g/cm^3、1.85g/cm^3)和 5 个压实度(80%、85%、90%、95%、98%)，共做了 30 个回弹模量试验。

1) 试验步骤

(1) 试样制备。采用湿法制备土样，为保证土中水分均匀，配好的土放置 48h 以上。试验前先用平行试验确定含水率，验证制备土的含水率是否达到预期标准。试样直径为 152mm，高度为 50mm。按式(4.1.11)计算制样所需土的质量：

$$m_0 = \rho_{\mathrm{d}}(1+0.01w_0)V \tag{4.1.11}$$

式中，ρ_{d} 为试样干密度，g/cm^3；V 为试样体积，cm^3。

(2) 试样安装。将试样和试筒的底面放在回弹模量仪的升降台上；将承载板放在试样表面中央位置，并与回弹模量仪的贯入杆对正；将千分表和表夹安装在支杆上，并将千分表测头安放在承载板两侧的支架上。

(3) 预压。在回弹模量仪的加载架上施加砝码，用预定的最大单位压力 p 进行预压。含水率大于塑限的土时，p=50～100kPa，含水率小于塑限的土时，p=100～200kPa。预压进行 1～2 次，每次预压 1min。预压后调整承载板位置，并将千分表调到零位置，准备试验。

(4) 测定回弹模量。将预定最大单位压力分成 4～6 级，作为每级加载的压力。每级加载 1min 时，记录千分表读数，同时卸载，让试样恢复变形，卸载 1min 时，再次记录千分表读数，同时施加下一级荷载。如此逐级进行加载、卸载，并记录千分表读数，直至最后一级荷载。为使试验曲线开始部分比较准确，第一、二级荷载可用每级的一半，试验的最大压力也可略大于预定压力。

(5) 试验结果整理。计算每级荷载下的回弹变形 L：

$$L=\text{加载读数}-\text{卸载读数} \tag{4.1.12}$$

计算每级荷载下的回弹模量：

$$E_0=\frac{\pi pD(1-\nu^2)}{4L} \tag{4.1.13}$$

式中，E_0 为回弹模量，kPa；p 为承载板上的该级压力，kPa；D 为承载板直径，cm；L 为相应于单位压力的回弹变形，cm；ν 为土的泊松比，取 0.35。

2) 试验结果分析

(1) 含水率或压实度与回弹模量的变化关系。图 4.1.13 为不同含水率条件下土样回弹模量与干密度之间的关系。从图中可以看出，低含水率($w\leqslant 11.68\%$)条件下，回弹模量随干密度增大而显著增大，含水率越低，回弹模量越大；中间含水率($11.68\%<w\leqslant 14.83\%$)条件下，回弹模量随干密度变化的幅度减小；高含水率($w>14.83\%$)条件下，回弹模量随干密度变化的幅度很小。

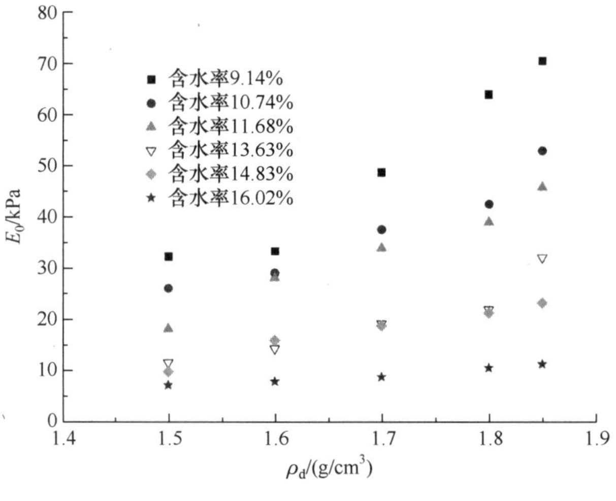

图 4.1.13　不同含水率条件下土样回弹模量与干密度之间的关系

(2) 压实度与回弹模量的变化关系。图 4.1.14 为不同压实度条件下土样回弹模量与含水率之间的关系。由图可知，不同压实度的试样在含水率为 9.14%～13.63%时回弹模量变化最为显著，在含水率为 13.63%～16.02%时回弹模量变化较小。

(3) 路基回弹模量预估模型。现有路基回弹模量 E_0 的预测大多是通过数理统计得到的经验公式进行的，常用的公式有线性、乘幂、指数、对数等形式，实际运用中，多采用乘幂形式，这种形式对各个测试指标取对数后能够化成线性形式。

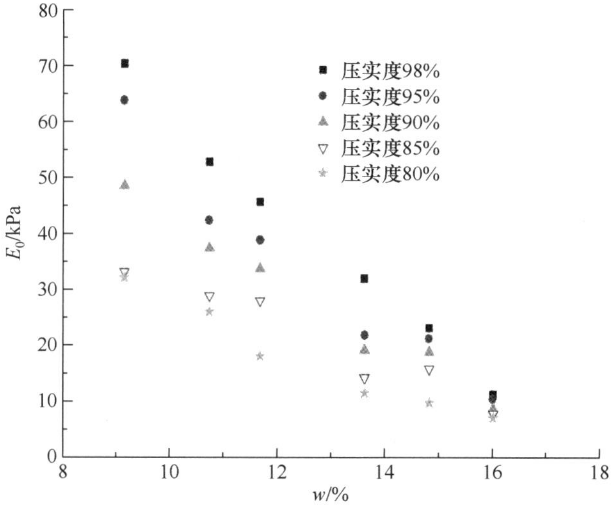

图 4.1.14　不同压实度条件下土样回弹模量与含水率之间的关系

对于非饱和含黏砂土，由图 4.1.15 既可将测得的回弹模量与压实度的关系拟合成乘幂关系(R^2>0.942)，又可将测得的回弹模量与含水率的关系拟合成指数关系(R^2>0.925)。非饱和含黏砂土的回弹模量与压实度和含水率的关系为

$$E_0 = aK^b e^{cw} \tag{4.1.14}$$

式中，a、b、c 为回归系数，a 反映回弹模量绝对值的大小，与土类有关，b 反映压实度对回弹模量的影响程度，c 反映含水率对回弹模量的影响程度；K 为压实度。经过多元回归分析，可得 a=52.6，b=4.1，c=−0.24，R^2=0.926。

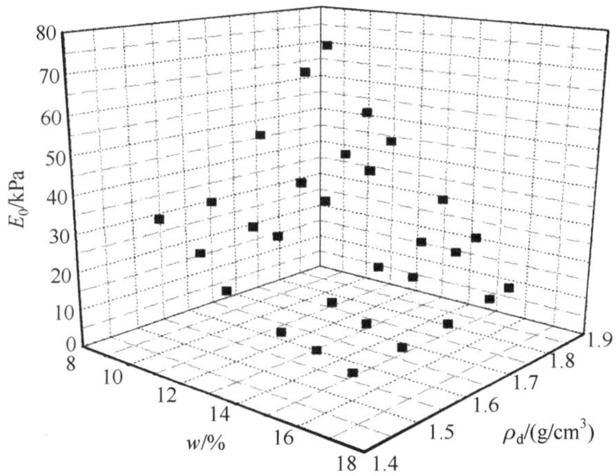

图 4.1.15　E_0-w-ρ_d 三维曲面

2. 采用不排水不排气非饱和土三轴仪法研究含水率和压实度对路基回弹模量的影响

在高速公路运营中，路基土时常受到循环荷载作用，路基土的受力状态为不排水不排气状态，因此使用非饱和土三轴仪研究含黏砂土在不排水不排气状态下加载—卸载—再加载—再卸载对路基土回弹模量的影响是很有意义的。

1) 试验方案

不排水不排气应力控制非饱和土三轴仪如图 4.1.16 所示。该套系统由三部分组成：①非饱和土三轴仪；②孔隙水压力传感器和孔隙气压力传感器及与其配套的数字应变仪；③应力控制装置。该套仪器可以控制轴向剪应力，可研究在循环加卸载条件下非饱和土试样体变、孔隙水压力和孔隙气压力的变化规律。

图 4.1.16　不排水不排气应力控制非饱和土三轴仪

考虑到路基土的实际情况，试验控制围压为 100kPa，最大剪应力为 200kPa，采用应力式加卸载分 6 级进行。试验控制含水率分别为 10.74%、13.63%和 16.02%，控制压实度分别为 90%、95%和 98%。

2) 试验结果分析

图 4.1.17 给出了含水率为 10.74%时，初始压实度分别为 98%、95%和 90%的 3 个土样对应的干密度分别为 1.85g/cm^3、1.80g/cm^3、1.70g/cm^3，经过两次加载、卸载时的应力-应变曲线。由图可知，压实度越大，试样首次加载到 200kPa 时曲线越陡；第一次卸载和第二次加载交点连线的斜率(回弹模量)越大；随着压实度的减小，三条曲线的两个峰值点所对应的应变越来越大。

图 4.1.18 和图 4.1.19 给出了含水率为 13.63%和 16.02%时，初始压实度分别为 98%、95%和 90%的 3 个土样经过两次加载、卸载时的应力-应变曲线。由图可

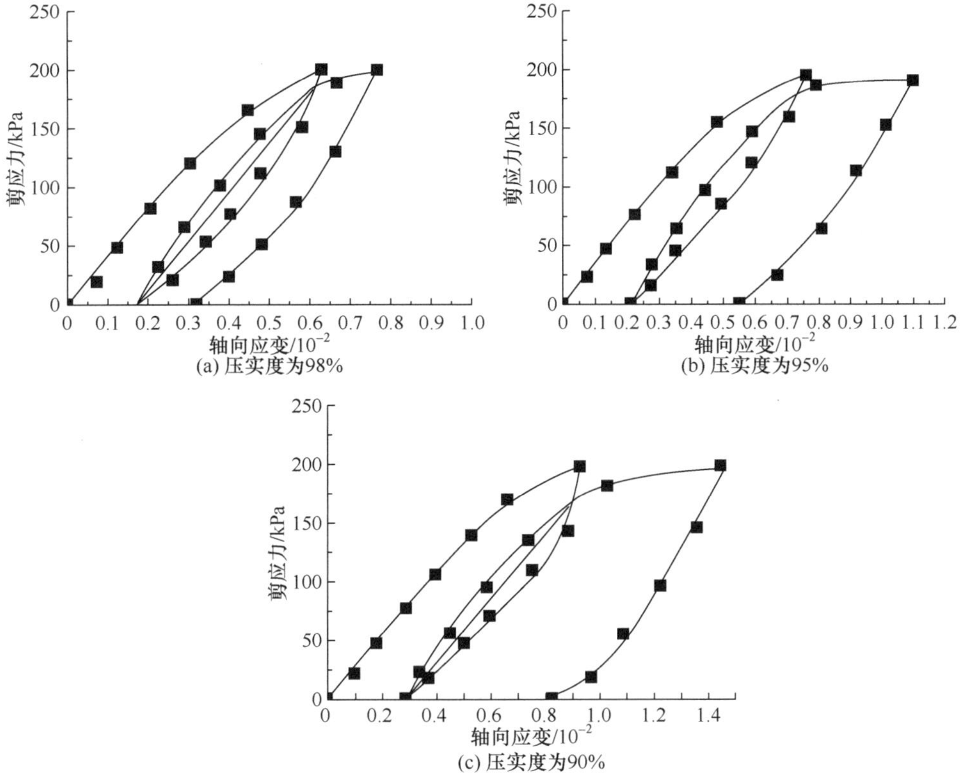

图 4.1.17　含水率为 10.74%时不同压实度土样两次加载、卸载的应力-应变曲线

知，相同含水率、不同压实度的试样反映的规律与图 4.1.17 一致。这说明含水率一定时，压实度越大，试样的回弹模量越大，在相同偏应力作用下，压实度小的试样所对应的轴向应变越大，在试验含水率范围内，含水率相同时，不同压实度试样回弹模量最大相差不足 2 倍。

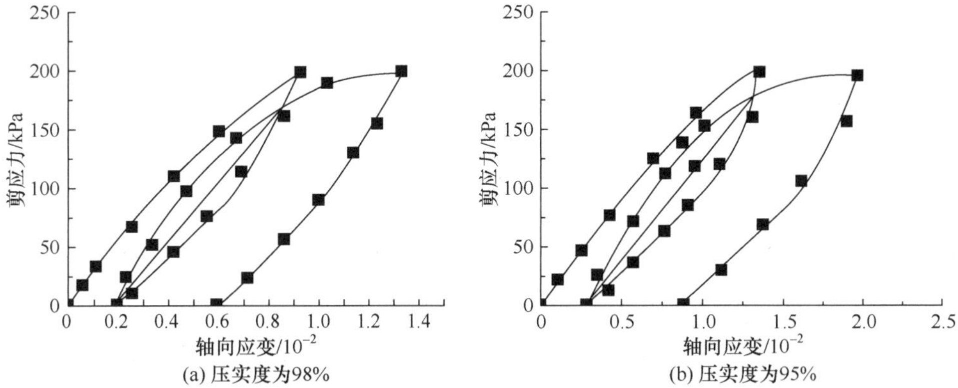

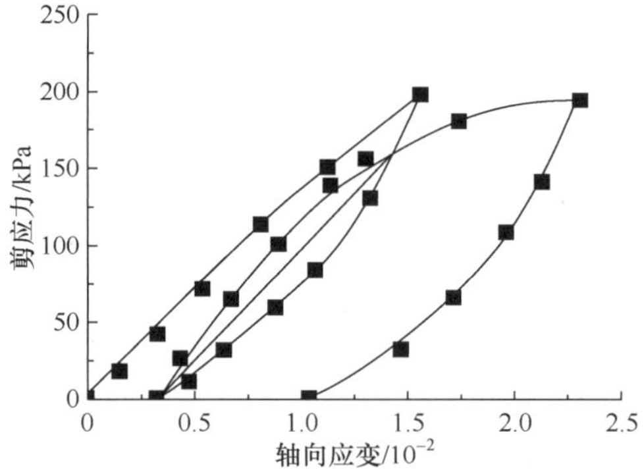

(c) 压实度为90%

图 4.1.18　含水率为 13.63%时不同压实度土样两次加载、卸载的应力-应变曲线

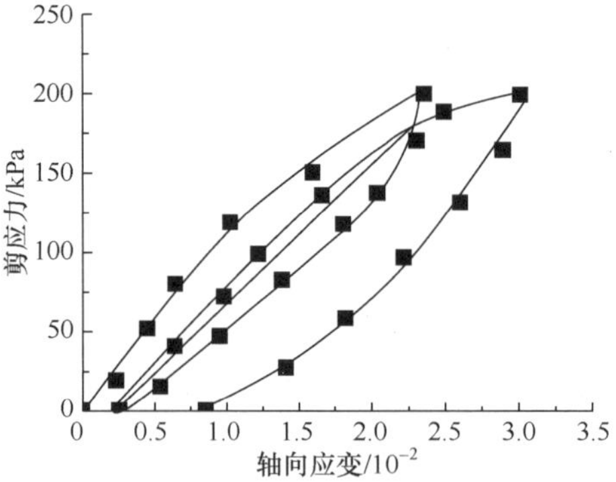

(a) 压实度为98%

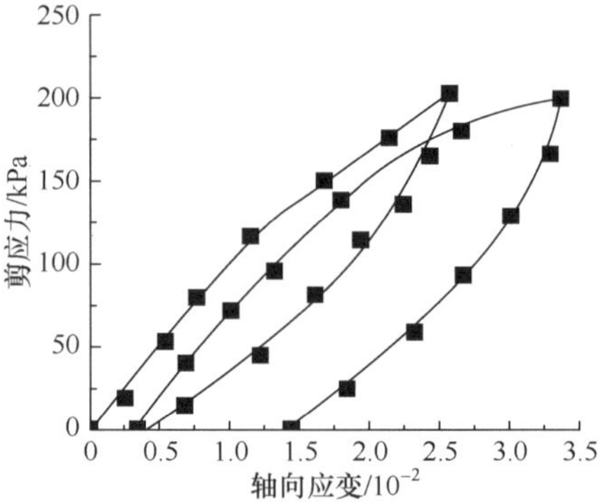

(b) 压实度为95%

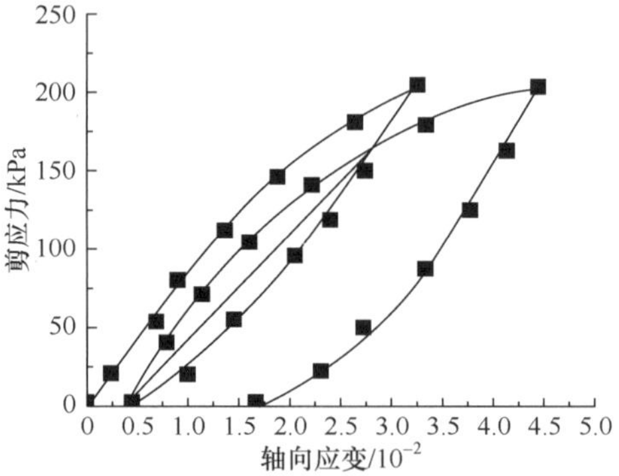

(c) 压实度为90%

图 4.1.19　含水率为 16.02%时不同压实度土样两次加载、卸载的应力-应变曲线

从图 4.1.17～图 4.1.19 可以看出，相同压实度、不同含水率的试样回弹模量相差较大，含水率为 10.74%和 16.02%的两种试样回弹模量最大可相差接近 5 倍，说明含水率对回弹模量的影响较为显著。

由试验数据可知，对于含黏砂土试样，在试验控制含水率和压实度范围内，含水率对回弹模量的影响作用大于压实度。

3. 回弹模量对比分析

将两种方法的试验结果绘于同一坐标系中，如图 4.1.20 和图 4.1.21 所示。由图 4.1.20 和图 4.1.21 可知，三轴仪法确定的回弹模量始终小于承载板法，这主要

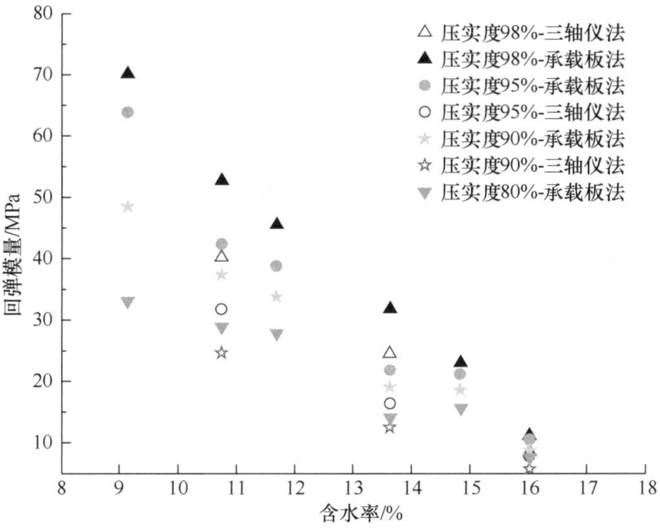

图 4.1.20　不同压实度条件下含水率与回弹模量的关系

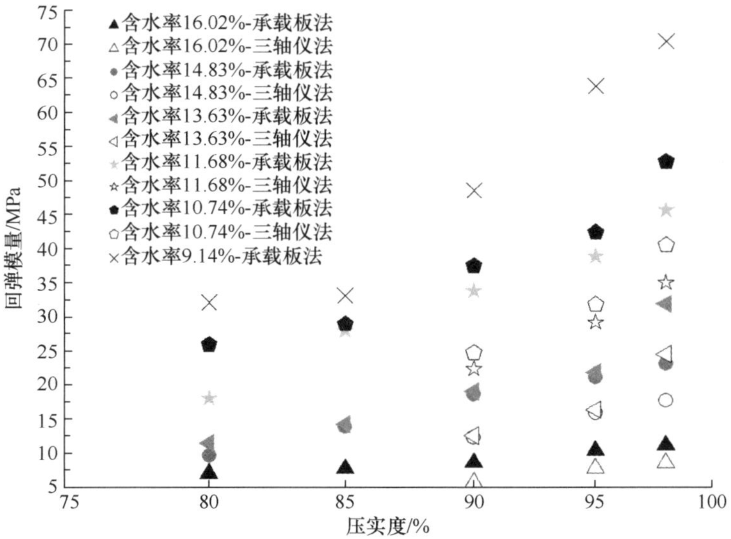

图 4.1.21　不同含水率条件下压实度与回弹模量的关系

是由于所采用的试验手段不同，承载板法由于所采用的筒壁呈刚性，试样在压缩过程中的原理是一维侧限压缩，而三轴仪法原理为二维测定结果，但三轴仪法所得回弹模量更接近于工程实际受力情况。因此，在条件允许的情况下使用三轴仪法确定路基土的回弹模量更为合理。

将两种方法所测结果进行归纳，如表 4.1.1 所示。由表可知，在相同压实度时，在试验含水率范围内两种方法测得的回弹模量相差接近 5 倍，而含水率相同时，在试验压实度范围内两种方法测得的回弹模量相差不足 2 倍，表明对于本节研究的含黏砂土，含水率对回弹模量的影响比压实度更为显著。

表 4.1.1　两种试验方法测得的回弹模量　　(单位：MPa)

压实度	含水率 10.74%		含水率 13.63%		含水率 16.02%	
	承载板法	三轴仪法	承载板法	三轴仪法	承载板法	三轴仪法
98%	52.75	40.48	31.90	24.48	11.14	8.55
95%	42.33	31.76	21.77	16.33	10.37	7.78
90%	37.41	24.69	19.03	12.56	8.61	5.68

4.2　填方路基水害治理关键技术

填方路基的主要病害包括沉陷、开裂和排水系统堵塞等。路基沉陷的成因有两个方面：一是路基填料选择不当，填筑方法不合理，继而导致压实度不符合规定要求；二是路基下部天然地基承载力不足，在路基自重作用下引起沉陷或向两侧挤出。路基变形开裂的主要原因包括路基不均匀沉降、路基边坡侧向明显变形等[38]。

针对路基沉陷和变形开裂，主要采用注浆加固的方法进行处治；对于排水系统堵塞，通过增设排水系统的方法进行处治。

4.2.1　注浆加固

袖阀管注浆法是沿着注浆管轴在一定范围内进行注浆，注浆管端部两处设有两个栓塞，使注浆材料从栓塞中间向管外渗出，栓塞间距为 33～50cm。其加固地基土的机理是将水泥浆液通过劈裂、渗透、挤压密实等作用，与土体有足够时间充分结合形成较高强度的水泥土固结体和树枝状水泥网脉体。袖阀管注浆法集中了压密注浆、劈裂注浆、掺入注浆的优点，具有分序、分段、定深、定量、间歇、重复灌注的特点，尤其适用于黏土层、粉细砂及砾层地基。

路基袖阀管注浆加固是浆液在一定压力作用下，通过注浆管注入路基及基底土体中，浆液以劈裂与渗透方式填补土体的空隙，将原来相对松散的填料胶结形成一个强度高、压缩性低、抗渗性高和稳定性好的整体，从而减少路基及基底的压缩沉降和水蚀，达到避免路基沉降开裂的目的[39]。

注浆施工顺序与速度直接影响注浆加固效果，如集中注浆或注浆速度过快，不仅容易出现冒浆、串浆等不利现象，还可能引起路基开裂或路基边坡位移等病害。因此，采用隔排跳孔方式注浆，先施工外围注浆孔，再施工内部孔。

4.2.2　增设排水系统

如图 4.2.1 和图 4.2.2 所示，在填方段上基层部位采用双层组合曲纹网状 PE 透水管。该型透水管分为外管和内管，其中外管为 1/3 不透水管，尺寸是 110mm，内管是全透型管，尺寸是 60mm。

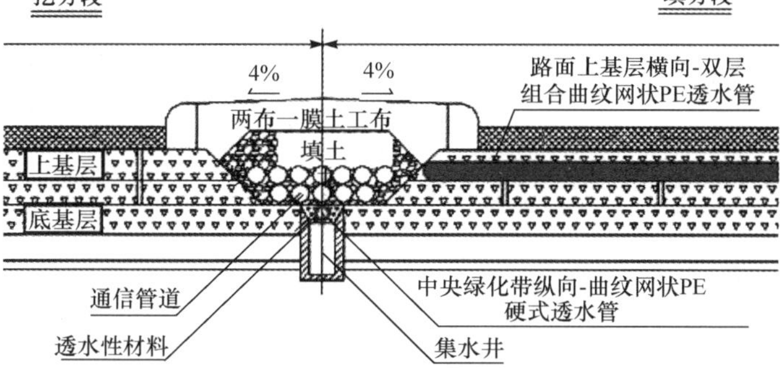

图 4.2.1　路面透水系统断面结构图(比例尺 1：50)

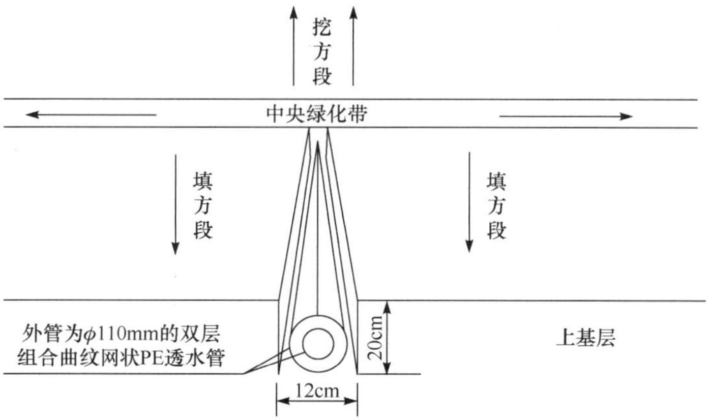

图 4.2.2　路面上基层双层组合曲纹网状 PE 透水管埋设示意图

填方段上基层部位双层组合曲纹网状 PE 透水管埋设的具体施工过程如下：

(1) 当路面填方段上基层被压路机压结实之后，尽快从中央绿化带位置向路肩开挖出一条宽约 12cm、高约 20cm 的直线沟槽。

(2) 将双层透水管组装好后放置于沟槽内，外管不透水层朝下，外管采用电热熔方式连接，外管和内管靠中央绿化带顶端都要用过滤材料或海绵封堵。

(3) 内管外表面要用过滤材料包裹，并包扎海绵支撑物。

(4) 采用挖出的原状土直接回填沟槽，然后将沟槽夯实即可，每隔 20m 即埋一根同规格透水管。

4.3　填方路基水害治理工程及效果评价

本节以龙川至怀集公路工程填方路基水害为例，介绍注浆加固治理技术的应用成效。

4.3.1　工程概况

龙川至怀集公路工程某标段位于广东省河源市连平县境内。路线里程长度为 13.85km(以右线计)，共有 17 座桥梁(含互通及天桥)，长 7353.4m，涵洞 16 道，通道 8 道。整体式路基合计长 6.33km，路基挖方 240.59 万 m^3，填方 212.11 万 m^3，互通立交 1 处，服务区 1 处。

4.3.2　病害概况

该标段路段为填方路段，填土高度为 6.1～7.1m。路基 93 区于 2015 年 10 月 29 日填筑完成。涵洞净空尺寸为 2m×2m，涵洞与主线正交。

2017 年 11 月，据现场调查，该路段路面上面层有明显沉陷和开裂滑移。据沉降监测数据，部分路段沉降量为 6.5～20.6cm，其余路段沉降相对较小。

4.3.3　病害处治措施

根据目前沉降值实测分析，对 K114+321～K114+416 路段进行袖阀管注浆。注浆段落长度以沉降值最大位置为中心两侧各约 50m 长度范围(共计约 100m)进行注浆；沉降值大于 6.5cm 路段注浆孔纵向、横向间距为 1.5m，沉降值小于 6.5cm 路段注浆孔纵向、横向间距为 1.8m。袖阀管注浆设计工程量：钻孔 709 个，累计孔深 5720m。

1. 注浆孔布置

K114+321～K114+347 及 K114+392～K114+416 路段注浆孔横向间距和纵向间距均为 1.8m，K114+347～K114+392 路段注浆孔横向间距和纵向间距均为 1.5m，如图 4.3.1～图 4.3.3 所示。K114+354.7 涵洞两侧各设置一排注浆斜孔，以加固涵洞基底，如图 4.3.4 所示。

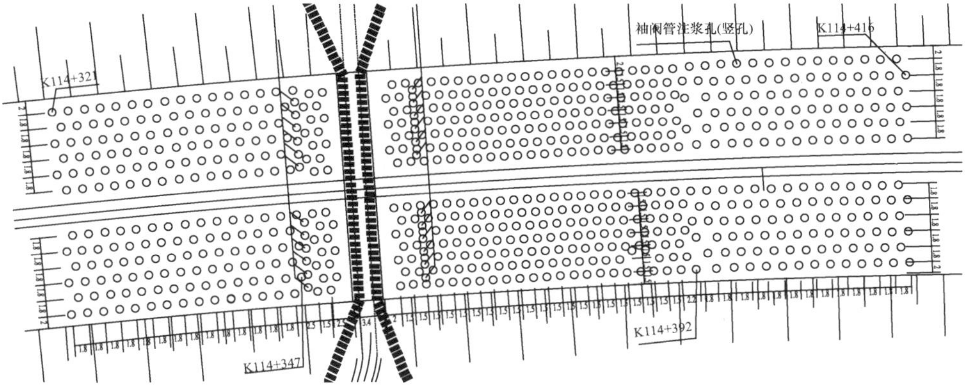

图 4.3.1　K114+321～K114+392 及 K114+392～K114+416 路段注浆布孔平面图

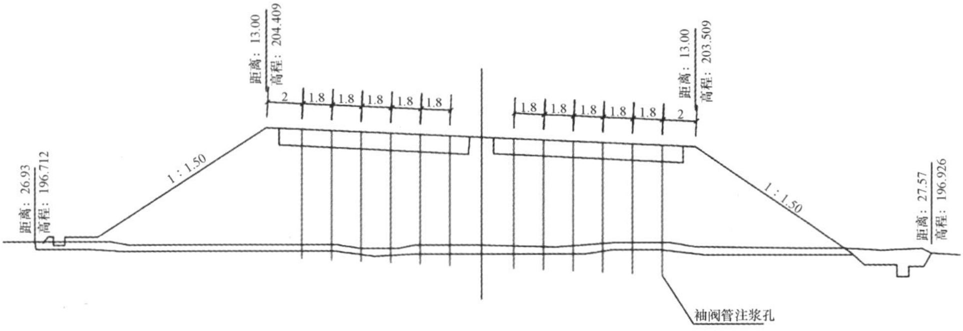

图 4.3.2　K114+321～K114+347 及 K114+392～K114+416 路段注浆布孔典型横断面图 (K114+340)(单位：m)

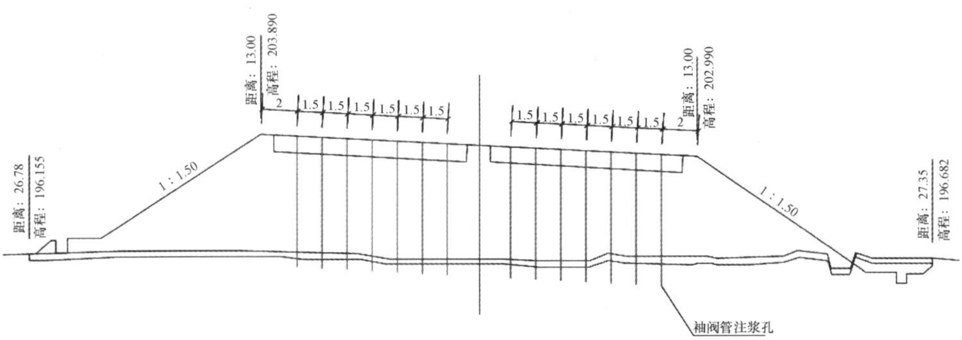

图 4.3.3　K114+347～K114+392 路段注浆布孔典型横断面图(K114+360)(单位：m)

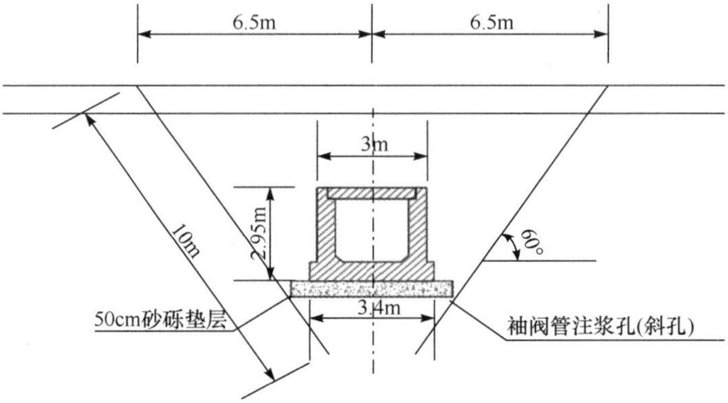

图 4.3.4　K114+354.7 涵洞地基注浆加固布孔横断面图

2. 钻孔直径与注浆深度

采用干钻方式成孔，孔径为 110mm。注浆竖孔深度为 8m，注浆斜孔深度为 10m。

3. 注浆管直径

采用外径为 50mm 的袖阀管，管材质必须符合国家标准。

4. 浆液配合比

注浆材料采用 42.5R 普通硅酸盐水泥，水灰比为 0.8～1.0；套壳料采用水泥、黏土浆，配合比为水泥：黏土：水=2：1：2。

5. 注浆量

水泥用量按平均 160kg/m 控制。

6. 注浆压力

采取低压注浆，注浆泵调至最低挡，控制注浆流量在 50L/min 左右。路肩帷幕注浆孔注浆压力按 0.3MPa 控制，其余注浆孔注浆压力按 1.0MPa 控制。

7. 注浆终止标准

单孔注浆终止采用注浆量和注浆压力进行双控，达到其中一个指标时可以停止注浆。如果出现跑浆或冒浆，应分多次注浆，以尽可能提高注浆量至设计值。

4.3.4　处治效果评价

根据处治后沉降值实测分析，对 K114+321～K114+416 路段进行袖阀管注浆处治后，注浆路段沉降明显减小，路基基本稳定，处治效果良好。

第 5 章　挖方路基水害防治技术及效果评估

本章主要分析挖方路基坡面冲刷和坡体渗流的破坏机理，根据边坡的不同类型及地质条件的优劣给出适用的技术，以广东多座高速公路的多座路堑边坡病害处治和加固为例说明其成效。

5.1　挖方路基坡面冲刷和坡体渗流破坏机理

本节依据非饱和土理论，通过大量的现场调查、室内试验、模型试验、现场长期综合监测、理论分析和数值模拟，分析公路边坡降雨入渗、渗流和排水管淤堵影响下的边坡水害问题。

5.1.1　受降雨入渗影响的边坡整体稳定性演化机制

1. 降雨诱发滑坡的产流机制分析

坡体按照含水状态和地下水位情况划分为包气带和饱和带两个不同的含水带[40]。饱和带处于饱和含水量状态，是土壤颗粒和水分组成的两相系统；包气带是土壤颗粒、水分和空气同时存在的三相系统。包气带中的孔隙和裂隙具有吸收、储存和输送水分的功能，并且对降雨的分配作用存在门槛效应。降雨产流可划分为坡面流、壤中流和地下径流三种。坡面流通常在降雨强度超过土层下渗能力时发生，上、下土层界面的临时饱和带随降雨持续而逐步向上发展。当临时饱和带上升达到地面后，后续大部分降雨将积聚在地面，形成饱和地面径流；壤中流一般在包气带上层稳定下渗率显著大于下层稳定下渗率(包气带由颗粒较粗的上层和颗粒较细的下层构成)的条件下形成，表现为积聚在包气带中相对不透水面上的自由重力水；地下径流在边坡土壤内部比较发育，因降雨产流形成的临时饱和带厚度往往沿边坡坡度呈不均匀分布，坡顶处于非饱和状态，坡脚处于饱和状态且极易形成达到地面的临时饱和带，此时坡脚抗剪强度将明显降低，进而诱发边坡失稳破坏。典型的边坡产流过程如图 5.1.1 所示。当坡脚不存在薄弱带时，则在坡脚产生水量集中，以致出现承压现象。

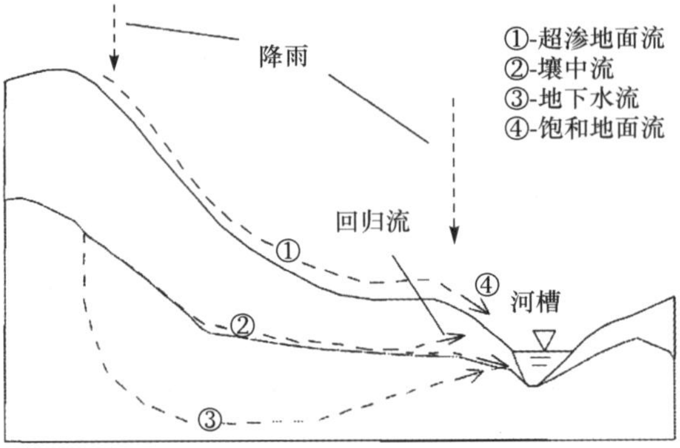

图 5.1.1　边坡产流机制

Dunne 和 Black 通过现场试验测量出从边坡流向河流的坡面流、地下径流、壤中流各自的水文过程线[41]，如图 5.1.2 所示。由图可知，坡面流占据优势，其次是壤中流。

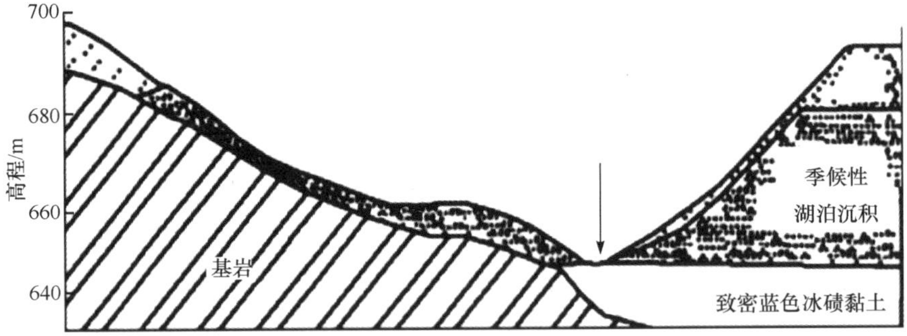

(a) 边坡剖面(水平比例1：240)

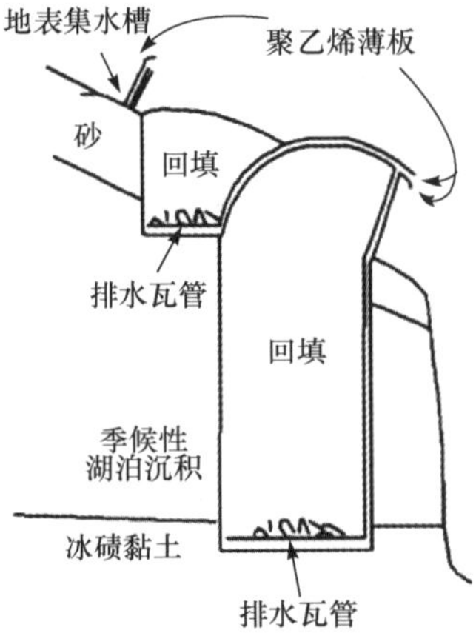

(b) 模拟剖面

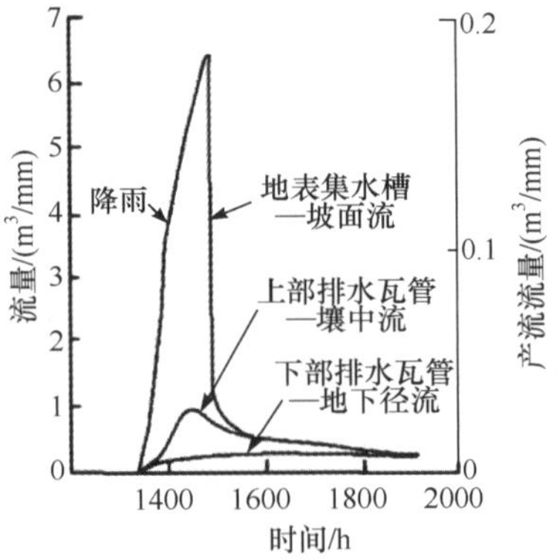

(c) 产流剖面

图 5.1.2　边坡产流试验

实际情况下，边坡形态对其产流具有控制性的影响。图 5.1.3 给出了三种边坡横坡剖面的模拟水文过程线，每一种情况在边坡土壤的饱和水力传导率 K_0 上相差一个数量级，阴影区下面的线代表壤中流的产流。可以看出，边坡土层饱和-非饱和过程的结果是靠近河谷处地下水位的上升，从而导致坡脚饱和部位上升。坡脚越陡，壤中流对暴雨水文过程线的控制作用越明显，如情况 A 和 B。事实上，凹形边坡的坡脚部位更易于趋于饱和且分布区域更大，降雨直接形成的坡面流往往超过壤中流。降雨条件下坡脚部位的壤中流和坡面流的研究对边坡稳定性分析具有重要意义，但是这方面的研究工作和成果总体偏少。

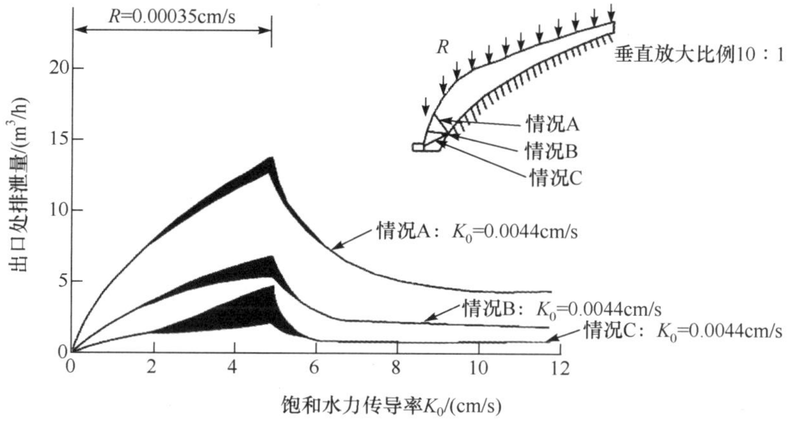

图 5.1.3　边坡产流曲线

2. 降雨渗流对边坡稳定性的影响机理分析

降雨入渗实质上是水分在土壤包气带中的运动，是一个涉及两相流的过程，即水在下渗过程中驱替空气的过程。大气降水至地面即开始有入渗过程，若地表上层或岩层湿度不大，则在分子引力作用下，降水被地表介质吸收为薄膜水。当薄膜水量达到最大值时，入渗水则填充介质中的毛细裂缝形成毛细水，即毛细下渗；当裂缝的开度很不均匀时，毛细水只能填充裂隙开度较小的那部分面积，开度较大的那部分裂缝仍被空气占据，介质处于非饱和状态，形成非饱和渗流[42]。

降雨渗流对不同类型边坡的影响机理有所区别。土质边坡、土坝及填土公路降雨饱和后的渗流场与库水位骤降的情况极为相似，是一种极为不利的水力条件。一般来说，降雨时雨水渗入土体表层造成表层土体饱和度增加，然后逐渐向下部移动[43]。在渗透路径较短的坡脚位置，雨水首先达到不透水层，并在该部位积聚。此后坡脚饱和度逐渐提高并形成浸润线，雨水的渗透主要造成坡脚浸润线上升和移动，即降雨入渗过程主要是非饱和土体变为饱和土体的过程。一般情况下，同种土体非饱和状态的抗剪强度一般大于饱和土体的抗剪强度，非饱和土体的抗剪强度随其含水率的升高而降低。土体强度变化主要表现为黏聚力降低，由水分增加引起土体饱和可以使土的黏聚力降低到干燥时的 1/10。因此，降雨造成的非饱和区土体抗剪强度降低也是边坡失稳的一个重要原因。

还应该强调的是，降雨对不同土质边坡造成的影响明显不同，不同降雨类型对相同土质边坡的影响也不尽相同。一般来说，随着日平均降雨强度的增大，土坡整体安全系数将明显减小。土体渗透性是雨水入渗的基本条件，直接反映水分入渗速率，渗透性在降雨对斜坡稳定性的影响机理方面起到非常重要的作用。渗透性的影响必须和降雨强度结合起来进行考虑[44]。当降雨为暴雨，且降雨强度和持时均相同时，安全系数随渗透系数的增大将明显减小。对于降雨持时很长的情况，若降雨强度相对较小，其相对于土体的入渗能力也变得较弱，此时渗透系数的影响和暴雨情形有所不同[45]，渗透系数越小，边坡安全系数反而越小。降雨强度变化小的雨型对应的安全系数相对较小，正是由于当降雨强度很大时，土坡表层形成瞬态饱和区，降低土体的入渗能力，无法继续渗入土体的雨水从表面溢出。

降雨对岩质边坡的影响有别于一般土质边坡。岩质边坡稳定性的控制因素是岩体结构面的抗剪强度。岩体结构面可分为硬结构面和软结构面。微风化及新鲜岩体中的结构面如果无充填物，可视为硬结构面，这类结构面的抗剪强度基本不受水的影响。岩体中有泥质充填物的断层、层间错动带及节理裂隙等为软结构面。充填物遇水软化，使结构面抗剪强度显著降低。泥质充填物颗粒很小，因毛细管作用对水具有吸力，即使在地下水位以上，也经常处于饱和或接近饱和状态，常处于饱和状态的抗剪强度。因此，在雨水充沛的地区，每次降雨不会使软弱结构面抗剪强度再次降低。同样，对于处于地下水位以下或在毛细水范围内的软结构面，其抗剪强度已稳定在最低点，不可能因降雨而进一步降低。此外，雨水入渗将改变岩质边坡内的地下水渗流场，从而引起边坡内水荷载的增大，这是雨季边坡失稳的重要原因。

5.1.2 边坡坡面和坡体雨水渗流理论与计算方法

1. 非饱和土渗流基本理论

1856 年，Darcy 提出了达西渗流定律，带动和发展了土体内渗流理论的研究。Darcy 渗流定律起初用来描述饱和土体内水力坡降与渗流速度的关系，即

$$v = k_s J \tag{5.1.1}$$

式中，v 为饱和土体内水的渗流速度，cm/s；k_s 为饱和土体内水的渗透系数，cm/s；J 为饱和土体的水力梯度或水力坡降。

土体三维空间下的达西渗流定律可采用式(5.1.2)计算：

$$v_i = k_{si} J_i \quad (i = x, y, z) \tag{5.1.2}$$

式中，v_i 为饱和土体内在 i 方向水的渗流速度，cm/s；k_{si} 为饱和土体内在 i 方向水的渗透系数，cm/s；J_i 为饱和土体在 i 方向的水力梯度或水力坡降。

由式(5.1.1)和式(5.1.2)可知，饱和土体的渗透系数是影响土体渗流的关键要素，它主要受土体孔隙介质特性的影响，可以通过试验获得，计算公式为

$$k_{\mathrm{s}} = cd^2 \frac{\rho_{\mathrm{w}} g}{\mu} \tag{5.1.3}$$

式中，c 为土体颗粒形状的结构系数；d 为土体颗粒平均直径，mm；ρ_{w} 为土体内流体密度，g/cm^3；μ 为土体内流体的动力黏滞系数，kg/(cm·s)；g 为重力加速度，m/s^2。

在渗流过程中，很多土体并未完全饱和，在土体渗流中存在非饱和的水和气的作用，它们对土体的性能也有一定的影响。Richards 考虑了渗流过程中土体非饱和特性的影响，认为渗流过程中渗透系数是变化的。因此，他基于达西渗流定律建立了非饱和土的渗流计算式，即

$$v_{\mathrm{u}} = k_{\mathrm{us}} J_{\mathrm{u}} \tag{5.1.4}$$

式中，v_{u} 为非饱和土体内水的渗流速度，cm/s；k_{us} 为非饱和土体的渗透系数，cm/s；J_{u} 为非饱和土体的水力梯度或水力坡降。

同理，在非饱和土体三维空间中，达西渗流定律可表述如下：

$$v_{\mathrm{u}i} = k_{\mathrm{us}i} J_{\mathrm{u}i} \tag{5.1.5}$$

式中，$v_{\mathrm{u}i}$ 为非饱和土体在 i 方向水的渗流速度；$k_{\mathrm{us}i}$ 为非饱和土体内在 i 方向水的渗透系数；$J_{\mathrm{u}i}$ 为非饱和土体在 i 方向的水力梯度或水力坡降。

将 $k_{\mathrm{us}i}$ 用土体体积含水率函数 $k_{\mathrm{us}i}(\theta)$ 或饱和度函数 $k_{\mathrm{us}i}(S)$ 来代替，则式(5.1.5)可变为

$$v_i = k_{\mathrm{us}i}(\theta) J_{\mathrm{u}i} \quad 或 \quad v_i = k_{\mathrm{us}i}(S) J_{\mathrm{u}i} \quad (i = x, y, z) \tag{5.1.6}$$

式中，θ 为土体的体积含水率，%；$k_{\mathrm{us}i}(\theta)$ 为土体渗透系数与体积含水率的函数；$k_{\mathrm{us}i}(S)$ 为土体渗透系数与饱和度的函数；S 为非饱和土体的饱和度。

2. 非饱和土内部渗流计算方法

非饱和土体内的孔隙被水体和气体所充满，当水体流动时，孔隙含水率发生改变，土体受到渗流阻力的作用。将土体看成有孔隙的连续介质体，当土体孔隙完全被水充满时，由质量守恒原理，可得水体通过孔隙的连续方程，即

$$\frac{\partial(\rho n)}{\partial t} = -\frac{\partial(\rho v_i)}{\partial(i)} \quad (i=x,y,z) \tag{5.1.7}$$

式中，ρ 为水体密度，g/cm^3；n 为土体孔隙率，%；t 为水体渗流时间，s。

如果水体密度为常数，且不考虑水体压力、浓度及温度等对水体运动的影响，则将式(5.1.6)代入式(5.1.7)，可得

$$\frac{\partial(n)}{\partial t}=-\left[\frac{\partial(v_i)}{\partial(i)}\right]=-\left[\frac{\partial}{\partial(i)}(k_{\mathrm{us}i}J_{\mathrm{u}i})\right]\quad(i=x,y,z)\tag{5.1.8}$$

对于非饱和土体，它的渗透系数是土体含水率(或饱和度)的函数，可得水体通过孔隙的连续方程为

$$\frac{\partial(\rho\theta)}{\partial t}=\left[\frac{\partial(\rho nS)}{\partial t}\right]=-\left[\frac{\partial(\rho v_i)}{\partial(i)}\right]\quad(i=x,y,z)\tag{5.1.9}$$

式中，θ 为土体的体积含水率，%；S 为非饱和土体的饱和度，且有 $\theta=nS$。对于饱和土体来说，土体孔隙被水充满后其含水率不再变化，有 $S=1$、$\theta=n$。

将非饱和土体的达西渗流定律公式(5.1.6)代入式(5.1.9)得

$$\begin{cases}\dfrac{\partial(\rho nS)}{\partial t}=-\left[\dfrac{\partial(\rho k_{\mathrm{us}i}(S)J_{\mathrm{u}i})}{\partial(i)}\right]\\[2ex]\dfrac{\partial(\rho\theta)}{\partial t}=-\left[\dfrac{\partial(\rho k_{\mathrm{us}i}(\theta)J_{\mathrm{u}i})}{\partial(i)}\right]\end{cases}\quad(i=x,y,z)\tag{5.1.10}$$

根据计算分析需要，非饱和土体中水的渗流计算式可以采用以下两种形式。

(1) 以体积含水率 θ 为变量，假定水体密度为常数，非饱和渗流方程(5.1.10)可变换为

$$\frac{\partial\theta}{\partial t}=\left[\frac{\partial}{\partial(i)}\left(D(\theta)\left(\frac{\partial\theta}{\partial(i)}\right)\right)\right]+\frac{\mathrm{d}k_{\mathrm{us}i}(\theta)}{\mathrm{d}\theta}\frac{\partial\theta}{\partial z}\quad(i=x,y,z)\tag{5.1.11}$$

式中，$D(\theta)$ 为水体扩散系数，m^2/s，且 $D(\theta)=\dfrac{k_{\mathrm{us}i}(\theta)}{C(\theta)}$，$C(\theta)$ 为土体容水度，m^{-1}，且 $C(\theta)=-\dfrac{\mathrm{d}(\theta)}{\mathrm{d}h_{\mathrm{c}}}$，$h_{\mathrm{c}}$ 为土中毛细压力水头，cm。

(2) 以土中负压水头或基质势为变量，有

$$\frac{\partial\theta}{\partial t}=\frac{\partial\theta}{\partial h}\frac{\partial h}{\partial t}\tag{5.1.12}$$

非饱和土体的负压水头或基质势一般是体积含水率的函数，即

$$\frac{\partial\theta}{\partial(u_{\mathrm{a}}-u_{\mathrm{w}})}=\frac{\partial\theta}{\rho g\partial h}\tag{5.1.13}$$

式中，$\dfrac{\partial\theta}{\partial(u_a-u_w)}$为随基质吸力改变的土体体积含水率变化式；$u_a$、$u_w$分别表示孔隙气压力、孔隙水压力。

将式(5.1.12)和式(5.1.13)代入式(5.1.11)，可得

$$\rho g\frac{\partial\theta}{\partial(u_a-u_w)}\frac{\partial h}{\partial t}=\left[\frac{\partial}{\partial(i)}\left(D(\theta)\left(\frac{\partial\theta}{\partial(i)}\right)\right)\right]+\frac{\mathrm{d}k_{usi}(\theta)}{\mathrm{d}\theta}\frac{\partial\theta}{\partial z}\quad(i=x,y,z)\qquad(5.1.14)$$

3. 非饱和土边坡降雨入渗模型与数值实现

由于黏土本身的渗透性及黏土内孔隙分布等特性，在雨水连续渗入黏土过程中，黏土尚未达到饱和就可能继续向下入渗，形成非饱和入渗过程，如图 5.1.4(a)所示。当入渗湿润锋达到饱和后再向下入渗，就可形成饱和入渗过程，如图 5.1.4(b)所示。在非饱和入渗过程中，上部黏土中的雨水需要克服一定的阻力才能向下渗，下部黏土的雨水累积到一定程度会接着向下渗，形成连续的非饱和入渗状态。

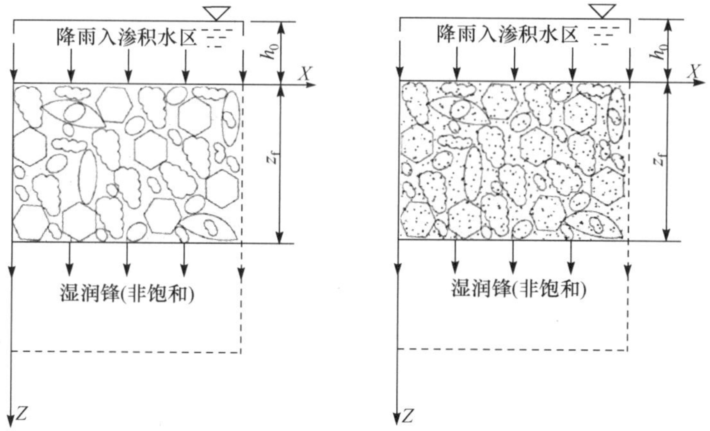

(a) 非饱和入渗过程　　(b) 饱和入渗过程

图 5.1.4　基于 Green-Ampt 平面非饱和入渗模型示意图

基于 Green-Ampt 平面饱和入渗原理，可得黏土的非饱和入渗模型为

$$i_u=K_{us}\left(1+\frac{h_{uf}+h_0}{z_f}\right)=K_{us}\left(1+\frac{u_{w_{z0}}-u_{w_f}+\rho g h_0}{\rho g z_f}\right)\qquad(5.1.15)$$

式中，i_u为黏土竖直方向的非饱和入渗率，cm/s；K_{us}为黏土非饱和时的导水率，cm/s；h_{uf}为黏土非饱和入渗时湿润锋处的平均基质吸力势，cm；h_0为黏土表面上的积水厚度，cm；z_f为黏土湿润锋深度，cm；$u_{w_{z0}}$为黏土天然状态时的平均基质吸力，kPa；u_{w_f}为黏土入渗时湿润锋面上的平均基质吸力，kPa。

Green-Ampt 平面入渗模型是基于毛细管理论的入渗方程，主要研究对象是含水率相同的均质土。该模型考虑了黏土表面积水时的饱和入渗情况，当雨水持续入渗时，黏土内某处入渗能力既受到上层黏土内雨水的影响，又受到表面积水的影响。将上层黏土内的雨水看成体内积水。因此，边坡内任一位置的 Green-Ampt 平面入渗模型可描述为

$$i = K_{\mathrm{s}} \frac{h_0 + z_{\mathrm{f}} + h_{\mathrm{f}}}{z_{\mathrm{f}}} \tag{5.1.16}$$

式中，i 为黏土竖直方向的饱和入渗率，cm/s；K_{s} 为黏土饱和时的导水率，cm/s；h_{f} 为黏土饱和入渗时湿润锋面上的平均基质吸力势，cm。

将式(5.1.16)进行变换，得

$$i = K_{\mathrm{s}} \left(1 + \frac{\rho_{\mathrm{w}} g h_0 + u_{\mathrm{f}}}{\rho_{\mathrm{w}} g z_{\mathrm{f}}} \right) \tag{5.1.17}$$

式中，ρ_{w} 为入渗的雨水密度，g/cm^3；u_{f} 为黏土入渗时湿润锋面在渗入前的平均基质吸力，kPa；其余符号意义同前。

对于初始饱和黏土，$u_{\mathrm{f}}=0$，将其代入式(5.1.17)可得

$$i = K_{\mathrm{s}} \left(1 + \frac{h_0}{z_{\mathrm{f}}} \right) \tag{5.1.18}$$

目前，已有不少商业有限元(有限差分)软件可用于非饱和土体渗流计算分析。例如，FLAC3D 软件在进行饱和、非饱和计算时，都采用达西渗流定律，即

$$q_i = -K_{ij} k_{\mathrm{r}}(S) \left[p - \rho_{\mathrm{f}} x_j g_j \right]_{,l} \tag{5.1.19}$$

式中，q_i 为单位流量矢量；K_{ij} 为饱和渗透系数张量；$k_{\mathrm{r}}(S)$为与饱和度 S 相关的相对渗透系数，饱和区，$k_{\mathrm{r}}=1$，非饱和区，$0<k_{\mathrm{r}}<1$，其中 $k_{\mathrm{r}}(S)=S^2(3-2S)$；$\rho_{\mathrm{f}}$ 为流体密度；x_j 为笛卡儿坐标分量；g_j 为重力加速度分量；$i=1,3$；$j=1,3$；$l=1,3$。

在渗流计算过程中，流体压力、饱和度与流体体积改变量的关系为[46]

$$\frac{1}{M}\frac{\partial p}{\partial t} + \frac{n}{S}\frac{\partial S}{\partial t} = \frac{1}{S}\frac{\partial \zeta}{\partial t} \tag{5.1.20}$$

式中，M 为比奥模量；n 为孔隙率，%；t 为时间；ζ 为流体扩散作用引起的单位体积多孔介质中流体体积改变量，当流体不可压缩时，其值等于单元流量改变量。

在进行饱和渗流计算时，FLAC3D 软件直接将节点上的饱和度置为 1.0，于是由式(5.1.20)得到下一计算时刻节点上孔隙水压力的更新计算公式为

$$\frac{1}{M}\frac{\partial p}{\partial t}=\frac{\partial \zeta}{\partial t} \tag{5.1.21}$$

在进行非饱和渗流计算时，FLAC3D 软件将节点上孔隙水压力置为 0，然后由式(5.1.20)得到计算节点饱和度的更新值为

$$\frac{n}{S}\frac{\partial S}{\partial t}=\frac{1}{S}\frac{\partial \zeta}{\partial t} \tag{5.1.22}$$

由此可见，FLAC3D 软件非饱和状态(饱和度)变化计算的主要依据是计算微元中流体体积改变量的变化值，而这与饱和度的定义一致。

通过上述分析可知，非饱和渗流计算的关键是正确获得饱和度与负压的关系，并根据饱和度计算出非饱和区的渗透系数，然后在求解过程中适时调整单元渗透系数即可实现非饱和渗流过程的分析。对于非饱和土，van Genuchten 提出了土体中体积含水率与负孔隙水压力的四参数关系方程：

$$\theta=\theta_{\mathrm{r}}+\frac{\theta_{\mathrm{s}}-\theta_{\mathrm{r}}}{\left[1+\left(\frac{p}{a}\right)^{n'}\right]^{m'}} \tag{5.1.23}$$

式中，θ 为体积含水率，%；θ_{r} 为残余体积含水率，%；θ_{s} 为饱和体积含水率，%；p 为负孔隙水压力；a、m'、n' 为拟合参数。

根据体积含水率与饱和度的关系 $\theta=nS$，由式(5.1.23)得到饱和度与负孔隙水压力的关系式为

$$S=S_{\mathrm{r}}+\frac{1-S_{\mathrm{r}}}{\left[1+\left(\frac{p}{a}\right)^{n'}\right]^{m'}} \tag{5.1.24}$$

式中，S_{r} 为残余饱和度。

由此可见，非饱和渗流分析的实质如下：①计算过程中非饱和区的渗透系数小于饱和区，饱和度越小，渗透系数越小；②负孔隙水压力(基质吸力)与饱和度存在对应函数关系，对于不同岩土体，吸湿和脱湿过程的函数关系可能不同。为简化起见，也有在吸湿和脱湿过程中采用相同函数的做法。

5.1.3　公路边坡仰斜排水孔淤堵机理

边坡内部水分能否正常排出对保持边坡整体稳定具有重要影响。仰斜排水孔是公路边坡工程应用非常广泛的一种截排水措施。我国的边坡失稳大多与水有关，边坡内部深层水的作用大大降低了边坡的稳定性，进而导致边坡发生水毁和滑坡等灾害。目前，国内外在公路、水利、岩土等工程的边坡处治工程中，

普遍采用排水孔作为基本的排水设施。

然而，仰斜排水孔的排水功能逐渐衰减甚至失效的实例在工程中时有发生，使得边坡治理工程的长期效果得不到保障，危及工程稳定性和公路交通安全[47,48]。高速公路建设中每年需要投入大量的工程变更费用用于此类问题的整治。

目前，由于材料和施工工艺等方面仍存在一定的不足，其服役过程中经常遇到排水孔淤堵这一问题。由于涉及大量细粒土的大位移和扭转及空隙的减小和灭失，排水孔周围淤堵体在渗流过程中的变形和颗粒的位移必然是一个非连续的过程，并且伴随细小颗粒的大位移和扭转。因此，下面考虑采用离散单元法对仰斜排水孔周围土颗粒变形和水分渗流过程进行数值模拟分析，模型参数通过室内试验进行标定。

1. 数值模型参数

为使模型参数能更好地模拟和反映双层排水孔中土体的力学响应，在进行数值模拟之前，以试验结果和资料为基础，进行模型参数标定。试验土样取自现场，砂样主要为模型试验用砂。图 5.1.5 给出了开展的土样级配试验、掺泥含泥量试验和渗透试验的照片，通过分析大量试验数据确定最优模型参数。

(a) 现场所取土样

(b) 试验用砂及掺和土样

(c) 砂的筛分级配试验

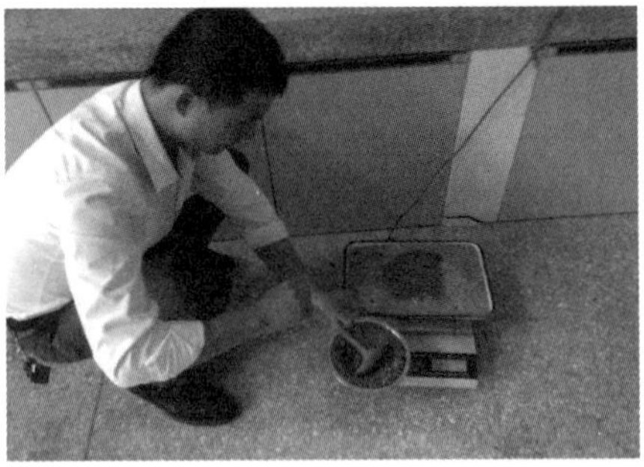

(d) 正在掺和现场土样的砂

(e) 称量拌和均匀的砂土料

(f) 渗透试验砂土装样

(g) 已在渗透仪内装好的砂土样

(h) 砂土渗透试验仪器安装

(i) 安装好的砂土渗透试验仪器

(j) 砂土渗透试验数据采集

图 5.1.5　室内试验操作过程

根据室内试验结果并参考相关文献统计分析，得出砂土颗粒基本参数，如表 5.1.1～表 5.1.3 所示。

表 5.1.1　砂土宏观力学参数

参数名称	数值
弹性模量 E/MPa	2.2
泊松比 ν	0.25
黏聚力 c/kPa	250

续表

参数名称		数值
内摩擦角 φ /(°)		38
容重 γ /(kN/m³)		25
土体与 PVC 排水管壁之间的参数	K_s/(MN/m³)	30
	K_n/(MN/m³)	35
	F_s	0.25

表 5.1.2　不同形状砂颗粒参数

试样	颗粒密度 /(kg/m³)	最小颗粒直径/mm	颗粒平均直径/mm	初始孔隙率/%	颗粒间摩擦系数
形状 1	2500	0.075	10.5	14	0.30
形状 2	2500	0.075	11.8	14	0.30
形状 3	2500	0.075	10.5	14	0.30
形状 4	2500	0.075	11.9	14	0.30

表 5.1.3　砂土颗粒力学参数

参数名称	数值
颗粒总数/个	1500
初始孔隙率/%	14～16
颗粒干密度/(g/cm³)	3
颗粒直径/mm	0.075～26.5
颗粒间法向接触刚度/(N/m)	8.2×10^{8}
颗粒间切向接触刚度/(N/m)	6.0×10^{8}
颗粒法向黏结强度/(N/m²)	0
颗粒切向黏结强度/(N/m²)	0
砂土渗透系数/(cm/s)	1.5×10^{-3}～1.0×10^{-2}
砂土含水率/%	5～10

2. 数值模拟工况

把排水孔四周砂颗粒的形状简化为不考虑尺度效应的颗粒形状。本次计算分为 5 个工况进行，每个工况的计算参数条件均与室内模型试验相同，具体工况情况详见表 5.1.4。

表 5.1.4　工况情况表

工况序号	渗透系数/(cm/s)	孔数/孔	工况说明
1	$6\times10^{-6}\sim1\times10^{-5}$	1	外管与内管直径比值为 1.15～1.25，外管外包 OSF 过滤材料孔径与内管外包 OSF 过滤材料孔径比值为 5～10
2	$1\times10^{-5}\sim6\times10^{-5}$	1	外管与内管直径比值为 1.25～1.45，外管外包 OSF 过滤材料孔径与内管外包 OSF 过滤材料孔径比值为 10～15
3	$6\times10^{-5}\sim2\times10^{-4}$	1	外管与内管直径比值为 1.45～1.65，外管外包 OSF 过滤材料孔径与内管外包 OSF 过滤材料孔径比值为 15～20
4	$2\times10^{-4}\sim6\times10^{-4}$	1	外管与内管直径比值为 1.65～1.85，外管外包 OSF 过滤材料孔径与内管外包 OSF 过滤材料孔径比值为 20～25
5	$6\times10^{-4}\sim9\times10^{-4}$	1	外管与内管直径比值为 1.85～2.05，外管外包 OSF 过滤材料孔径与内管外包 OSF 过滤材料孔径比值为 25～30

1) 工况 1

模拟时考虑砂土渗透系数为 $6\times10^{-6}\sim1\times10^{-5}$，外管与内管直径比值为 1.15～1.25，外管外包 OSF 过滤材料孔径与内管外包 OSF 过滤材料孔径比值为 5～10，模拟结果如图 5.1.6～图 5.1.10 所示。

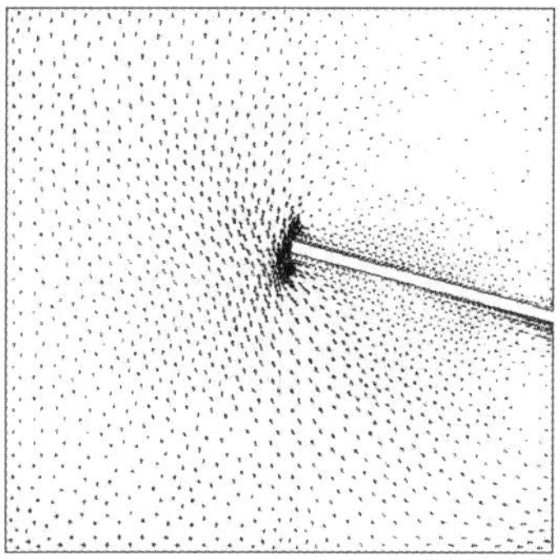

图 5.1.6　模型槽内砂土渗流场矢量分布图(工况 1)

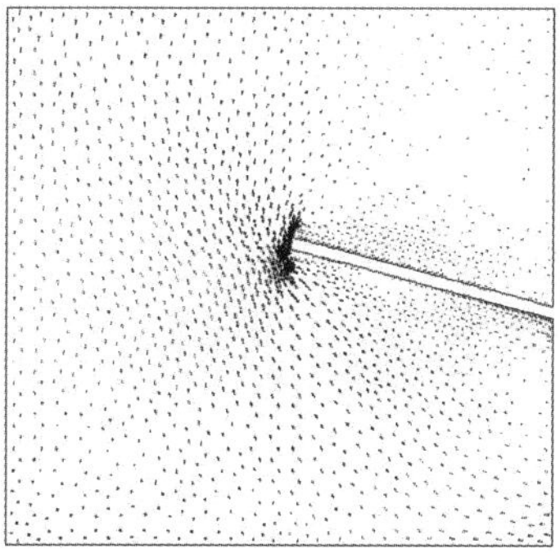

图 5.1.7　模型槽内砂土主应力场矢量分布图(工况 1)

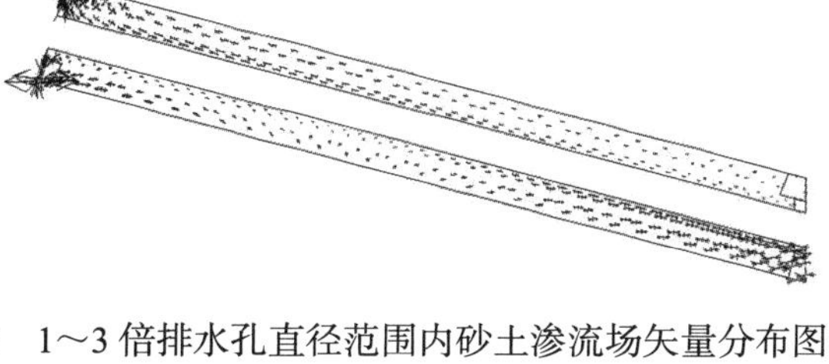

图 5.1.8　1～3 倍排水孔直径范围内砂土渗流场矢量分布图(工况 1)

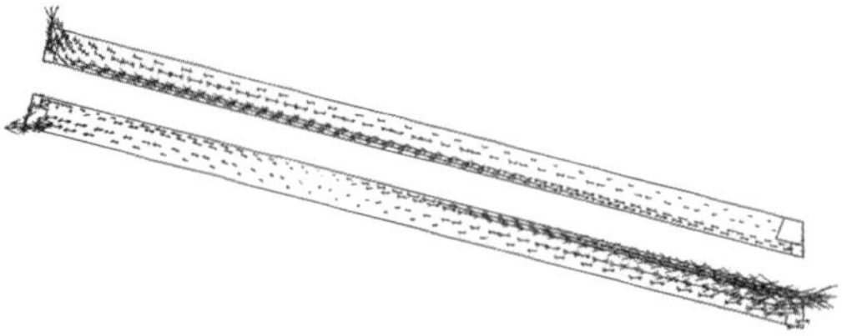

图 5.1.9　1～3 倍排水孔直径范围内砂土应力场矢量分布图(工况 1)

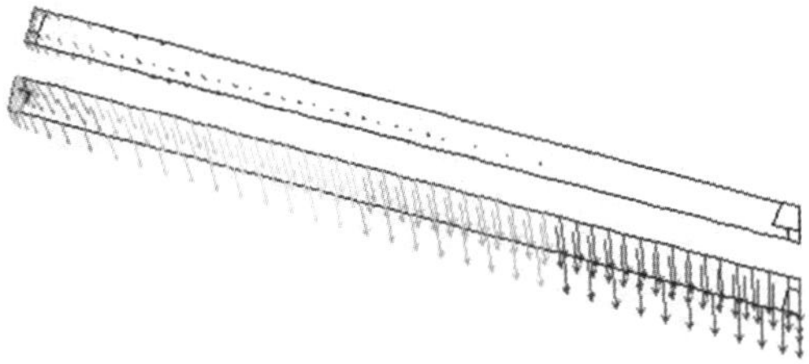

图 5.1.10　1～3 倍排水孔直径范围内砂土位移场矢量分布图(工况 1)

2) 工况 2

模拟时考虑砂土渗透系数为 1×10^{-5}～6×10^{-5}，外管与内管直径比值为 1.25～1.45，外管外包 OSF 过滤材料孔径与内管外包 OSF 过滤材料孔径比值为 10～15，模拟结果如图 5.1.11～图 5.1.15 所示。

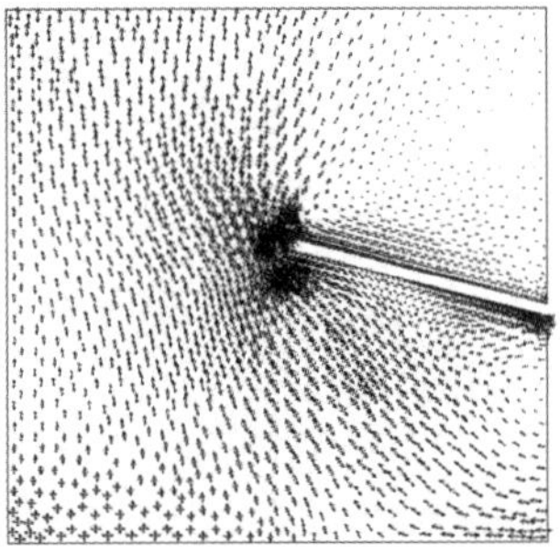

图 5.1.11　模型槽内砂土渗流场矢量分布图(工况 2)

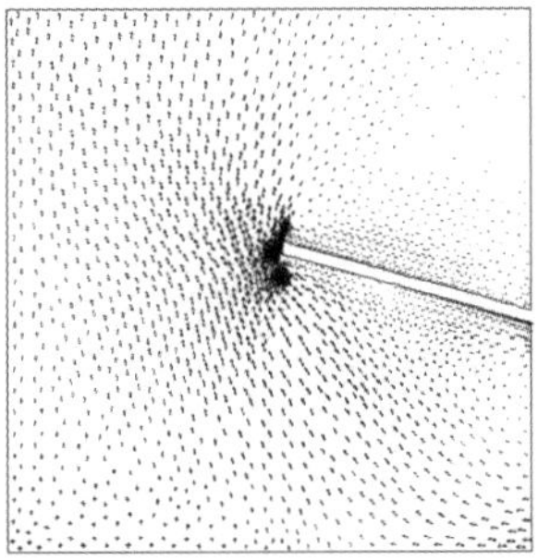

图 5.1.12　模型槽内砂土主应力场矢量分布图(工况 2)

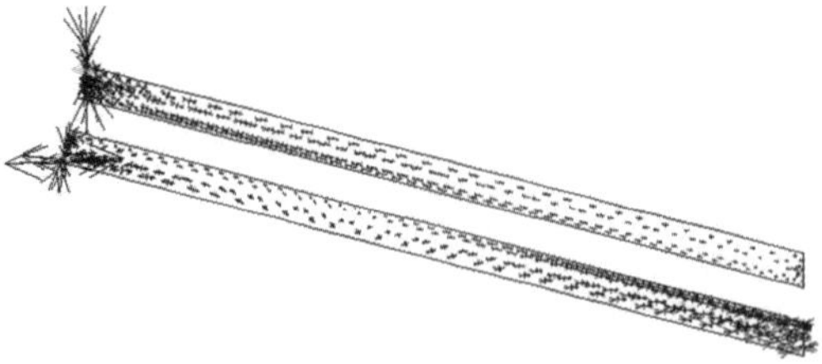

图 5.1.13　1～3 倍排水孔直径范围内砂土渗流场矢量分布图(工况 2)

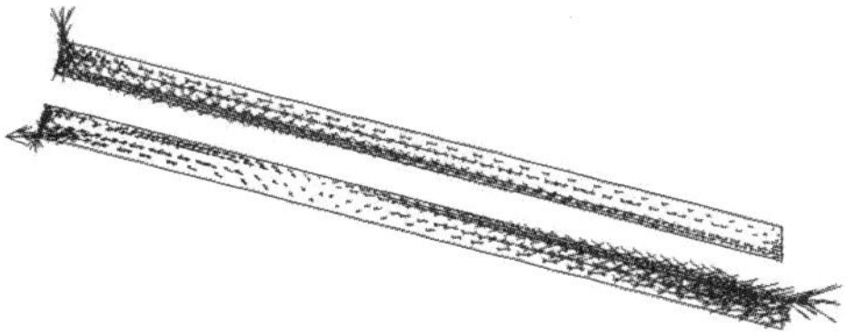

图 5.1.14　1～3 倍排水孔直径范围内砂土应力场矢量分布图(工况 2)

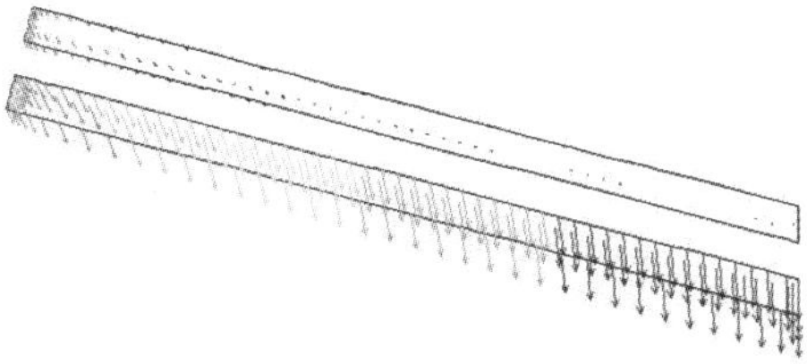

图 5.1.15　1～3 倍排水孔直径范围内砂土位移场矢量分布图(工况 2)

3) 工况 3

模拟时考虑砂土渗透系数为 6×10^{-5}～2×10^{-4}，外管与内管直径比值为 1.45～1.65，外管外包 OSF 过滤材料孔径与内管外包 OSF 过滤材料孔径比值为 15～20，模拟结果如图 5.1.16～图 5.1.20 所示。

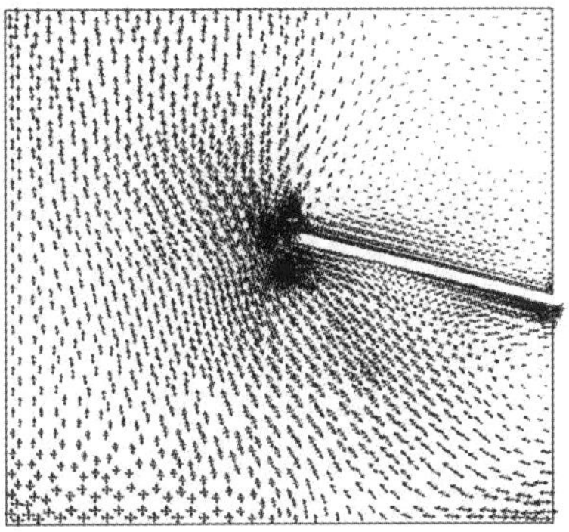

图 5.1.16　模型槽内砂土渗流场矢量分布图(工况 3)

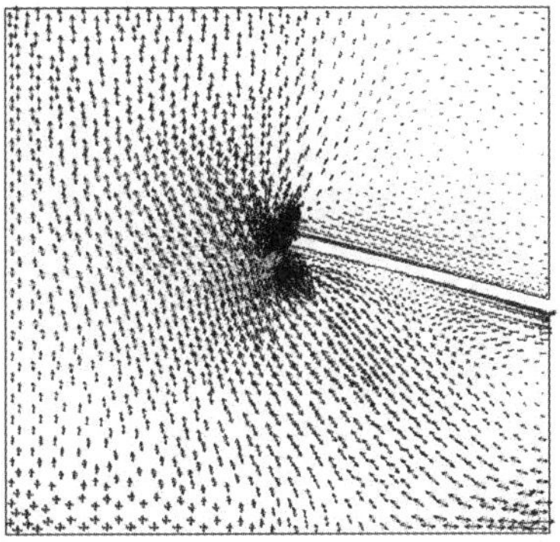

图 5.1.17　模型槽内砂土主应力场矢量分布图(工况 3)

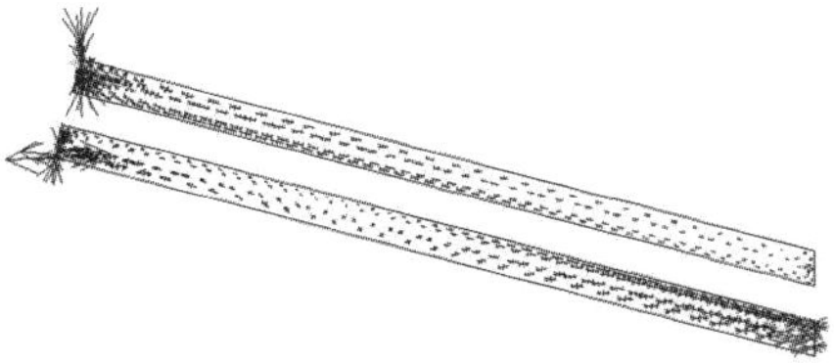

图 5.1.18　1～3 倍排水孔直径范围内砂土渗流场矢量分布图(工况 3)

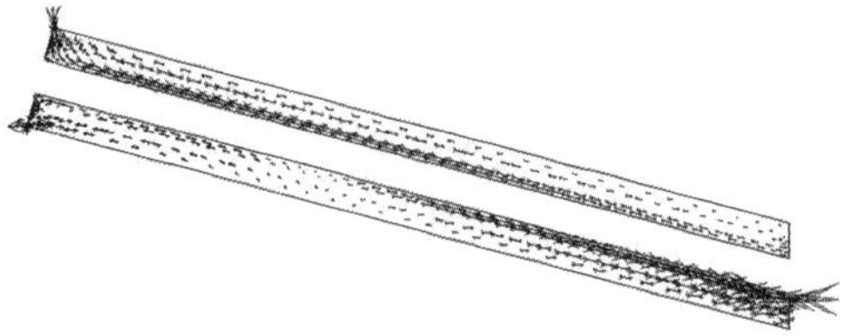

图 5.1.19　1～3 倍排水孔直径范围内砂土应力场矢量分布图(工况 3)

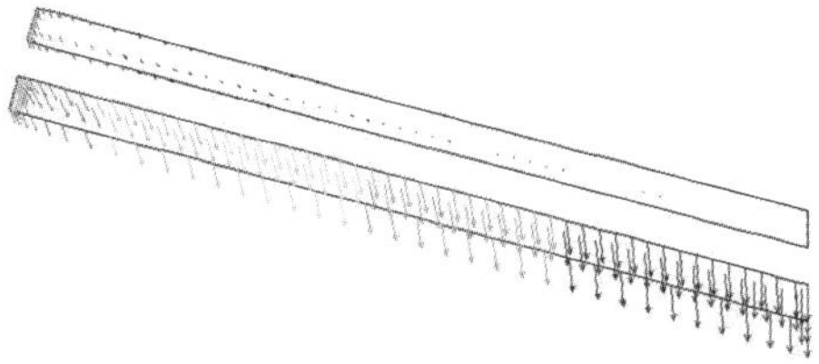

图 5.1.20　1～3 倍排水孔直径范围内砂土位移场矢量分布图(工况 3)

4) 工况 4

模拟时考虑砂土渗透系数为 2×10^{-4}～6×10^{-4}，外管与内管直径比值为 1.65～1.85，外管外包 OSF 过滤材料孔径与内管外包 OSF 过滤材料孔径比值为 20～25，模拟结果如图 5.1.21～图 5.1.25 所示。

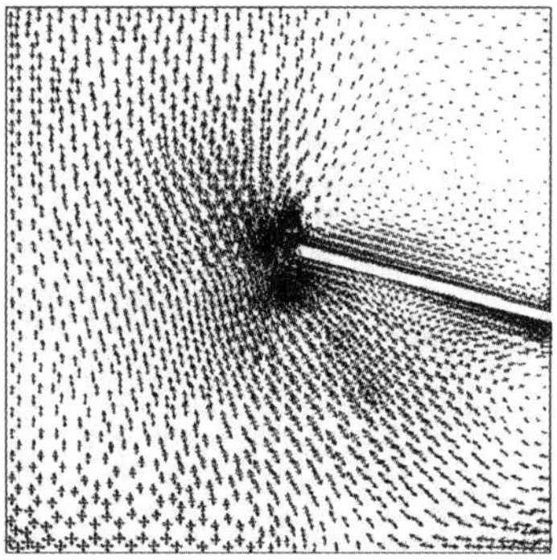

图 5.1.21　模型槽内砂土渗流场矢量分布图(工况 4)

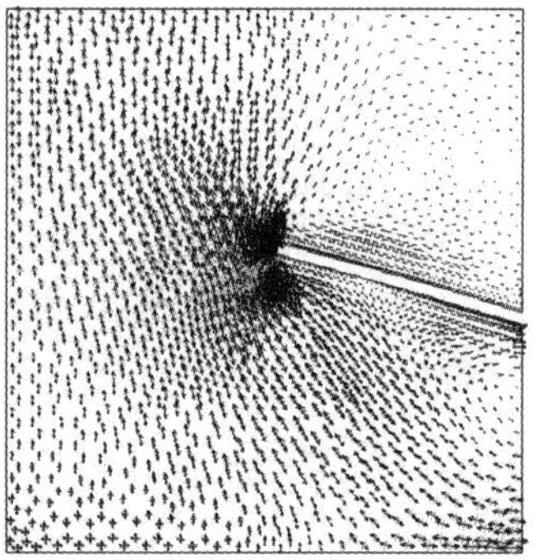

图 5.1.22　模型槽内砂土主应力场矢量分布图(工况 4)

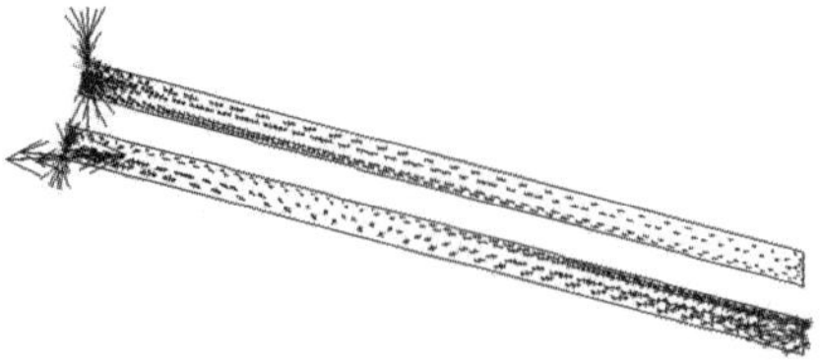

图 5.1.23　1～3 倍排水孔直径范围内砂土渗流场矢量分布图(工况 4)

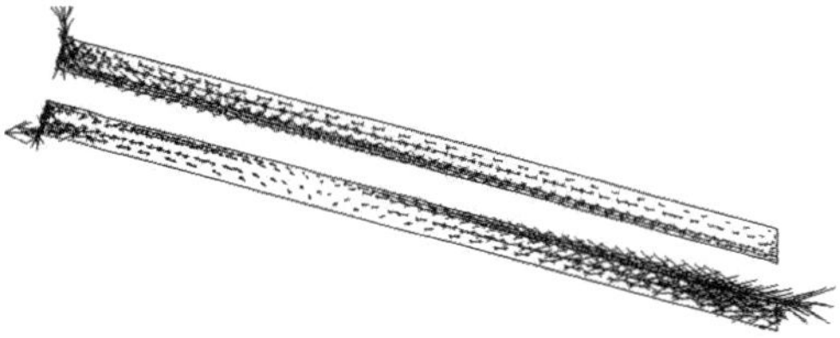

图 5.1.24　1～3 倍排水孔直径范围内砂土应力场矢量分布图(工况 4)

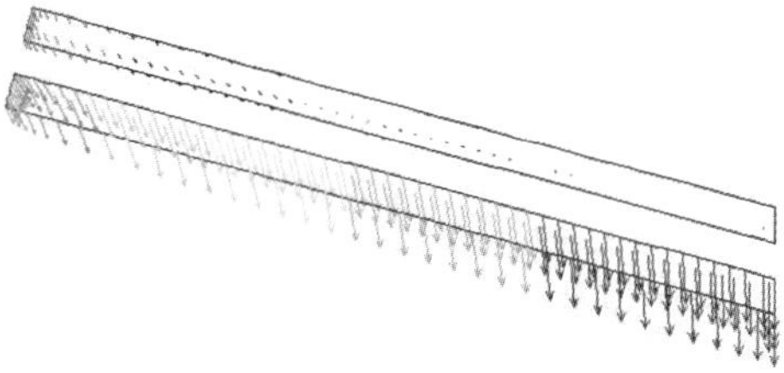

图 5.1.25　1～3 倍排水孔直径范围内砂土位移场矢量分布图(工况 4)

5) 工况 5

模拟时考虑砂土渗透系数为 6×10^{-4}～9×10^{-4}，外管与内管直径比值为 1.85～2.05，外管外包 OSF 过滤材料孔径与内管外包 OSF 过滤材料孔径比值为 25～30，模拟结果如图 5.1.26～图 5.1.30 所示。

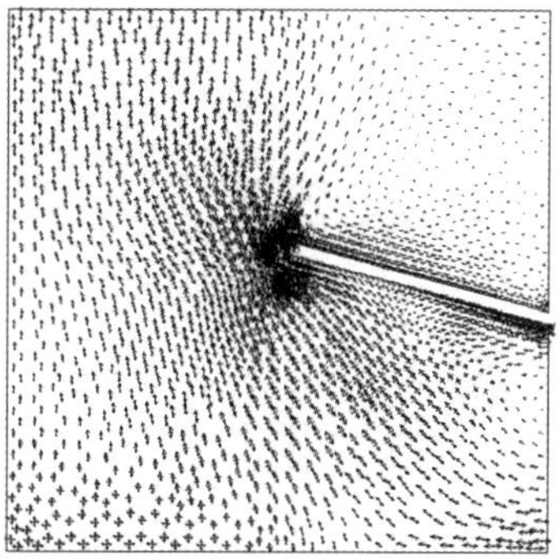

图 5.1.26　模型槽内砂土渗流场矢量分布图(工况 5)

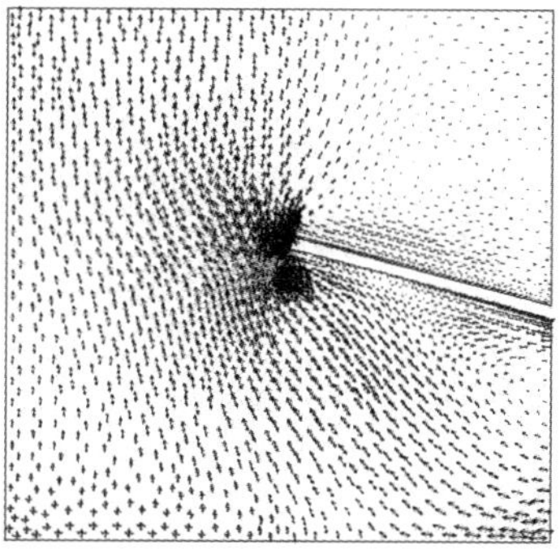

图 5.1.27　模型槽内砂土主应力场矢量分布图(工况 5)

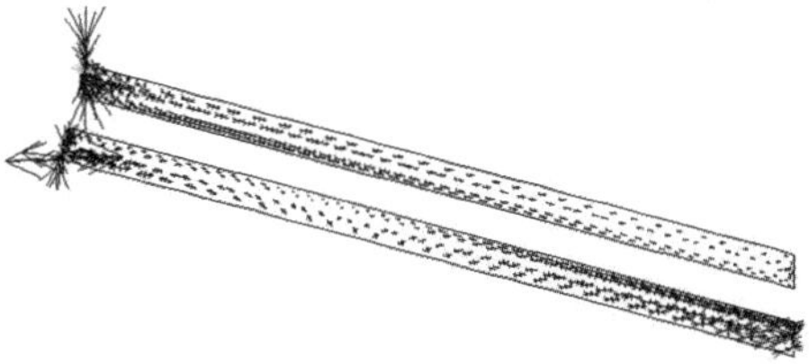

图 5.1.28　1～3 倍排水孔直径范围内砂土渗流场矢量分布图(工况 5)

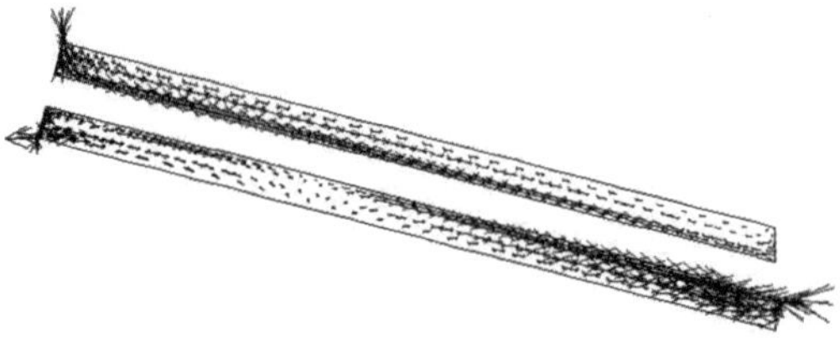

图 5.1.29　1～3 倍排水孔直径范围内砂土应力场矢量分布图(工况 5)

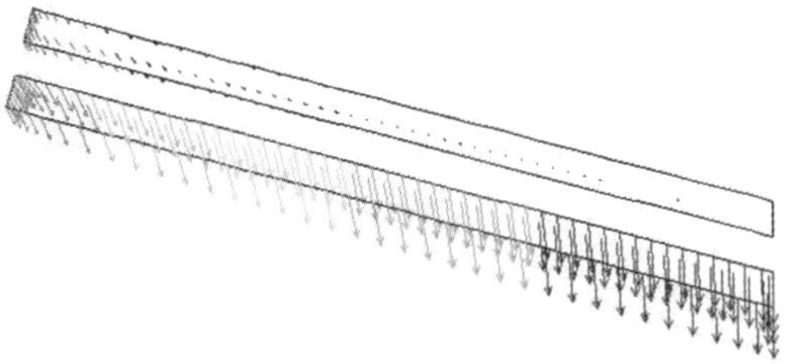

图 5.1.30　1～3 倍排水孔直径范围内砂土位移场矢量分布图(工况 5)

3. 计算结果分析

1) 排水孔淤堵条件下砂土颗粒力学性状

运用颗粒流理论进行渗流分析时，视排水孔为强渗透介质，并将其作为某一单元体置于常规岩土体单元内部，形成涵盖排水孔的复合单元。由于在排水孔附近流场变化剧烈，常规的低阶形函数已不能满足精度要求，而采用高阶形函数可较好地模拟排水孔附近处的渗流场[49]。根据颗粒流理论计算的 XY 平面流速图如图 5.1.31 所示。

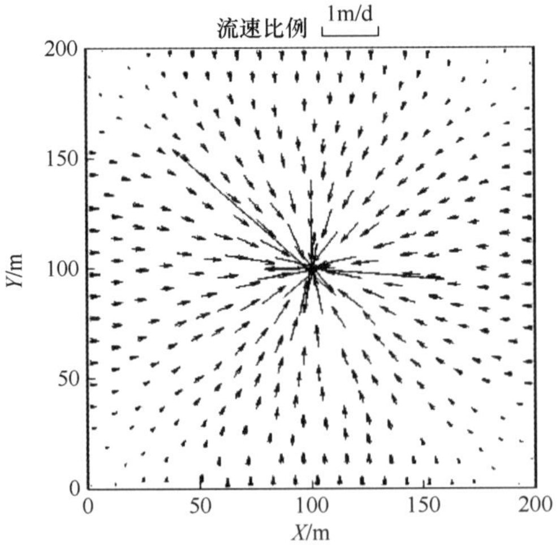

图 5.1.31　颗粒流理论计算的 XY 平面流速图(坐标数值比例扩大 100 倍)

(1) 渗流场分布。模型试验槽中的水位逐渐升高至排水孔高程位置后，水将沿着模型槽内 1～3 倍排水孔直径范围外表面流动，形成渗流场。此后对水位上升过程中各阶段渗流场的变化规律进行计算分析，包括渗流量的分布。模型槽内水位为 1.2m 时的渗流量分布如图 5.1.32～图 5.1.34 所示。当模型槽内水位为 0.6m 时，最大流量为 $0.291\times10^{-6}m^3/s$，当模型槽内水位上升到 0.75m、0.90m、1.05m、1.20m 时，每一阶段的最大流量分别为 $0.486\times10^{-6}m^3/s$、$0.763\times10^{-6}m^3/s$、$0.160\times10^{-5}m^3/s$、$0.273\times10^{-5}m^3/s$，与前一阶段相比数值逐渐变大，说明随着模型槽内水位的上升，沿排水孔区域法向位移变大，最终导致最大流量增大。

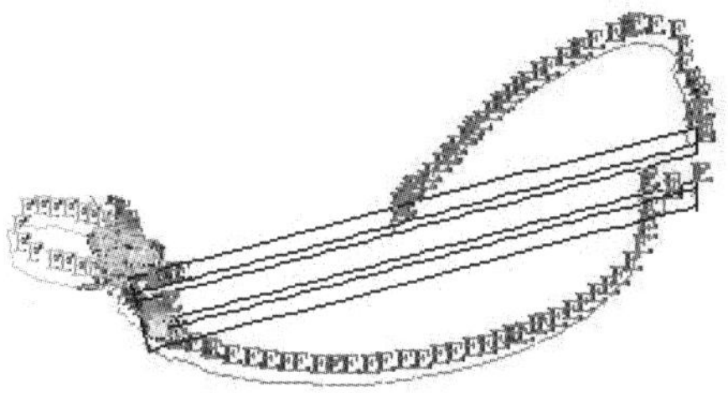

图 5.1.32　1～3 倍排水孔直径范围内砂土渗流场矢量分布图

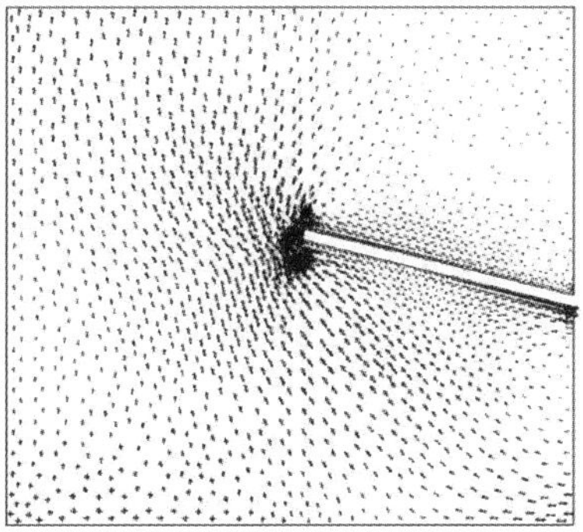

图 5.1.33　模型槽内砂土渗流场矢量分布图

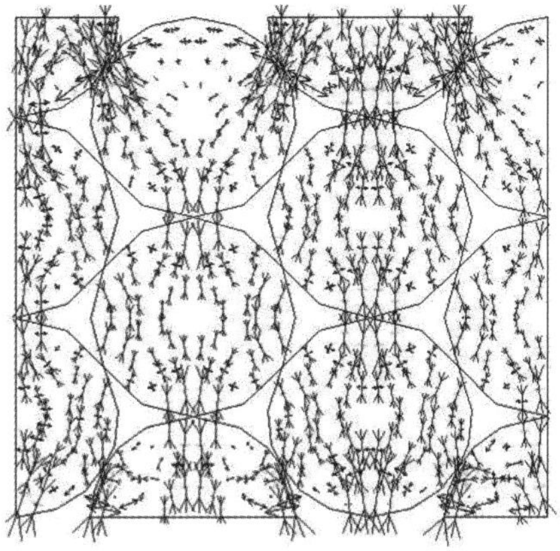

图 5.1.34　1～3 倍排水孔直径范围内砂土渗流场矢量分布局部放大图

(2) 应力场分布。首先防淤堵新型排水孔模型试验槽中的砂在重力作用下达到初始稳定状态，当模型槽内水位为 1.0m 时，模型槽中砂受到的最大主应力以压应力为主，应力分布曲线较规则，基本上呈层状分布，随着模型槽内水位的上升，最大主应力逐渐增大，且越靠近排水孔表面和越接近平行于排水孔轴面。最小主应力以拉应力为主，在排水孔左上侧位置处，多表现为拉应力，且随着模型槽内水位的升高，砂土受到的拉应力范围逐渐变大，如图 5.1.35 和图 5.1.36 所示。

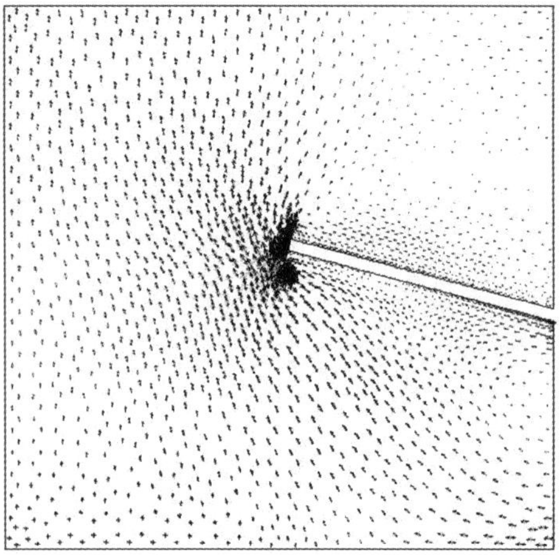

图 5.1.35　砂土主应力场矢量分布图

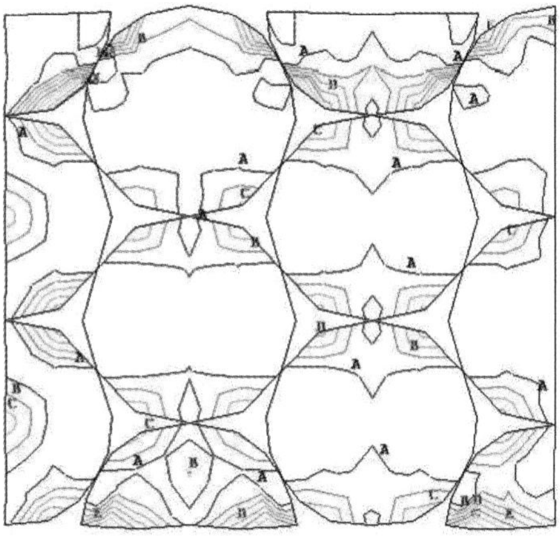

图 5.1.36　1～3 倍排水孔直径范围内砂土受渗流作用主应力变化云图

(3) 位移场分布。防淤堵新型排水孔模型试验槽内水位为 0.6m 时，最大位移发生在排水管的中部，其值为 0.01mm，当水位由 0.6m、0.75m、0.9m、1.05m 上升到 1.2m 的过程中，位移矢量分布随坡体各点位置的不同而不同。模型槽内水位为 0.75m 时，位移场分布发生了显著的变化，最大位移发生在排水孔的最底端处，方向向下且朝向坡外，其值为 1.91mm，与前阶段相比发生了量级的变化。当水位为 0.9m 时，最大位移为 2.28mm，方向与前阶段相同。当水位为 1.05m 时，在排水孔中部和底端处均出现较大的位移，最大位移为 2.45mm。当水位上升到 1.2m 时，出现较大位移的范围由排水管孔口位置逐渐向排水管底端延伸，在排水管孔口、中部和底端处均出现较大的位移，最大位移为 2.48mm。由以上分析可知，随着模型试验槽内水位的升高，沿排水孔四周的最大位移逐渐增大，其位移大小和方向取决于供水的水头压力。模型试验槽中的最大位移随水位的变化曲线如图 5.1.37 所示，砂土位移矢量变化图如图 5.1.38 所示。

2) 排水孔周围不同距离砂土颗粒的变形特征

为计算距离排水孔 0.2～3.0 倍外管径砂土颗粒的竖向位移变化状况，假设排水孔外管径为 150mm，分别取 0.2～1.0 倍、1.2～2.0 倍和 2.2～3.0 倍外管径范围 3 种情况模拟分析砂土的竖向位移随距离排水孔表面厚度的变化规律。

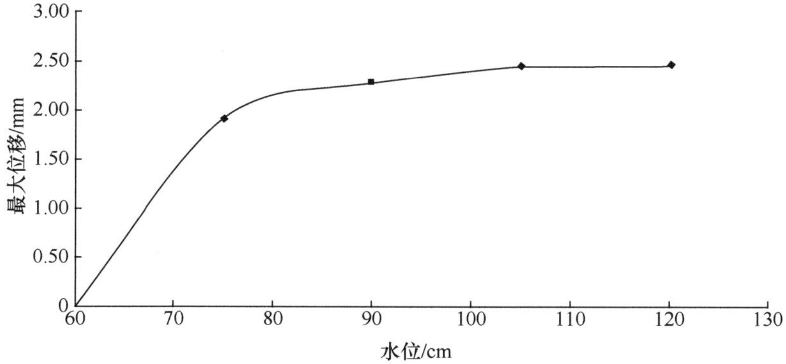

图 5.1.37　最大位移随水位的变化曲线

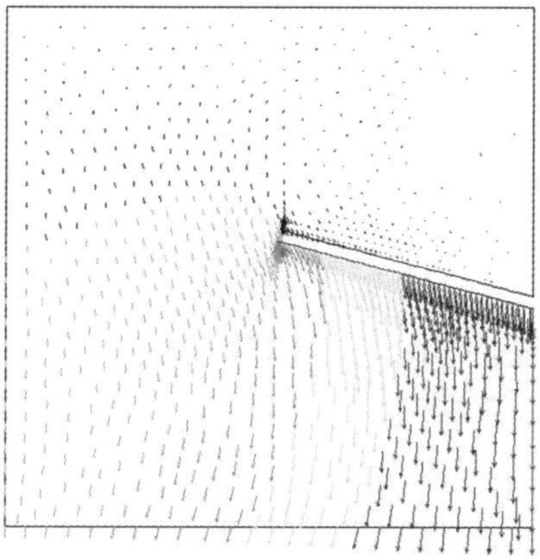

图 5.1.38　砂土位移场矢量分布图

图 5.1.39 为距离排水孔 0.2～3.0 倍外管径砂土颗粒竖向位移随厚度的变化曲线。由图可知，距离排水孔表面厚度不同，排水孔 3 倍外管径范围内周围砂土

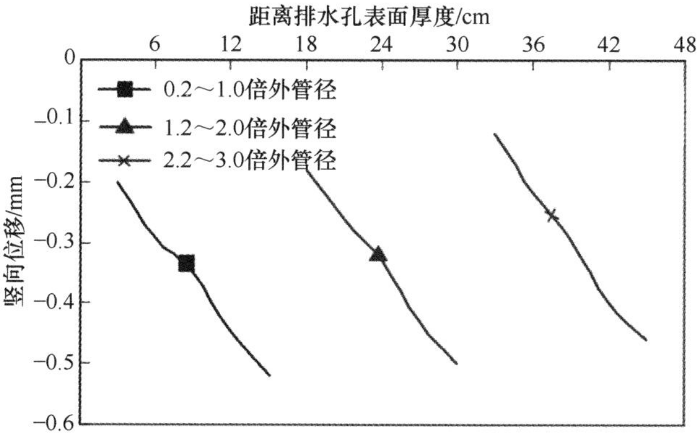

图 5.1.39　距离排水孔 0.2～3.0 倍外管径砂土颗粒竖向位移随厚度的变化曲线

颗粒各点的变形过程也不相同，周围砂土颗粒竖向位移随着厚度的增加逐渐减小，排水孔附近砂土颗粒的竖向位移比远端大，离排水孔表面距离越近的砂土颗粒竖向位移越大，距离越远的砂土颗粒竖向位移越小，并且颗粒竖向变形斜率变化基本一致。

3) 外管与内管直径比的影响

由图 5.1.40 可知，随外管与内管直径比逐渐增大，不同稳定水位条件下，在渗流作用下，外管与内管直径比在 1.1～1.5 内时应力缓慢减小，外管与内管直径比在 1.50～1.65 内时应力逐渐趋于平缓，外管与内管直径比在 1.7～2.2 内时应力开始缓慢增大。由此可以得出直径比在 1.50～1.65 内时排水孔周围的砂土颗粒受到的渗流作用力增幅较小，使得砂土颗粒位移量不大，基本上均在排水孔 1～3 倍管径影响范围内停留，未发生迁移运动而导致排水孔淤堵。因此，为提高排水孔的使用性能与耐久性，防止排水孔表层产生大量砂土颗粒淤积、淤堵，在内外管设计时，建议外管与内管的最优直径比在 1.50～1.65 内。

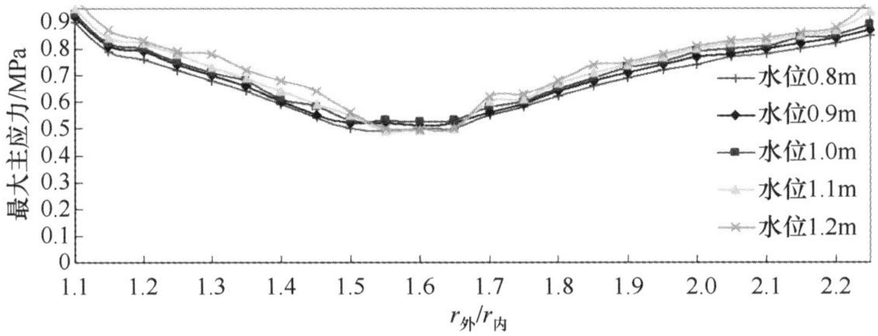

图 5.1.40　不同外管与内管直径比时砂土颗粒最大主应力变化曲线

4) 土层渗透性与内外管包裹物孔径的影响

不同砂土渗透系数时内外管外包裹物孔径比与应力的关系如图 5.1.41～图 5.1.45 所示。由图可知，随外管/内管外包裹物孔径比逐渐增大，不同稳定水位条件(水位在 0.8～1.2m 内)下，在渗流作用下的外管与内管外包裹物孔径比分别在 0.6～1.1、0.5～1.1、0.4～1.1、0.5～1.1 和 0.3～1.2 内时应力缓慢减小，孔径比在 1.1～1.3、1.1～1.4、1.1～1.3、1.1～1.4 和 1.2～2.0 内时应力逐渐趋于平缓，在孔径比为 1.3～1.8、1.4～1.8、1.3～1.6、1.4～1.8 与 2.0～4.0 内时应力开始缓慢增大。由此可以得知，内外管包裹物孔径比在某一范围内时排水孔周围的砂土颗粒受到的渗流作用力增幅较小且趋于稳定，未发生迁移运动而导致内外排水孔外包裹物孔的淤堵。因此，为提高排水孔使用性能与耐久性，防止排水孔内外包裹物孔内产生大量砂土颗粒淤积、淤堵，在内外管外包裹物孔径设计时，推荐参考表 5.1.5 进行选取。

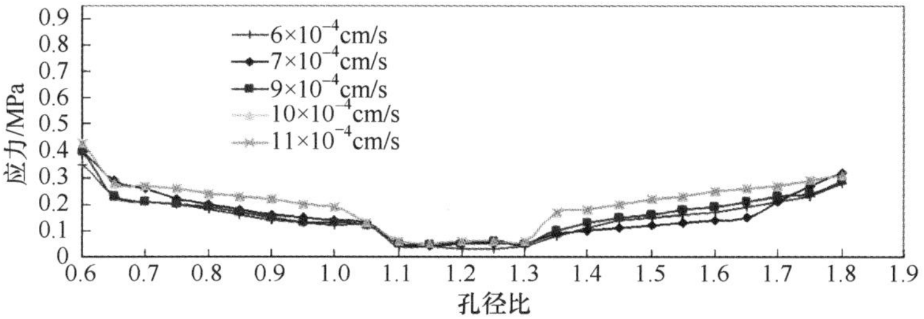

图 5.1.41　砂土渗透系数为(6～12)×10⁻⁴cm/s 时内外管外包裹物孔径比与应力的关系

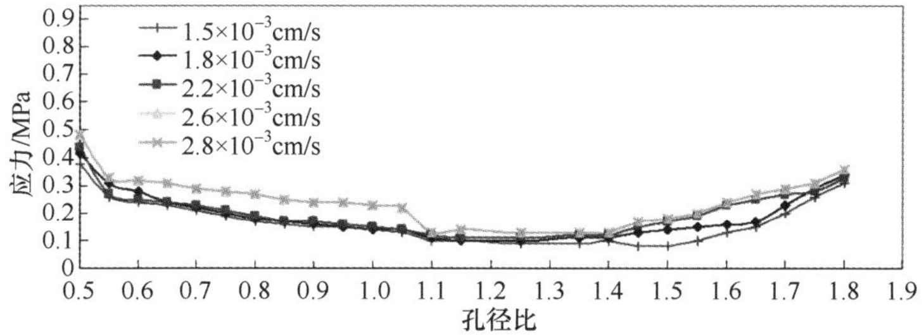

图 5.1.42　砂土渗透系数为(1.2～3)×10⁻³cm/s 时内外管外包裹物孔径比与应力的关系

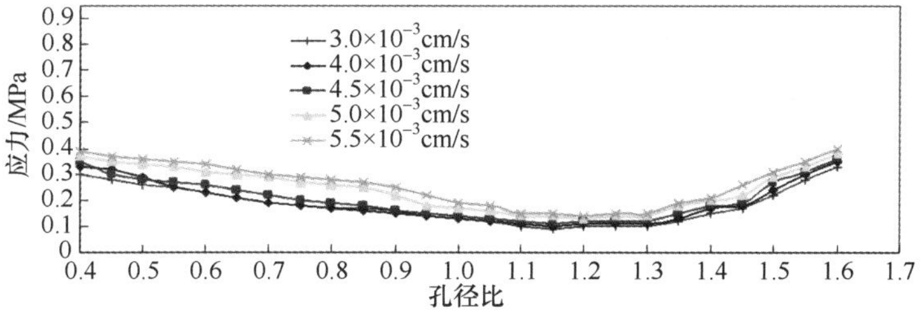

图 5.1.43　砂土渗透系数为(3～6)×10⁻³cm/s 时内外管外包裹物孔径比与应力的关系

5) 滤网孔径和土体渗透性的影响

根据上面计算分析的砂土渗透系数、内外管外包裹物孔径比与应力的关系(图 5.1.41～图 5.1.45 和表 5.1.5)可知，随着内外管外包裹物孔径比的增大，在不

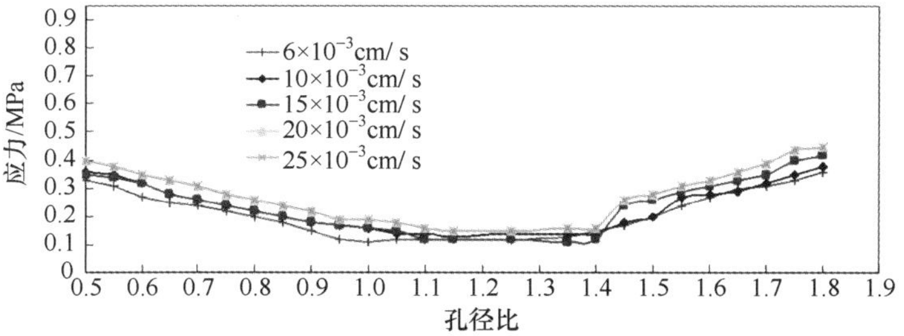

图 5.1.44　砂土渗透系数为(6～25)×10⁻³cm/s 时内外管外包裹物孔径比与应力的关系

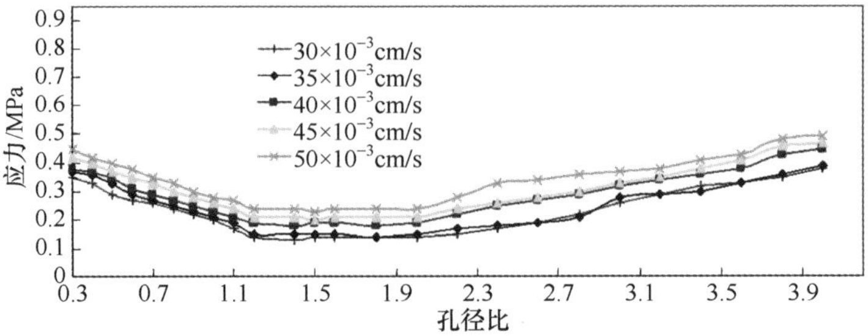

图 5.1.45　砂土渗透系数为(25～50)×10^{-3}cm/s 时内外管外包裹物孔径比与应力的关系

同的稳定水位条件下，排水孔四周应力数值首先成反比例减小，然后趋于收敛，最后成正比例变化。由此得出了最优的内外管外包裹物孔径比等设计参数。在上节计算分析的基础上，统计分析得出不同渗透类型土体与内外管外包裹物滤网孔径之间的关系，如表 5.1.6 所示。

表 5.1.5　不同渗透系数砂土内外管外包裹物孔径比设计推荐范围值

工况序号	砂土渗透系数范围/(cm/s)	最优孔径比	应力稳定值/MPa	水位变化值/m
1	(6～12)×10^{-4}	1.1～1.3	0.05	0.8～1.2
2	(1.2～3)×10^{-3}	1.1～1.4	0.12	0.8～1.2
3	(3～6)×10^{-3}	1.1～1.3	0.15	0.8～1.2
4	(6～25)×10^{-3}	1.1～1.4	0.17	0.8～1.2
5	(25～50)×10^{-3}	1.2～2.0	0.24	0.8～1.2

表 5.1.6　不同渗透类型土体与内外管外包裹物滤网孔径之间的关系推荐值

工况序号	砂土渗透系数范围/(cm/s)	外管外包滤网孔径/目	内管外包滤网孔径/目	应力稳定值/MPa
1	(6～12)×10^{-4}	50～60	65～70	0.04
2	(1.2～3)×10^{-3}	32～35	40～42	0.09
3	(3～6)×10^{-3}	42～45	48～50	0.13
4	(6～25)×10^{-3}	24～28	30～32	0.15
5	(25～50)×10^{-3}	6～7	8～10	0.20

注：①水位变化稳定值为 0.8～1.2m；
②滤网筛孔的网目数与孔径大小可以换算。

各工况下不同渗透系数土体的淤堵时间推荐值如表 5.1.7～表 5.1.12 所示。各工况下不同渗透系数土体应力随时间的变化曲线分别如图 5.1.46～图 5.1.50 所示。

表 5.1.7　不同滤网孔径条件下不同渗透类型土体的淤堵时间推荐值总表

工况序号	渗透系数范围/(cm/s)	最优外管外包滤网孔径/目	最优内管外包滤网孔径/目	应力稳定值范围/MPa	平均淤堵时间/年
1	$(6\sim12)\times10^{-4}$	50～60	65～70	0.01～0.02	3.00～3.25
2	$(1.2\sim3)\times10^{-3}$	32～35	40～42	0.02～0.04	4.25～4.50
3	$(3\sim6)\times10^{-3}$	42～45	48～50	0.04～0.05	4.50～4.75
4	$(6\sim25)\times10^{-3}$	24～28	30～32	0.04～0.05	4.50～4.75
5	$(25\sim50)\times10^{-3}$	6～7	8～10	0.05～0.06	5.00～5.25

注：① 水位变化稳定值为 0.8～1.2m；
② 滤网筛孔的网目数与孔径大小可以换算。

表 5.1.8　工况 1 下不同渗透系数土体的淤堵时间推荐值表

工况序号	渗透系数范围/(cm/s)	最优外管外包滤网孔径/目	最优内管外包滤网孔径/目	应力稳定值范围/MPa	平均淤堵时间/年
1	$(6\sim7)\times10^{-4}$	50～60	65～70	0.01～0.02	3.00～3.25
2	$(7\sim8)\times10^{-4}$	50～60	65～70	0.01	3.00～3.25
3	$(8\sim9)\times10^{-4}$	50～60	65～70	0.01	3.00～3.25
4	$(9\sim10)\times10^{-4}$	50～60	65～70	0.02	3.00～3.25
5	$(10\sim11)\times10^{-4}$	50～60	65～70	0.02	3.00～3.25
6	$(11\sim11.5)\times10^{-4}$	50～60	65～70	0.02	3.00～3.25
7	$(11.5\sim12)\times10^{-4}$	50～60	65～70	0.02	3.00～3.25

表 5.1.9　工况 2 下不同渗透系数土体的淤堵时间推荐值表

工况序号	渗透系数范围/(cm/s)	最优外管外包滤网孔径/目	最优内管外包滤网孔径/目	应力稳定值范围/MPa	平均淤堵时间/年
1	$(1.2\sim1.5)\times10^{-3}$	32～35	40～42	0.03～0.04	4.25～4.50
2	$(1.5\sim1.8)\times10^{-3}$	32～35	40～42	0.02～0.03	4.25～4.50
3	$(1.8\sim2.1)\times10^{-3}$	32～35	40～42	0.02	4.25～4.50
4	$(2.1\sim2.3)\times10^{-3}$	32～35	40～42	0.02	4.25～4.50
5	$(2.3\sim2.5)\times10^{-3}$	32～35	40～42	0.02	4.25～4.50
6	$(2.5\sim2.75)\times10^{-3}$	32～35	40～42	0.02	4.25～4.50
7	$(2.75\sim3)\times10^{-3}$	32～35	40～42	0.02	4.25～4.50

表 5.1.10 工况 3 下不同渗透系数土体的淤堵时间推荐值表

工况序号	渗透系数范围/(cm/s)	最优外管外包滤网孔径/目	最优内管外包滤网孔径/目	应力稳定值范围/MPa	平均淤堵时间/年
1	$(3\sim3.25)\times10^{-3}$	42～45	48～50	0.04	4.50～4.75
2	$(3.25\sim3.5)\times10^{-3}$	42～45	48～50	0.04～0.05	4.50～4.75
3	$(3.5\sim4)\times10^{-3}$	42～45	48～50	0.04	4.50～4.75
4	$(4\sim4.5)\times10^{-3}$	42～45	48～50	0.04	4.50～4.75
5	$(4.5\sim5)\times10^{-3}$	42～45	48～50	0.04	4.50～4.75
6	$(5\sim5.5)\times10^{-3}$	42～45	48～50	0.04～0.05	4.50～4.75
7	$(5.5\sim6)\times10^{-3}$	42～45	48～50	0.04～0.05	4.50～4.75

表 5.1.11 工况 4 下不同渗透系数土体的淤堵时间推荐值表

工况序号	渗透系数范围/(cm/s)	最优外管外包滤网孔径/目	最优内管外包滤网孔径/目	应力稳定值范围/MPa	平均淤堵时间/年
1	$(6\sim8)\times10^{-3}$	24～28	30～32	0.04～0.05	4.50～4.75
2	$(8\sim10)\times10^{-3}$	24～28	30～32	0.04～0.05	4.50～4.75
3	$(10\sim15)\times10^{-3}$	24～28	30～32	0.04～0.05	4.50～4.75
4	$(15\sim18)\times10^{-3}$	24～28	30～32	0.04～0.05	4.50～4.75
5	$(18\sim20)\times10^{-3}$	24～28	30～32	0.04～0.05	4.50～4.75
6	$(20\sim22)\times10^{-3}$	24～28	30～32	0.04～0.05	4.50～4.75
7	$(22\sim25)\times10^{-3}$	24～28	30～32	0.04～0.05	4.50～4.75

表 5.1.12 工况 5 下不同渗透系数土体的淤堵时间推荐值表

工况序号	渗透系数范围/(cm/s)	最优外管外包滤网孔径/目	最优内管外包滤网孔径/目	应力稳定值范围/MPa	平均淤堵时间/年
1	$(25\sim30)\times10^{-4}$	6～7	8～10	0.05	5.00～5.25
2	$(30\sim35)\times10^{-3}$	6～7	8～10	0.05	5.00～5.25
3	$(35\sim40)\times10^{-3}$	6～7	8～10	0.05	5.00～5.25
4	$(40\sim43)\times10^{-3}$	6～7	8～10	0.05～0.06	5.00～5.25
5	$(43\sim45)\times10^{-3}$	6～7	8～10	0.06	5.00～5.25
6	$(45\sim47)\times10^{-3}$	6～7	8～10	0.06	5.00～5.25
7	$(47\sim50)\times10^{-3}$	6～7	8～10	0.06	5.00～5.25

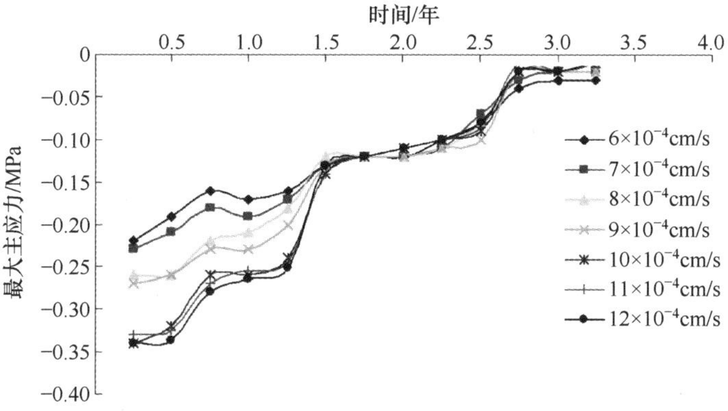

图 5.1.46　工况 1 下不同渗透系数土体应力随时间的变化曲线

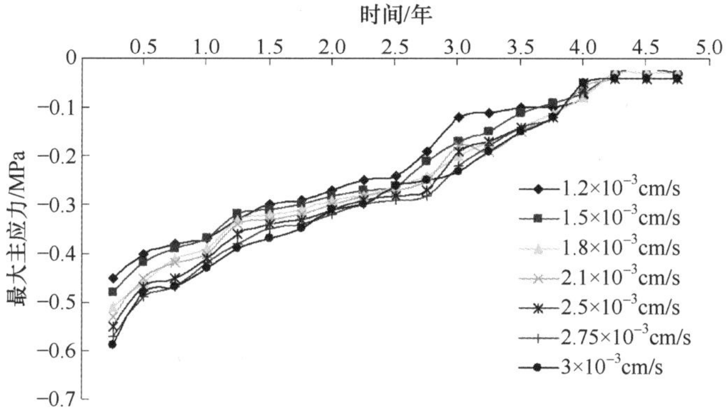

图 5.1.47　工况 2 下不同渗透系数土体应力随时间的变化曲线

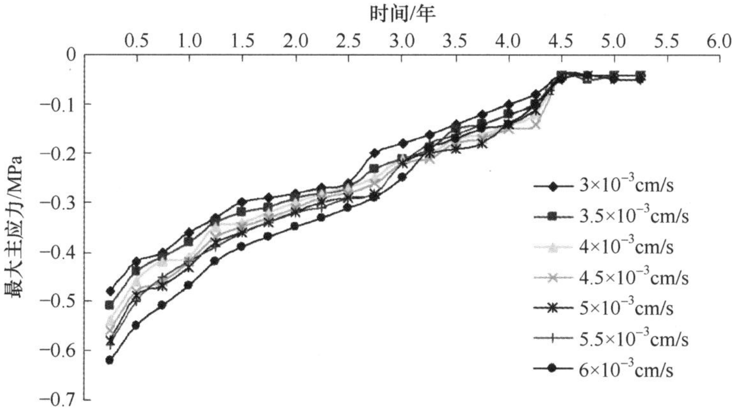

图 5.1.48　工况 3 下不同渗透系数土体应力随时间的变化曲线

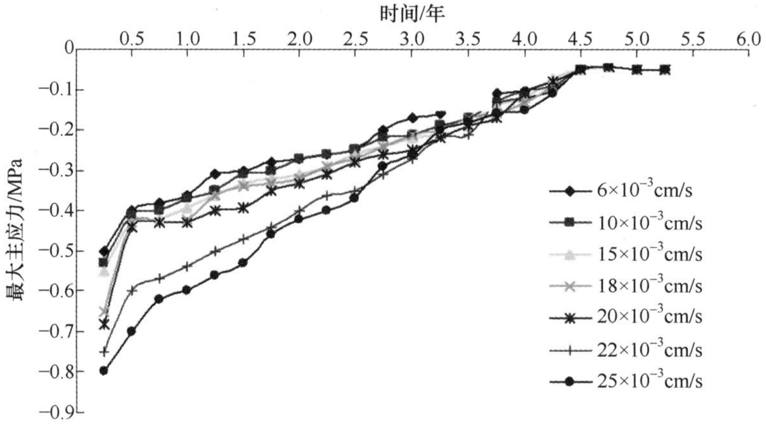

图 5.1.49 工况 4 下不同渗透系数土体应力随时间的变化曲线

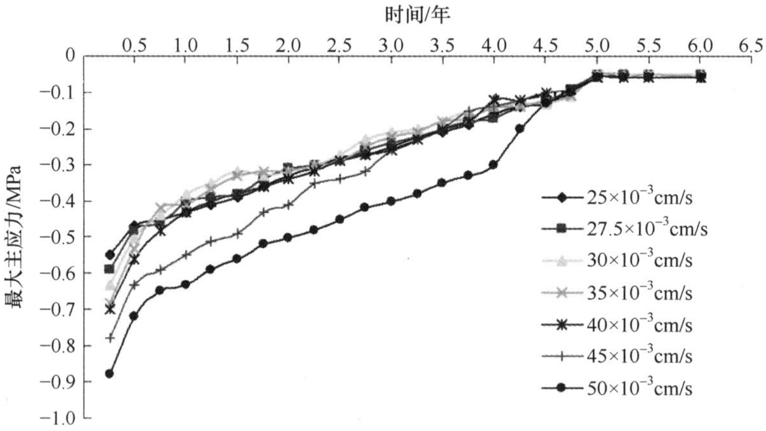

图 5.1.50 工况 5 下不同渗透系数土体应力随时间的变化曲线

5.2 挖方路基水害治理关键技术

5.2.1 边坡防护和排水措施适用性分析

路堑边坡是将地质体的一部分改造成人工工程，其稳定性在很大程度上取决于地质条件的优劣。边坡坡形坡率设计及排水和加固工程设计只有符合地质条件，才能保证长久稳定，否则就可能发生变形破坏。当边坡自身的稳定性和变形不能满足设计要求时，优先考虑采取改善地下水条件和改变坡形等措施提高坡体稳定性。坡率法主要适用于有放坡条件、地下水不发育、整体稳定性较高的边坡，截排水措施提高边坡稳定性的效果有限。当这些提高边坡稳定性的措施难以实施或实施这些措施后仍达不到设计安全标准时，必须结合边坡可能失稳范围、破坏方式、失稳后堆积形态等采取合理的支挡加固措施，并完善永久性截排水设施。

边坡防护的目的之一是减小降雨对边坡稳定性的不利影响和降低滑坡风险，其中坡面防护和边坡截排水措施是治理公路水害的一个重要手段。常见的坡面防护措施包括：①生态防护技术；②抹面与捶面；③浆砌片石骨架植草护坡；④灌浆与勾缝；⑤护面墙；⑥喷浆或喷射混凝土防护；⑦喷锚防护；⑧其他防护措施。

坡面防护体的主要功能为减缓路堑边坡侵蚀或风化程度，使路堑边坡不受雨水冲刷，并降低入渗、减小湿度及温差变化对边坡的影响，使路堑边坡维持稳定，但应用时仍存在不同程度的局限性。例如，截水型浆砌片石骨架能减轻坡面冲刷，保护草皮生长，避免人工种植草坪护坡和平铺草坪护坡的缺点，适用于边坡高度不大且坡度较缓的土质和强风化岩石边坡。但是，在雨季拱形骨架砌石结合植草防护易造成排水不畅而架空，拱内易形成冲沟。喷浆或喷射混凝土防护技术适用于岩性较差、强度较低、易风化或坚硬岩层风化破碎、节理发育、表层风化剥落的岩质边坡，但在高温多雨地区湿润多雨气候条件下，极易因浅层残坡积土层冲刷流失而产生脱空和塌陷。

降雨对边坡的影响主要为地表水及入渗水，地表水在边坡坡体流动的过程中，会不断冲刷侵蚀坡面，在边坡低凹处产生蓄水，一定程度上将增加边坡自重。此外，地表水在流动过程中，随着边坡坡体的孔隙、裂缝或层面向内部产生入渗，入渗水将导致边坡坡体抗剪能力降低，使下滑力增大，大大降低边坡的稳定性。因此，边坡排水设施是否正常工作对边坡工程的稳定性有不少影响。表 5.2.1 列出了常用的一些边坡排水措施。由于亚热带地区公路边坡所处自然环境十分恶劣，排水措施经常遇到堵塞、损坏和整体排水系统不完善等问题，从而缩短其服役寿命，使边坡水害的治理效果有所降低。

表 5.2.1　常见坡体排水措施适用条件

排水措施类型	适用条件
仰斜排水孔	对面状分布、鸡窝状承压地下水的效果好，对线状分布的地下水效果欠佳，一般使用寿命为 5～8 年，黏性土类使用寿命为 5 年
边坡渗沟	适用于浅层坡体水的排除
支撑盲沟	适用于一定深度变形的治理，主要适用于边坡浅表层岩土体疏松，以上层滞水补给为主
截排水隧洞+垂直钻孔(或仰斜钻孔)	适用于排除深层大量的地下水，主要适用于地下水补给丰富、(潜在)滑带埋藏较深、周围有合适排水口的地带
截水盲沟	适用于一定深度的地下水排除，主要适用于多层地下水补给，且滑带深度在 10m 以内的情况
集水井+水平仰斜孔	适用于地下水较集中、埋深较大或具有多层地下水需要排除的情况
虹吸排水	适用于滑带位于浅层地下水集中发育地带

5.2.2　多种措施相结合的边坡水害治理技术

水对坡体的长期稳定性起着极为重要的作用。边坡水害防治的关键是如何处理水的问题，只有对水进行成功的治理，才能保证滑坡的长治久安，才能有效减小边坡水害。针对边坡的特性，可结合多种治理技术以达到防治目的。

1. 富含孔隙水的沉积地层边坡——浅层防护治理与地表排水相结合

1) 地表排水系统

边坡水害治理最基本的是要做好地表排水，边坡排水设计应根据当地降水强度和地形地貌的实际情况，因地制宜，对边坡排水系统进行整体规划、综合设计，确保具有较强的汇水、导水、排水功能。综合排水可按照拦截、分散、防冲、防渗的原则设计，尽可能地减小边坡水问题。

在边坡排水综合设计中，地表水的排除可利用坡顶截水沟排出坡顶上方的径流，利用平台截水沟排出坡面来流，利用急流槽和排水沟将截水沟与坡脚边沟、跌水等排水措施结合起来，将流向路基的路面水和边坡表面水分段截流，引入自然沟谷、荒地、取土坑或低洼处，排出路基。自然沟谷及沟渠与涵洞等排水设施，既紧密配合，又各自分工，充分发挥其作用，使排水顺畅，避免对边坡的冲刷，又不致形成淤积而危害路基[50]。

边坡排水中，为了减少坡面水土流失，提高坡体稳定性，使开挖的坡面与自然环境更好地融合，要采取边坡防护与绿化的形式配合边坡排水沟渠，使其形成一个完整的坡面生态防排水系统。

图 5.2.1 为边坡综合排水设计示意图。可以看出，一个完整的坡面排水系统，应该是坡顶截水沟、坡面(平台)截水沟及急流槽的合理设置和衔接，并将水排向

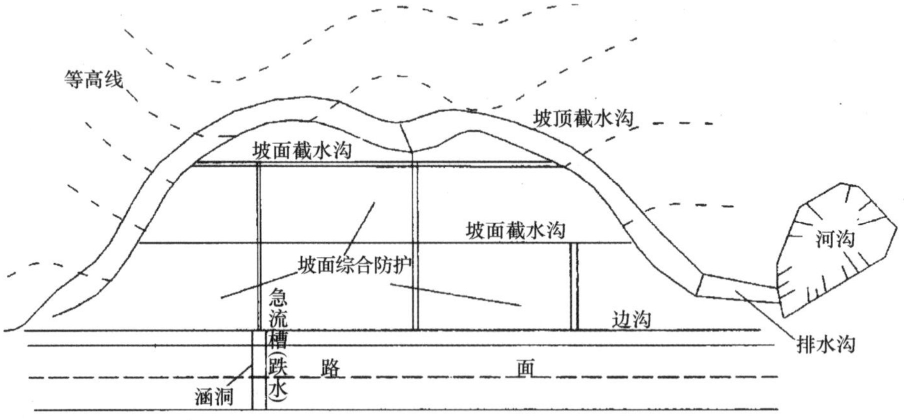

图 5.2.1　边坡综合排水设计示意图

周围的河沟中，同时在排水沟能力有限的情况下，在急流槽处设置跌水或消力池、井，使坡面水流从涵洞中排出路基以外。例如，在两个相邻小桥涵之间的一个挖方边坡，其防排水系统由坡顶截水沟、坡面(平台)截水沟、坡面急流槽、坡面防护层、坡体地下排水沟管、挡墙墙背排水、边沟等构成。其中，坡顶截水沟是边坡水灾害的第一道防线，它将流向坡面的坡顶汇流拦截并排向边坡两侧的自然溪沟中；坡面产流由坡面平台截水沟拦截并由急流槽排向坡脚边坡、排水沟，或直接送入涵洞；边坡排水设施之间的相互衔接比较重要。边坡排水系统的下游是边沟、排水沟、自然斜坡或小桥涵。挖方边坡排水一般通过急流槽排入边沟，与边沟的衔接方式有直接交汇、跌水井、跌坎三种。

边沟、截水沟、涵洞的相互衔接排水是山区公路边坡排水中常见的一种方式。在挖方路段边坡坡口外设置截水沟，坡脚设置边沟，将边沟和截水沟的水通过涵洞引排至天然沟道。

2) 浅表层防护治理

做好地表排水系统，可快速疏排坡面径流，但还须做好坡面防护，才能更有效地防止雨水入渗和冲刷。

坡面防护层起到防止风化、径流冲刷或降雨大量入渗的作用，是坡面排水的重要补充。设计时根据不同的地层岩性特点和气象特点采取适宜的防护措施，既要行之有效，又要防止过度防护，造成工程浪费。坡面防护手段有植物防护、圬工防护等。植物防护是在坡面上铺草皮、栽种树木等，依靠植物根系，起到固土、防止水土流失的一种防护措施，应以“四季常绿，三季有花，节约成本”为原则，以控制水土流失、美化环境为目标。这种防护措施一般适用于边坡不高、坡角不大、土质较好，且有适宜植物生长环境的稳定边坡。植物防护最大的优点是保护和美化环境，存在的问题是抗冲刷能力比圬工防护低，对一些土质不良地段仅采用植物防护可能较难达到防止冲刷的目的。坡面圬工防护的措施有用三合土、灰浆等抹面，喷混凝土、喷浆、挂网喷浆护坡、锚杆喷浆护坡、浆砌片石护墙等。该措施能有效避免开挖边坡坡面的岩石风化剥落及落石掉块等现象。这类防护抗冲刷能力强，但造价高、美观性较差且对环境有污染，所以一般能不用就不用，对某些土质不良地段必须采用时，同样要注意整体的美观(造型)及与周围环境的协调[51]。

2. 富含构造水和特殊岩性的边坡——深层加固支挡措施与坡体排水措施相结合

1) 滑坡深层加固中的排水措施

滑坡的产生与水有着极为密切的关系，民间有“十滑九水”的说法，可见水对滑坡影响之大[52]。对滑坡而言，滑体结构的变化是比较缓慢的，而水文地质的变化是相对比较迅速的。滑体由于暴雨等作用造成渗流场发生变化时，必然导致滑体应力场的变化。当坡体应力场无法协调渗流场的变化而导致滑体平衡被打破时，最终导致滑坡的发生。因此，在滑坡防治中，重视地下水及地下水的疏排，对保证滑坡的长期稳定性具有重要作用。

在滑坡的诱发因素中，水往往扮演着极为重要的角色。因此，在滑坡抢险工程治理方案的确定过程中，及时有效地疏排地表水及地下水，减小水对坡体的水压力作用，对提高坡体的稳定系数，为综合治理工程赢取合理的施工周期等具有重要作用。

当坡体由膨胀土或以灰岩、花岗岩、泥岩等为母岩风化形成的黏粒含量较高的高液限土体组成时，由于坡体存在明显的大气影响带，坡体浅层宜受降雨或坡后部汇水影响而发生浅层滑动。因此，疏排坡体中的浅层地下水，提高坡体的自身稳定性，是治理该类浅层滑坡的关键。对于这类地层，由于地层中黏粒含量较高，颗粒持水能力较强，采用仰斜排水孔排水来疏排坡体地下水的排水效果较差，且往往宜造成排水斜孔的堵塞而失效。因此，设计中常采用边坡渗沟或支撑渗沟对坡体进行防护。利用边坡渗沟或支撑渗沟的排水效果及支撑抗滑效果来对滑坡进行治理，渗沟的沟底一般位于边坡滑动面下方不小于 50cm，使圬工沟底破坏原有滑面，并利用圬工的抗剪性提高滑体的稳定性，通过渗沟的疏排水功能，疏排渗透半径内的坡体地下水，进而提高坡体自身的稳定性。

对于一些富水的大型复杂滑坡，其综合治理方案中往往首先要对水进行治理。这是因为水对坡体的长期稳定性及工程支挡力度的设置起着极为重要的作用。只有对水进行成功的治理，才能保证滑坡的长治久安，才能有效减小工程支挡的力度，达到事半功倍的效果。但在现实工程中，岩土设计人员往往比较重视工程支挡，而轻视滑坡中水的疏排治理，造成工程治理中支挡工程规模过大，且坡体在水的物理、化学长期作用下，滑体的长期稳定性难以保障。因此，在滑坡治理中，工程人员应首先想到坡体地表水的截排及地下水的疏排，这样不但减小了水压力对坡体的作用，而且有效地减小了支挡工程的规模，尽可能提高滑坡在工程使用年限内的稳定度，加大了滑坡成功治理的可靠度。

广东某高速公路 A K21+060～K21+460 段滑坡(图 5.2.2)，位于珠海市北部，区内年均降水量为 1700～2231mm。地表植被茂密，自然坡度为 10°～25°。坡体主要由全-中风化山角砾岩构成。坡体中发育有倾向路基的不利结构面，产状为 102°～120°∠17°～22°，与线路近正交。坡体后部自然坡面汇水面积约为 20 万 m^2，坡体后部零星分布很浅的小冲沟，即坡面径流并不发育，降雨时大量雨水易形成漫流而渗入坡体形成地下水。加之人工边坡的开挖改变了自然坡体的地表水流向及地下水的渗流方向，使人工边坡成为地表水及地下水的优势排泄面。这就造成了边坡在施工期间多次发生严重的滑塌。坡体变形后，边坡虽经多次刷方、放缓坡率，设置宽大平台，但由于没有从根本上解决滑区水的作用问题，坡体的变形逐渐向深层转移。直至 2008 年 6 月 25 日，由于台风作用造成区内最大降水量达 447mm/d 以上，大量的地表水渗入坡体，坡面出现多处直径为 8m 的潜蚀大坑，地下水相当混浊，以涌泉的形式流出(图 5.2.3)，坡体发生了大规模的滑坡变形，滑坡总体积约为 90 万 m^3。

图 5.2.2　K21+060～K21+460 段滑坡全貌

图 5.2.3　坡体中出现涌泉

滑坡发生后，勘察设计单位根据坡体地质环境，提出了“治坡先治水”的设计理念，即仅在滑坡体后缘设置抗裂性能较好的变截面 U 型钢筋混凝土截水沟，截断坡后地表来水；在人工开挖边坡面上大量出水的地段设置临时仰斜排水孔，疏排坡体地下水，降低坡体的变形速率，为综合治理工程的实施赢得时间。综合治理工程设计中，在滑坡后缘及侧面设置 8 孔直径为 4.0m 的集水井，井间距约为 50m，井底深入中风化层或深层潜在滑动面以下不小于 2.5m。为了加大集水井疏排地下水的范围及能力，在井壁设置了 2～3 层放射状集水斜孔以截排地下水，并疏排滑体中的地下水，孔长 18～45m[53]。集水井之间采用定向钻孔形成的井间导流管连通，将收集的地下水最终从边坡坡脚导出，并在滑坡下滑力计算时扣除了由于疏排地下水而减小的水压力，从而相应地减小了滑坡支挡工程的规模。

工程在 2008 年 12 月治理完成后，集水井截排水效果良好。根据 2009 年 12 月旱季时在现场的测算，集水井每天排水近 850t。尤其是在雨季时，距离近百米就能听见集水孔汇水落入井底的水流撞击声。该滑坡地下水的有效疏排，极大地减小了滑体中水压力作用及对坡体的潜蚀作用，为滑坡的长期稳定打下了坚实的基础。工程治理至今，经历了多次大暴雨的洗礼，坡体稳定性依旧良好。

2) 加固设计中的排水措施

滑坡加固处治设计应考虑水的因素，并且在以治水为主、其他防治措施为辅的防治策略中应加强边坡排水系统，而系统的治水工程包括排除地表水、排除地下水、综合立体排水和截断地下水四个方面。

排除地表水的目的是让地表水不能在滑坡体上驻留，特别是不能在滑坡后缘产生蓄水。地表排水以拦截和旁引为原则，用截水沟将地表水引入天然沟谷。排除地表水工程可分为防渗工程和水沟工程。其中，水沟工程包括集水沟和排水沟。地表排水以其技术上简单易行且加固效果好、工程造价低而应用极广，几乎所有滑坡整治工程都包括地表排水工程。

排除地下水工程要比排除地表水工程复杂，排水工程中的地下排水由于能大大降低孔隙水压力，增加有效正应力从而提高抗滑力，加固效果极佳，工程造价较低，所以其应用也很广泛[54]。尤其是大型滑坡的整治，深部大规模的排水往往是首选的整治措施。排除地下水工程分为排除浅层地下水和排除深层地下水两类。其中，排除浅层地下水工程包括暗沟、明暗沟和水平钻孔排水。排除深层地下水工程包括长平钻孔、集水井和泄水隧洞。近年来，在排除地下水方面的技术研究有很大的进展，主要的排水措施有平孔排水、真空排水、虹吸排水、电渗析排水。

当需要同时排除很多含水层的地下水时，可以打许多垂直排水钻孔，钻孔穿透各层直到最深处的含水层，把各层的地下水汇集到最深处的含水层，再用水平钻孔或排水隧洞等诱导排除到地表。垂直排水钻孔与深部水平排水廊道(隧洞)相结合的排水体系目前已经得到较广泛的应用[55]。

当地下水从其他区域沿着明显的含水层大量流入滑坡区时，应在滑坡区外设置地下截水墙将地下水在流入滑坡区前予以截断，并用水平钻孔诱导排除到地表。

3. 富含裂隙水的岩质边坡及岩土混合边坡——地表排水措施与坡体排水措施相结合

南方多雨地区降水量充沛，公路沿线边坡地下水补给以降雨入渗为主，地表降水是地下水的主要来源。因此，首先要在地表尽可能多地截排雨水，当边坡岩土体渗透性良好时，必须要增加深层排水设施疏干地下水。对于渗透性良好的边坡，地表截流与深层排水相结合才能达到良好的排水效果。

边坡排水设施之间的相互衔接比较重要。边坡排水系统的下游是边沟、排水沟、自然斜坡或小桥涵。挖方边坡排水一般通过急流槽排入边沟，与边沟的衔接方式有直接交汇、跌水井、跌坎三种。边沟、截水沟、涵洞的相互衔接排水是山区公路边坡排水中常见的一种方式。在挖方路段边坡坡口外设置截水沟，坡脚设置边沟，将边沟和截水沟的水通过涵洞引排至天然沟道。在坡积、洪积物堆积严重的路段，若地下水丰富，则需设置渗沟、盲沟排除地下水，以确保边坡稳定。

地下水是由降水补充而得到的水源，地下水位的高度和富贫与降水强度、地质条件、节理、裂缝、构造、隔水层密切相关，综合考虑上述因素后，还应结合公路等级和工程的重要性等设置必要和完善的地下排水系统[56]。地下排水工程的主要作用是截断补给滑带的上游水源，减少地下水对坡体稳定性的影响。地下排水工程常用的措施有截水隧洞和截水盲沟、仰斜(水平)排水孔群排水和井-孔联合排水、渗沟和盲沟、井群抽水和垂直孔群排水、虹吸排水等。

1) 截水隧洞和截水盲沟

截水隧洞的轴线方向应近似垂直地下水流的方向，位置一般布设在滑坡体以外或滑坡的中上部。为了施工的安全和方便，常将隧洞的洞顶放在滑动面以下 2～3m 的稳定地层中。截水采用两种方式：一种是从洞内向上和两侧打 10～20m 的仰斜排水孔，穿过滑动带将地下水引入截水洞中排出坡体；二是从地面沿洞的轴线打垂直的钻孔群形成截水帷幕，将多层地下水引入洞中。

截水盲沟的沟底应设置在滑动面以下的隔水地层中，轴线方向垂直于地下水流方向，为使其不漏水应采用浆砌，沟壁靠滑坡体一侧为浆砌片石截水墙，迎水方向设反滤层和土工布。截水盲沟的优点是能较彻底地截断补给滑坡的多层地下水，排水效果好，缺点是在含水的地层中开挖容易坍塌，需要加强支护，施工较困难。

长的隧洞和盲沟沿洞身轴线每隔 30～50m 应设置检查井。检查井有四个方面的作用：一是进一步勘探确定沟或洞的排水纵坡；二是施工隧洞时可以起到通风和进料的作用；三是起渗井和沉淀的作用；四是当沟、洞分岔或转弯时起连接作用。为使截水洞或者盲沟起到良好的排水效果，必须有详细的水文地质资料，如地下水的分布位置、水位、水流量、流向、补给来源、渗透系数等。

2) 仰斜排水孔群排水和井-孔联合排水

路堑开挖后，可能有地下水从边坡上渗出，为疏干边坡内的蓄存水，保证边坡的稳定性，需设置仰斜排水孔群。仰斜排水孔群的长度及间距应根据孔在地下水的位置和地下水量的大小设计。

仰斜排水孔群排水是在地下水比较发育的滑坡上部或前缘打若干向上仰斜 5°～10°的钻孔将地下水排出，以达到降低滑坡地下水位的目的。仰斜排水孔可以作为当滑坡移动速度较快有可能剧滑时的应急排水工程，常可迅速降低地下水位，减缓滑坡滑动的速度。

井-孔联合排水就是把集水井和仰斜排水孔结合起来，可以排除多层或者埋深较大的地下水。具体做法是在滑体上打若干个竖井，在井中打放射状排水孔，各竖井用钻孔串联起来把水排出滑体。

3) 渗沟和盲沟

为疏干路堑边坡出露的上层滞水或泉水，增强其坡体的稳定性，可采用边坡渗沟，基础采用浆砌片石，沟内回填透水性材料，下部出水口宜采用泄水孔或透水性较强的土工材料与坡脚纵向盲沟相接，所采用的透水性材料有碎石、砂石等，一般设在护面墙或挡土墙背后，称为边坡排水层，出水口接于路堑盲沟内。

4) 井群抽水和垂直孔群排水

井群抽水是在滑坡的中上部地下水分布集中的地带布设若干个抽水井，井底应设在滑面以下的稳定地层中，由井群集水并用水泵抽出地面用明沟排走降低地下水位。由于管理上的麻烦，且井深时造价较高，一般在大型滑坡中很少应用。垂直钻孔群排水原理与井群排水一样，不同点在于垂直钻孔群采用机械钻孔。由于垂直钻孔群孔径较小，数量多，其应用不广泛。

5) 虹吸排水

虹吸排水的工作原理是利用虹吸管进水口和出水口的大气压差将浅层地下水自流排出滑体，以达到降低坡体水位的目的。

当然，一个完整的公路排水系统，不是依靠边坡排水系统就可以完成其功能的，要使公路避免和减轻水灾害的影响，还应该设置完善的公路防排水系统，而边坡排水系统仅是其中一部分，设计人员应该根据当地降水强度和地形地貌等实际情况进行综合设计，确保排水系统具有较强的汇水、导水、排水功能。对于降水量大和地下水位高的地区的高速公路，除设置完善的地表排水系统外，还应加强坡体内部排水系统和软弱层加固支挡措施，并与外界桥涵及自然排水系统顺利衔接，形成完整的防排水系统，保证边坡的安全与稳定。

5.3 挖方路基水害治理工程及效果评价

本节以三处路堑边坡病害处治和加固为例，介绍高温多雨地区公路水害治理技术的应用成果。

5.3.1 广东某高速公路 B 西段 K101 边坡处治工程

该滑坡于 1998 年进行了综合整治，堑坡刷方为三级坡，坡率为 1：1.15～1：2.5，每级高 10～14m，留一平台，宽 3～5m，平台均采用 M7.5 水泥砂浆片石砌筑，厚 0.3m。具体防护措施如下：堑坡西滑坡段，路基挡墙至一级坡脚排水沟之间喷播植草，该截水沟至堑顶之间采用装砌片石护坡处理；堑坡东滑坡段，一级坡脚排水沟至堑顶之间采用支撑渗沟及浆砌片石拱形截水骨架植草皮护坡。

滑坡段线路主要采用抗滑桩明洞为主体的结构工程，长 210m，抗滑桩与明洞两侧边墙及中隔墙合建为一体，洞顶部回填反压土石和左、右桩背支撑盲沟。填土后洞顶高程为 37～38m。

1. 边坡概况

1) 地形地貌

K101 边坡所在工点线路行进于低山丘陵地带，属构造剥蚀地貌类型，如图 5.3.1 所示。边坡处于圆墩河右岸反 S 形山体的前部，后部山体的总体走向为近东西向，由南向北斜坡体呈半圆状，坡面发育有一条走向近南北的冲沟，将山坡分成东西两个地貌单元。坡脚前为鹅埠河与圆墩河交汇的山间盆地，发育有三至四级阶地。中部冲沟及东面坡面有泉水出露，东侧斜坡浅层坍滑不良地质现象较发育，东部山坡二至四级阶地及西面山坡二级阶地以下坡体具错落滑坡地貌特征。地表植被发育，以杂草灌木为主。

图 5.3.1　广东某高速公路 B 西段 K101 边坡整体照片

线路从二至三级阶地间斜坡通过，切挖滑坡的中前部，右侧形成高约 40m 的堑坡。

该边坡具老滑坡的微地貌特征，虽因多次刷方，老滑坡的中下部原地貌已被破坏，但从地形地貌特征上看，路线南侧滑坡上所反映的老滑坡范围较为清晰。其东为圆墩河(河道流向为 SE2°～30°)，北侧坡脚与近东西向的鹅埠河及山谷平地接壤。老滑坡上具有明显的两级缓坡平台：从北向南看，下级平台在刷坡线顶至坡上排水沟以南 20 号与 22 号(老)钻孔一线，上级平台在 23 号与 25 号(老)钻孔以南。据测算，老滑坡的总体积为 500 万～550 万 m^3。

2) 地层岩性

根据区域地质和勘探资料，组成边坡的地层主要有第四系崩坡(洪)积块石土、崩坡积含砾粉质黏土、残积粉质黏土、侏罗系泥岩细砂岩、燕山期中粗粒花岗(混合)岩。其中，崩坡积块石土呈灰黄色、橘黄色、褐黄等，块石块径悬殊，分布不均，块石呈圆棱状或尖棱状，松散～密实，土质潮湿，呈可塑～软塑状，可见 1～3 层，一般层厚 3～12m，主要分布于中间冲沟以东斜坡体；崩坡积含砾粉质黏土分布于崩坡积块石土层间，浅红色、橘红色，含 20%～30%的圆棱状砂岩碎砾，土体密实，潮湿，呈可塑～软塑状，层厚 0.8～15m，该层为边坡的第一隔水层，沿该层顶面形成滑带；残积粉质黏土呈浅肉红、灰白色，由混合花岗岩风化残积而成，岩石已风化破碎呈土状，受下覆基底花岗岩产状的控制，该层厚度及分布变化较大，是坡体的第二隔水层及含水层；燕山期中粗粒花岗(混合)岩强风化带灰白、紫红、褐黑色，中粗粒结构，块状构造，矿物成分大部分变异，风化严重，岩石已风化呈土状，裂隙发育，岩体破碎，层厚随岩体的构造、岩性及地下水分布特征的变化而变化较大；燕山期中粗粒花岗(混合)岩微～中风化带浅灰、肉红、灰黄色，中粗粒结构，块状构造，裂隙发育，岩体破碎，石英脉及构造裂隙破碎带发育，岩石质硬性脆，中风化带中裂隙面上有铁染。此外，侏罗系火山碎屑砂泥岩在后部山体、东侧圆墩基座阶地及其以东山坡出露。

3) 地质构造

从野外地质力学调查及构造面配套分析中得知：①由于滑坡区及其周围的山体多呈反 S 形，该处山体成山期最先受逆时针力偶作用生成，即早期构造从组成当地坡体的侏罗系火山碎屑砂岩的产状 NE60°的压扭性构造面及 NW30°的张扭性构造面也可为证；②滑坡区内有多期花岗岩岩体呈近东西向分布，在混合花岗岩中发育有近东西向的压扭性结构面(后期受张性改造)及近南北向的张扭性构造面，反映二期构造线为东西向；③混合花岗岩岩体中存在非连续的 NE20°～30°的风化硬核体及 NW50°～60°的张扭性结构面，在后期侵入的花岗岩岩体中存在走向为 NW70°～80°向北倾 60°～65°的石英脉，可知晚期构造线近南北向。

在滑坡区内，存在后期构造应力作用生成的次级正断层，分别位于山庙山顶以北陡缓坡分界地带及滑坡上最后一道截水天沟附近，并为老滑坡体的后缘。两者产状均为 NW70°～80°/N55°～70°。由于堑坡持续坍塌，并逐渐向后发展与牵引，终于使老滑坡局部复活，断层则成为新滑坡发展的后界。

4) 水文地质

K101 滑坡区沿线属热带湿润季风气候，降水丰富，年降水量高达 3000～3500mm，最大日降水量 266mm，受台风影响，暴雨多，且多集中于 6～9 月。滑坡体位于近东西向山前断裂构造带内，岩石破碎，节理裂隙和构造结构面断裂破碎带发育，地下水丰富。主要为上层滞水、基岩裂隙水和构造断层水，旱季水位相对稳定，主要赋存于第四系崩坡积碎块石土层、燕山期花岗(混合)岩全～强风化带和近东西向构造破碎带中。

山坡汇水面积较大，受大气降水影响强烈，且有后部山庙山前坡体地下水、基岩裂隙水和断层水的补给，此类水是造成滑坡产生滑动的主要因素。丰富的地下水对滑坡体的稳定是非常不利的。其一，岩土体饱水，坡体自重加大；其二，滑带土长期受浸泡，其抗剪强度会逐渐衰减；其三，地下水变化所产生的静动水压对滑体的稳定也会产生一定的影响。

2. 病害处置措施

K101 边坡为一古老滑坡体。该边坡于通车后不久，即 1997 年 8 月出现第一次滑移迹象，1998 年对该滑坡采用以抗滑桩明洞为主体的结构工程并结合坡面仰斜排水措施进行治理，加固工程竣工后十余年，该边坡基本稳定。直到 2008 年 7 月，该边坡再次出现滑移迹象，2009 年采用应急排水孔工程进行治理(主要是增设仰斜排水孔)，应急排水孔工程在降雨期间的排水效果良好。2011～2012 年对该滑坡采用排水隧洞工程进行治理，如图 5.3.2 所示。

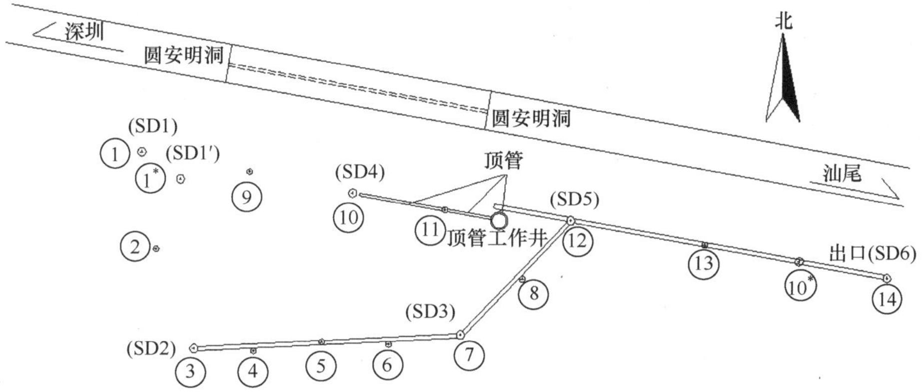

图 5.3.2　K101 边坡排水隧洞分布示意图

①-1 号 B 型检查井(SD1)，①*-(新)1 号 B 型检查井(SD1′)，②-2 号 C 型检查井，③-3 号 B 型检查井(SD2)，④-4 号 C 型检查井，⑤-5 号 B 型检查井，⑥-6 号 C 型检查井，⑦-7 号 B 型检查井(SD3)，⑧-8 号 C 型检查井，⑨-9 号 C 型检查井，⑩-10 号 B 型检查井(SD4)，⑩*-(新)10 号 A 型检查井，⑪-11 号 C 型检查井，⑫-12 号 A 型检查井(SD5)，⑬-13 号 B 型检查井，⑭-出口(SD6)

3. 处治效果分析

1) 排水隧洞检查情况

排水隧洞作为边坡永久性排水设施，是根治滑坡的重要工程。2015 年对该隧洞的排水效果进行了验收检测。

(1) 隧洞排水功能检查。现场检查结果显示，SD1～SD2、SD2～SD3、SD3～SD5、SD4～SD5、SD5～SD6 等各区段整体排水通畅，无明显积水。具体各区段关键排水口排水情况如图 5.3.3 所示。

(2) 顶管段排水效果检查。对于顶管工作井～11 号 C 型检查井～10 号 B 型检查井(SD4)段，经检查，顶管排水孔排水通畅，第 42～43 管节间缝隙也有水排出，

(a) SD6~检查井13

(b) 检查井13~SD5

(c) SD5~顶管工作井

(d) SD5~SD3

(e) SD3~检查井5

(f) 检查井6~检查井5

(g) 检查井5~检查井4

(h) 检查井4~SD2

图 5.3.3　各区段关键排水口排水情况检测结果照片

如图 5.3.4～图 5.3.6 所示。顶管段排水效果较好[备注：10 号 B 型检查井附近为第 1 管节，顶管工作井口(顶管出口)处为第 44 管节]。

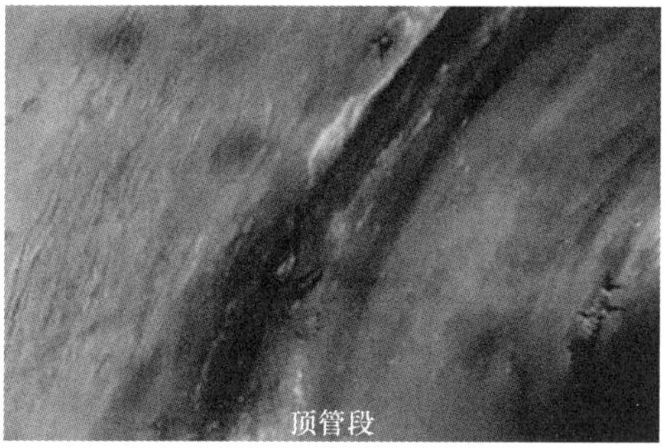

图 5.3.4　管节间排水孔渗流水(第 42～43 节)

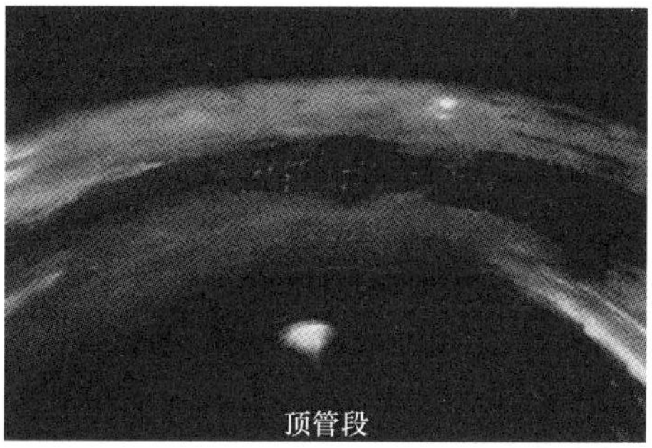

图 5.3.5　管内排水孔排水通畅

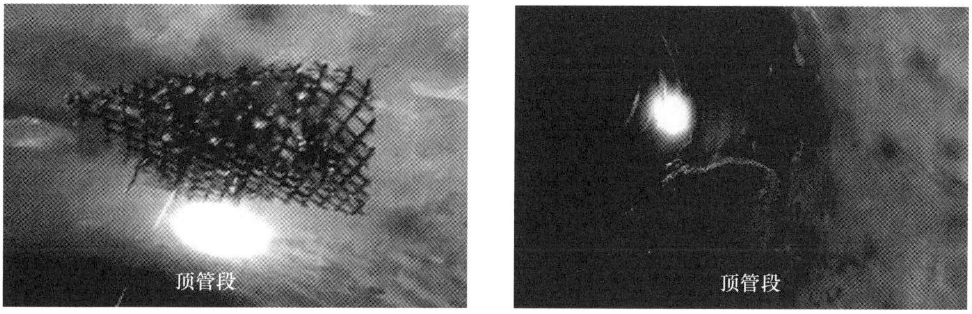

图 5.3.6　管内泄水孔排水通畅，水流如注

通过对排水隧洞周围不连通新 1 号、9 号、10 号检查井(检查井孔口均在一级边坡平台上，孔口高程基本一致)地下水位进行检测比对，圆安明洞附近地下水位下降明显，说明排水隧洞排水效果明显，具体检测结果参见表 5.3.1。

表 5.3.1　检查井排水情况检测结果

检查井编号	孔口/孔底地面高程/m	井深/m	距离井口水位/m	地下水位高程/m	水深/m	备注
新 1 号	32.11/18.71	13.4	3.73	28.38	9.67	—
9 号	33.84/11.34	22.5	9.88	23.92	12.62	—
10 号	36.64/8.14	28.5	22.87	13.77	5.63	—
2 号	45.26/21.26	24.0	15.27	29.99	8.73	—
3 号	70.26/32.56	46.2	28.57	41.59	0.1	地表塌陷，检查井下部堵塞

由表 5.3.1 可知，SD1～SD2 断面(SD1～2 号检查井～3 号检查井)实测水位深度接近各检查井水位深度设计最低水位线；SD1′～SD4 断面(新 1 号检查井～9 号

检查井～10 号检查井)靠近 10 号检查井 60m 范围内测试水位线低于滑带线，其中 10 号检查井处水位深度低于相应位置处滑带线 8m，且 9 号检查井水位(23.92m)和 10 号检查井水位(13.77m)均低于路面中心高程(26.43m)，10 号检查井实测水位低于设计最低水位，9 号检查井实测水位接近设计最低水位。此外，新 1 号检查井(相对独立)实测水位(28.38m)也低于设计最低水位(29.68m)1.3m。因此，各检查井和排水隧洞设置后，地下水位满足设计要求，排水隧洞排水效果良好。

SD1～SD2 和 SD1～SD4 断面检查井实测水位线剖面布置图分别如图 5.3.7 和图 5.3.8 所示。

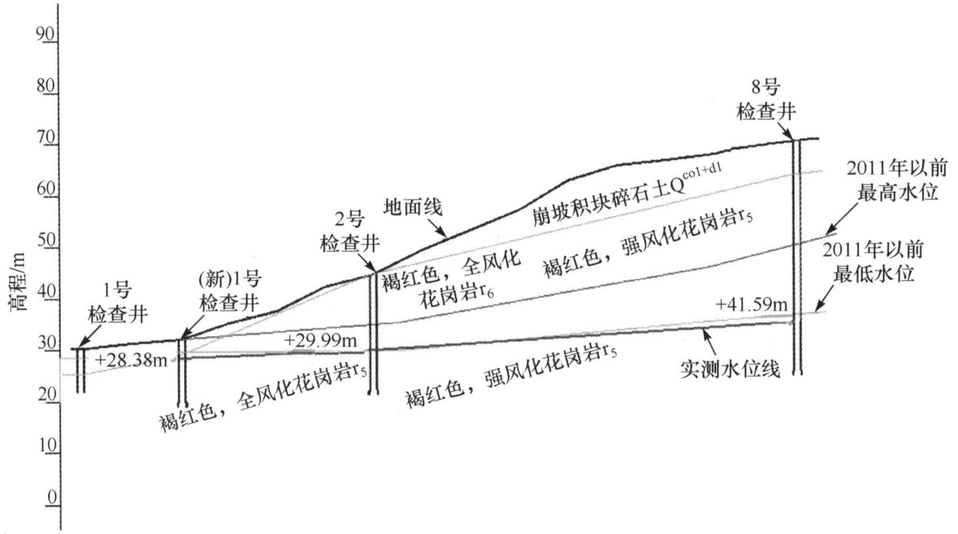

图 5.3.7　SD1～SD2 断面检查井实测水位线剖面布置图(比例 1：800)

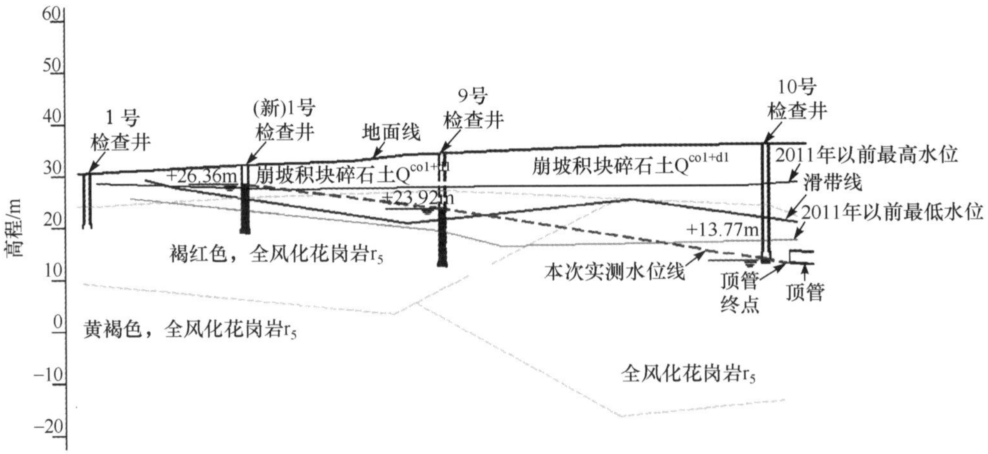

图 5.3.8　SD1′～SD4 断面检查井实测水位线剖面布置图(比例 1：800)

现场检查照片如图 5.3.9～图 5.3.11 所示。

图 5.3.9　徕卡激光测距

图 5.3.10　3 号检查井现场检查照片

图 5.3.11　9 号检查井现场检查照片

2) 边坡工后监测情况

如图 5.3.12 所示，主滑动面深层位移从 2012 年 3 月到 2016 年 11 月 5 年，局部位移有所增大，2016 年位移速率为 0.005～0.034mm/d(图 5.3.13，ZK3-1 未采集到监测数据)。排水隧洞完工后，边坡处于基本稳定状态。

3) 处治效果评价

K101 边坡有断层发育，地层岩性破碎，裂隙发育，坡体富含地下水，于 1997

年初次滑移后，采用以抗滑桩明洞为主体的结构工程并结合坡面仰斜排水措施进行治理，初期治理效果较好，但后期由于排水孔逐渐淤堵，边坡于 2008 年再次发生变形，2012 年设置截水盲洞。综合分析认为，由于 K101 边坡永久排水处治工程排水隧洞大量截排了雨季期间的地表下渗水及后部断层补给水，提高了中后部滑坡体的稳定性。通过检查截水导洞排水情况及对边坡进行深层位移监测，结果显示，边坡目前处于基本稳定状态(图 5.3.14)，说明排水工程基本达到预期目标。

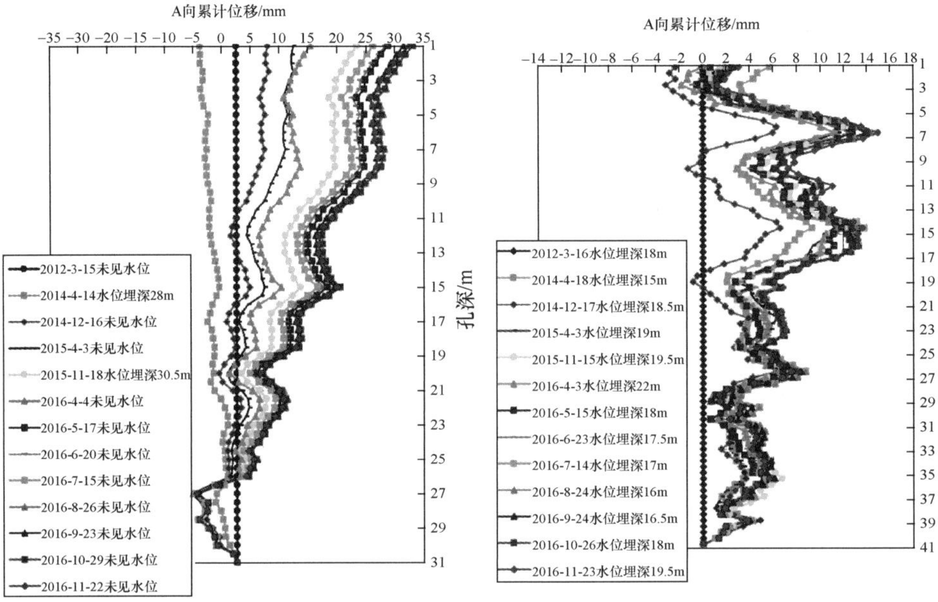

(a) 钻孔ZK3-1A向累计位移曲线　　(b) 钻孔ZK3-10A向累计位移曲线

图 5.3.12　主滑动面深层累计位移监测曲线

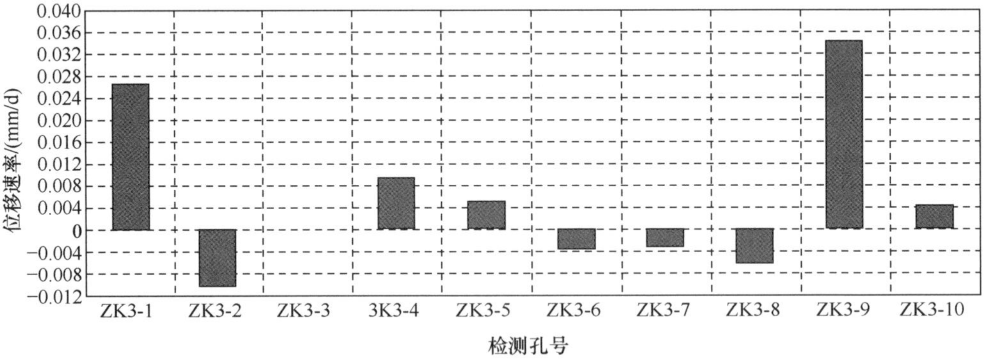

图 5.3.13　2016 年原 K101+850～K102+520 边坡深部位移速率曲线

图 5.3.14　广东某高速公路 B 西段 K101 边坡处治后照片

5.3.2　广东某高速公路 C K18 边坡排水及支挡综合处治工程

广东某高速公路 C K18 边坡为煤系地层边坡。2006 年 4 月，二、三级坡面变形较严重，对该段边坡采用钢花管注浆进行表层加固，但 2007 年 6 月暴雨之后，病害进一步发展，说明注浆加固效果不是很明显。2007 年 10～11 月对该工点二、三级坡再次进行了钢花管注浆处治，2009 年边坡定期检查发现老裂缝修补后重新开裂。为根治该边坡，采用排水盲洞和仰斜排水孔排除深层地下水，2010 年 12 月 9 日排水隧洞开挖至 50m 时，洞顶发生坍塌，同时发现排水盲洞有偏压及明显的滑动现象，为确保施工安全，12 月 10 日停止开挖施工，不得不对此边坡处治工程进行变更。变更方案为在二级坡中部设一排抗滑桩，同时在三级平台新设一个集水井，在一级挡墙渗水处设置仰斜排水孔。此边坡为排水工程与加固支挡工程相结合的典型边坡。

1. 边坡概况

1) 地形地貌

该路堑位于惯阜高架桥和双桥大桥之间，属于低山丘陵区，地形起伏，地面较缓，自然坡度为 15°～23°；边坡范围顺坡向小冲沟发育，坡面较规则，路堑区植被发育，基岩裸露，如图 5.3.15 所示。

2) 地层岩性

表层 0～5.2m 为残坡积土粉质黏土(Q_4^{dl+el})，褐黄色，硬塑，黏性较强。5～14.2m 为石炭系(C)炭质灰岩(图 5.3.16)夹炭质页岩(图 5.3.17)，炭质灰岩为强～弱风化，微晶结构，中厚层状构造，岩石裂隙发育，裂隙面见钙质充填，岩质硬、脆，岩芯呈碎块状；炭质页岩由泥质、炭质组成，岩石极软，浸水易软化，岩石呈碎屑状。14.2～18m 为泥质细砂岩，强风化，裂隙发育，泥质充填(图 5.3.18)。

图 5.3.15　广东某高速公路 C K18 边坡地形地貌

3) 地质构造

本测区位于新华夏系北东向罗家渡断裂带附近，岩层构造呈单斜状，分布较有规律，产状为 280°～300°∠25°～40°，为顺向边坡。

图 5.3.16　强风化炭质灰岩

图 5.3.17　强风化炭质页岩

图 5.3.18　强风化泥质细砂岩

4) 水文地质

边坡富含地下水，以降雨入渗补给为主，一级挡墙泄水孔多处地下水出露，部分地段水量较大，如图 5.3.19 所示。

图 5.3.19　一级挡墙泄水孔地下水出露

2. 病害原因及处治措施

1) 滑坡成因分析

(1) 地质环境因素。①边坡岩层顺坡向，产状为 280°～300°∠25°～40°(坡向为 266°)，倾向与坡向夹角较小，为 14°～34°，对坡体稳定性不利；②坡体黏土层较厚，含水率在 55%以上，具弱膨胀性，下覆地层为劣煤层泥炭质页岩与灰岩互层，劣煤层岩性软弱，多见滑动镜面，遇水易软化并降低其强度。

(2) 水的影响。地下水位较高，砂岩、灰岩(破碎)透水，页岩隔水，且有多个含水层，孔隙水压力较大。

2) 排水隧洞设计

如图 5.3.20 所示，沿平行高速公路方向设纵向盲洞，汇集的地下水向珠海方向的自然坡排出。盲洞设计总长度为 90m，外接 10m 长明沟。洞身净高 1.8m，隧洞洞底纵向坡度为 3%，设一个检查井，其深度为 19.5m；A 点与 C 点间设渗管(100PVC 管制作)，间距为 2.0m。

2010 年 10 月 27 日开始施工排水盲洞洞门，在开挖至 42m 后出现类似滑动面的大光面并出现小范围的坍塌，12 月 9 日开挖至 50m 处坍塌加剧，洞顶塌方达 1.5～2.5m，同时发现排水盲洞有偏压及明显的滑动现象。为确保施工安全，12 月 10 日停止开挖施工。因此，排水隧洞实际共开挖 50m。

3) 集水井和抗滑桩设计

由于施工时意外坍塌，排水隧洞只开挖至 50m 即停工，为了保证排水效果及边坡稳定性，在三级坡面增设一个集水井，在二级坡面增设抗滑桩，在一级挡墙渗水处增设仰斜排水孔。

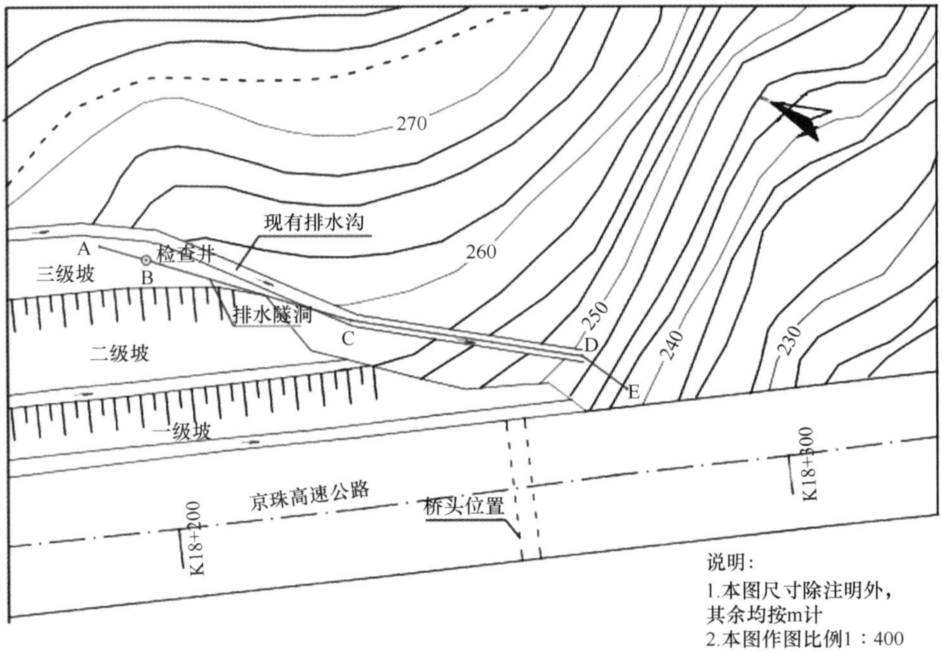

图 5.3.20　广东某高速公路 C K18 边坡排水隧洞平面图

(1) 集水井。如图 5.3.21 所示，在 K1860+374 附近三级平台新设一个集水井，集水井直径为 4m，深 20m，其与检查井和排水盲洞采用 4 根 DN125PVC 管(倾斜度为 5%)相接，长度分别为 18m、19.5m，设计总长度为 154m；集水井四周放射性设 3 排ϕ110mm 斜向集水孔(仰角为 5°～10°)，靠山侧设 5 根深 20m 的集水孔，靠河侧设 5 根深 15m 的排水孔，共设 30 根，设计总长度为 525m；集水井底部设 9 根ϕ130mm 竖向集水孔，每孔深 10m，共计 90m。

(2) 抗滑桩。如图 5.3.21 和图 5.3.22 所示，在 K1860+345～K1860+423 段二级坡中部设一排抗滑桩，桩编号分别为 B1～B8、C1～C6，共设 14 根抗滑桩。B1～B8 桩为ϕ2.5m×2.2m，桩中心间距 6m，其中 B1～B5 桩长 25m，B6～B8 桩长 23m；C1～C6 桩为ϕ2.2m×1.8m，桩中心间距 6m，C1～C3 桩长 21m，C4～C6 桩长 19m。桩的嵌岩深度可根据实际开挖地质情况进行适当调整。

3. 处治效果分析

如图 5.3.23 所示，自 2012 年 4 月布设测斜孔以来，边坡水平位移变化量较小，说明处治范围内边坡处于稳定状态，综合处治效果良好。该边坡为煤系地层边坡，岩层顺倾向，且地下水丰富，针对该边坡降雨后屡次发生变形的情况，采用了抗滑桩+排水盲洞+集水井+仰斜排水孔的排水和支挡综合治理措施。根据工程对边坡位移监测的结果，该边坡稳定，说明综合处治效果较为明显。

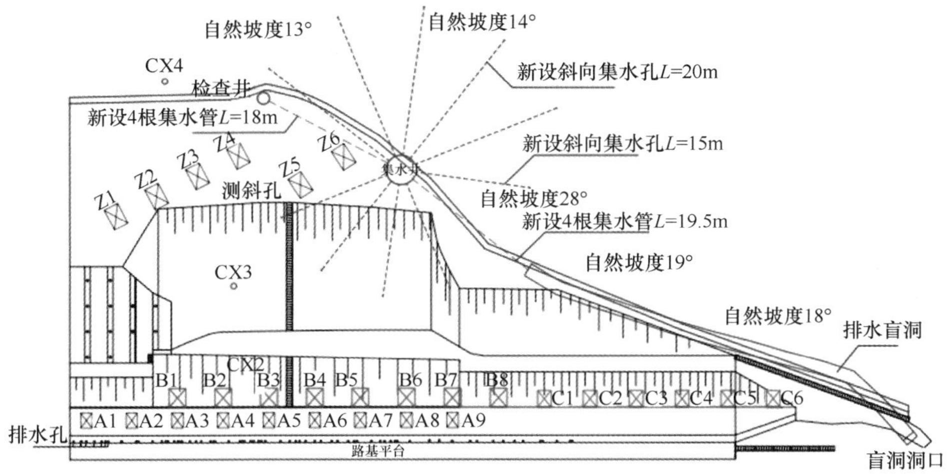

图 5.3.21　广东某高速公路 C K18 集水井和抗滑桩平面布置图

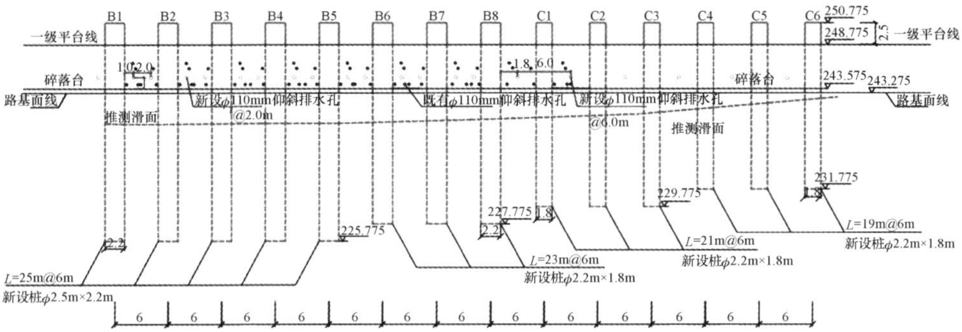

图 5.3.22　广东某高速公路 C K18 新设抗滑桩立面布置图(单位：m)

5.3.3　广东某高速公路 D K108 边坡排水隧洞处治工程

K108 边坡为煤系地层边坡，坡内发育 4 条断层，地下水丰富，自 1998 年 7 月开挖边坡以来，受强降雨影响，曾先后发生 4 次滑动，滑坡沿线路长 268m，沿滑动方向长约 150m。为彻底治理该滑坡，除采用地表排水等措施外，主要采用地下截排水隧洞和微型钢管压力灌浆进行处治。该边坡为典型的受断层控制的滑坡。

1. 边坡概况

1) 地形地貌

该区边坡整体照片如图 5.3.24 所示。该区属低山丘陵剥蚀地貌，山顶标高 153m，山脊走向为东北向，自然斜坡由北向南缓倾 10°～20°，高速公路以 SE67°横切山体通过，路面设计边坡 95m，与山顶的最大高差为 58m。

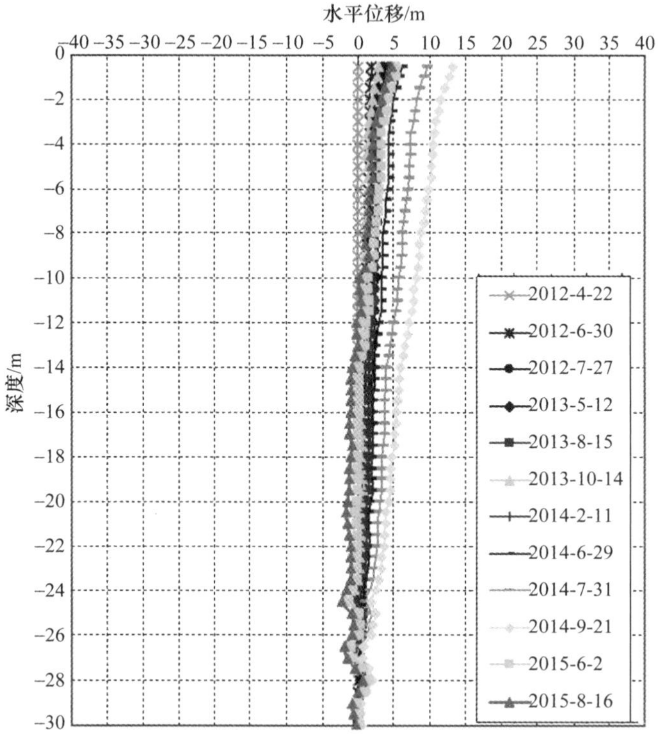

图 5.3.23　广东某高速公路 C K1860+350 断面堑顶测斜孔水平位移监测曲线

图 5.3.24　广东某高速公路 D K108 边坡整体照片

2) 地层岩性

表层为第四系残坡积层，其形成受自然斜坡岩体岩性的控制，若原岩为砂岩和砂页岩，则残坡积土为褐黄色和土黄色亚黏土，稍湿，硬塑，含部分砂岩碎块；若原岩为炭质灰岩和炭质页岩，则残坡积土为灰黑色亚黏土；若原岩为白云岩和灰岩，则残坡积土为红褐黄色亚黏土，厚度为 5～10m。

石炭系中上统壶天群白云岩分布在 F_2 断层以东，如图 5.3.25 所示。岩石呈灰白和浅灰色，少量灰色，厚层状，细粒镶嵌结构，矿物成分主要为白云石、方解石及炭质物；节理裂隙发育，岩石风化破碎，表层全风化和强风化。石炭系下统测水组主要分布在滑坡区西南侧和北侧，也就是 F_2 断层西北侧。按岩性可分为三层：上部为砂岩和页岩互层，多为全风化和强风化，含少量弱风化岩块，粉细粒结构，泥质胶结；中部是炭质灰岩和炭质泥岩夹炭质页岩，呈灰黑色和黑色，主要成分有方解石、黏土矿物、石英粉砂及炭质物，局部夹煤层，岩石破碎，节理裂隙发育，节理裂隙中有泥质和方解石充填，是易滑地层，岩体滑动主要发生在此岩层中；下部是灰岩，呈灰色和深灰色，含生物碎屑和泥质，少量炭质，局部含少量石英粉砂，岩质较完整、坚硬。K108 边坡 2-2′断面工程地质如图 5.3.26 所示。

3) 地质构造

在 K108 滑坡区有方向大致相同的四条断层密集分布，这四条断层对滑坡的产生起重要的控制作用，主要表现在以下两个方面：

(1) 断层控制了滑坡的边界和空间分布。由图 5.3.27 可知，滑坡北部和东部边界均在上述四条断层的范围之内，滑坡的分布范围受四条断层的破碎带控制。

(2) 断层控制地下水储水构造，图 5.3.27 为地下水储水构造示意图。由此可知，F_1、F_2 和 F_3 三条断层陡倾，断层间的岩石破碎，而且张节理发育，在 F_1 和 F_3 断层之间形成了一个集水、储水构造，深层的炭质泥岩、页岩则成为储水构造底部的隔水层。

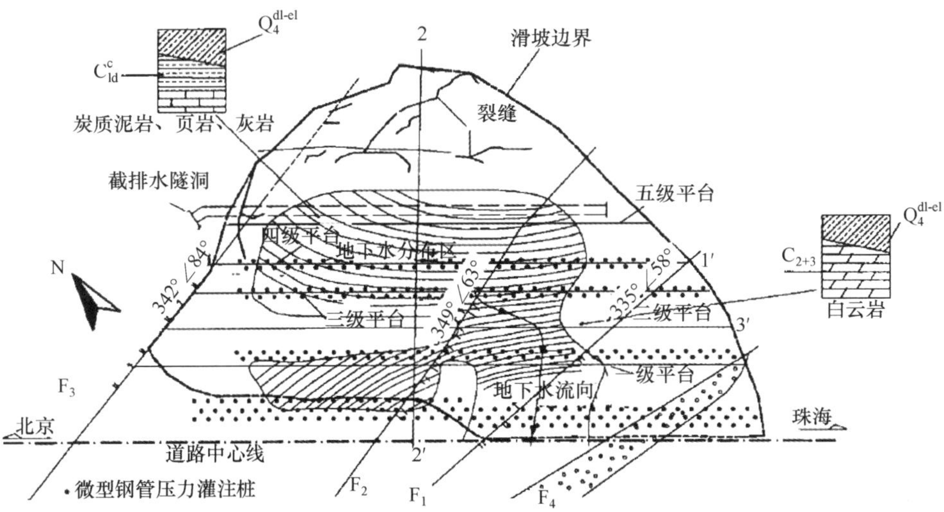

图 5.3.25　广东某高速公路 D K108 边坡滑坡平面图

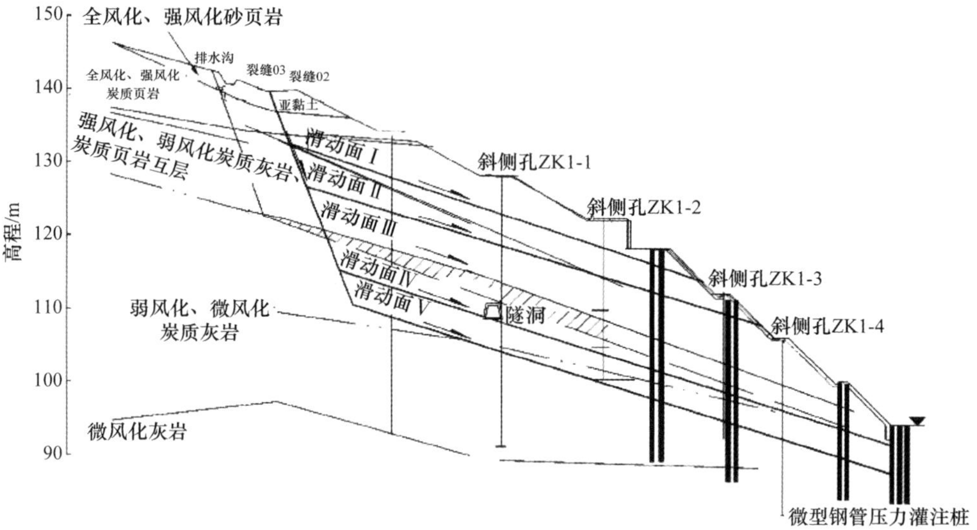

图 5.3.26　广东某高速公路 D K108 边坡 2—2′工程地质断面图

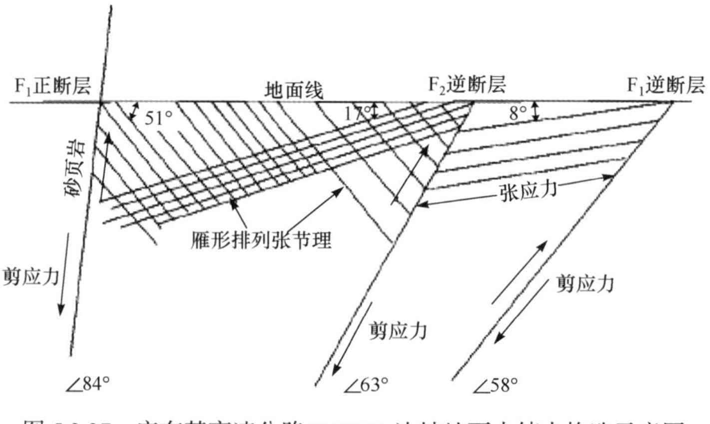

图 5.3.27　广东某高速公路 D K108 边坡地下水储水构造示意图

4) 水文地质

滑坡区的地下水类型主要是断层水和基岩裂隙水，其补给来源是大气降水。由电阻测深得到滑坡区的地下水分布范围长约 160m，宽约 65m，地下水富集区基本上与滑坡严重变形区一致。

2. 病害原因及处治措施

1) 滑坡成因分析

(1) 地质环境影响。①边坡地层为煤系地层，属易滑地层，且岩层顺坡向；②该边坡断层密集分布，节理裂隙发育，岩层破碎。

(2) 工程活动影响。边坡开挖工程量较大，最大开挖深度达 20m，使坡脚失去支撑。

(3) 水的影响。该区降水量充沛，地下水直接接受降水补给，使地下水富集，坡体易滑地层被浸泡变软。

2) 截排水隧洞

在滑坡上部五级平台下深约 26m(以原地计)处修建了 1 个长 156m、净断面为 3.27m² 的梯形截排水隧洞，如图 5.3.28 所示。

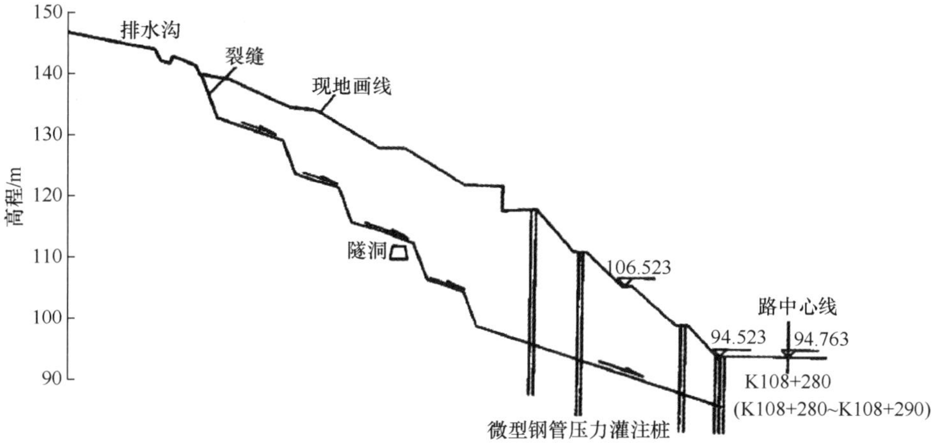

图 5.3.28　广东某高速公路 D K108 滑坡处治断面图

3) 微型钢管压力灌浆

鉴于 K108 滑坡岩土体的性质软弱，滑面抗剪强度低(黏聚力为 10kPa，内摩擦角为 12°)，是滑坡的主要原因之一。因此，加固滑动面和滑坡岩土体，从而提高滑体的稳定性是整治滑坡的重要措施。为此，采用密排微型钢管压力灌注桩进行整治。钻孔直径为 130mm，钻孔中放入直径为 90mm 的钢管，桩深 20～34m，桩底均在滑动面以下 7～12m。微型桩的平面分布如下：四级平台 2 排，三级平台 2 排，一级平台 2 排，一级边坡坡脚 3 排。同一排相邻 2 根桩间距为 2m，微型桩排距为 2m，上下排桩交错排列，错距为 1m。

3. 处治效果分析

截排水隧洞竣工后，从 2002 年 5 月 10 日至 7 月 5 日对其排水量进行了实测，排水量与降水量的关系如图 5.3.29 所示。由图可知，该截排水隧洞的最小排水量为 10m³/d。降水量增大，隧洞排水量也随之增大，但稍有滞后现象，最大排水量达 63m³/d。这说明截排水隧洞竣工后，能排出相当数量的地下水，在雨季拦截了大量降雨的补给，避免了大量地下水向滑体和滑带补给，起到了有效截排地下水的作用。

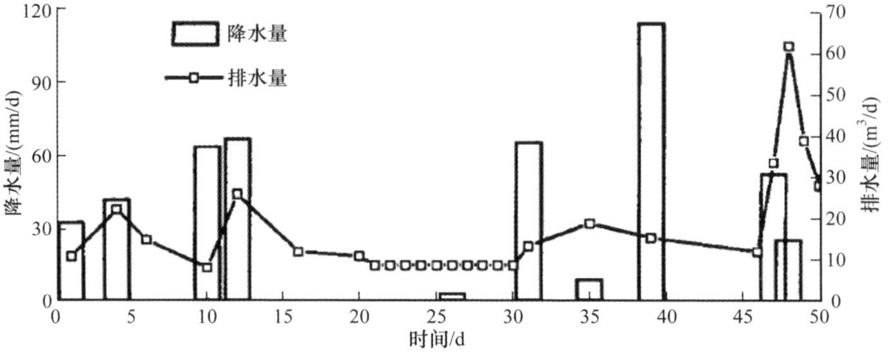

图 5.3.29　K108 边坡截排水隧洞排水量与降水量的关系

如图 5.3.30 所示，对该边坡在施工期进行深层水平位移监测，发现在钢管压力注浆型抗滑挡墙施工完成后，滑坡较快地达到稳定状态，没有显著的大变形；前 13 周由于钢管压力注浆施工对坡体的扰动,位移出现较大增长,待施工完成后,位移的发展迅速趋于平稳，没有大的起伏，说明滑坡已经进入稳定状态。

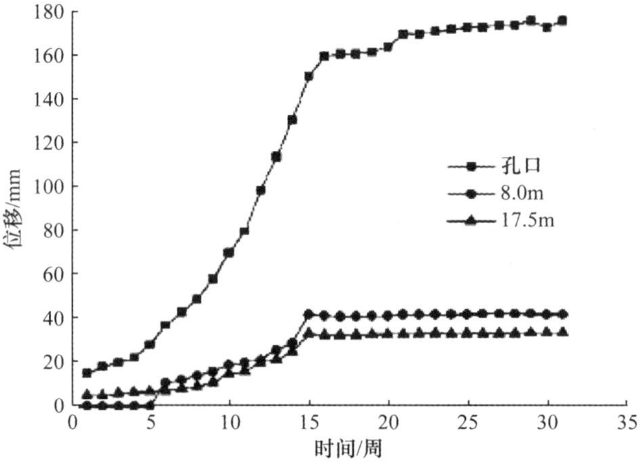

图 5.3.30　典型断面测孔深层水平位移监测曲线

该边坡地质条件差，受强降雨影响曾多次发生滑动，通过采用截排水隧洞及时有效地排出地下水,并通过微型钢管压力灌浆进一步加固滑动面和滑坡岩土体,工后监测结果显示该边坡处于稳定状态，说明处治效果良好。

第 6 章　路面结构水害防治技术及效果评估

本章通过现场调查、现场长期综合监测、理论分析和数值模拟等手段，着重分析路面结构动水压力的破坏机理并揭示路面渗水规律。针对沥青路面及水泥路面分别给出治理办法，以多个工程为例分析其成效。

6.1　路面结构渗水和动水压力破坏机理

路面上动水作用有两种形式：一种是路表面的积水在行车荷载作用下产生表面动水压力；另一种是进入路面裂缝或空隙内的水在行车荷载作用下产生内部动水压力即孔隙水压力[57]。两者共同作用，相互影响，加速路面破坏。只有弄清两种类型动水作用的产生机理、作用方式及影响因素，才能对症下药，提前预防和解决路面的水损害问题。

6.1.1　沥青路面动水压力破坏机理

1. 沥青路面表面动水压力机理分析

1) 机理分析

在降雨或路表面积水时，高速行驶的车辆经过水膜覆盖的路面，轮胎和路面之间的水被挤压，就会在路表面产生表面动水压力。车辆在水膜覆盖的路面上行驶时，轮胎、水膜、路面的接触状态如图 6.1.1 所示。

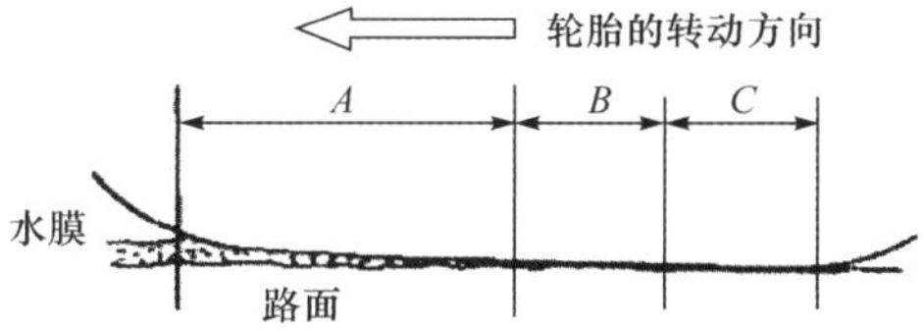

图 6.1.1　路表面动水压力产生原理图

A-完全上浮区；*B*-不完全接触区；*C*-完全接触区

表面动水压力不容小觑,可以利用流体力学理论对表面动水压力进行理论分析和计算。假设轮胎的胎面为平面，且与路面接触前端的倾斜角很小，则由伯努利方程可知，胎前水流停滞点处的动水压力 p 满足

$$p=\frac{1}{2}\rho v^2 \tag{6.1.1}$$

式中，p 为动水压力，Pa；ρ 为水的密度，kg/m^3；v 为车速，m/s。

由式(6.1.1)计算所得的不同车速下的表面动水压力如图 6.1.2 所示。由图可知，表面动水压力随车速呈指数增长，当车速为 120km/h 时表面动水压力接近 600kPa，当车速为 150km/h 时表面动水压力达到 900kPa，路面在这么大的压力作用下透水性大大增强，尤其在降雨丰富的广东地区，路面长期经受如此大的表面动水压力。

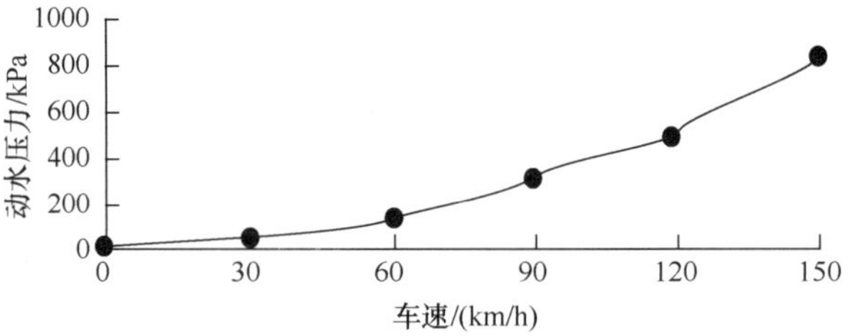

图 6.1.2　车速与动水压力的关系

因此，车辆在有水的路面上行驶时，轮下存在较大的表面动水压力，遇到空隙率偏大处，就将水强制压入路面内部，重复作用下此处的空隙率就会越来越大，而且范围逐渐扩展。同时由于设计、施工等因素，桥面铺装上面层和下面层底部存在软弱夹层，空隙率较大，而上部空隙率较小，水分就会滞留在内部，一旦水分排不出去，存于内部的水就会成为桥面铺装水损害产生的隐患。

2) 影响因素分析

表面动水压力的产生是一个复杂的过程，它除与车速有关外，还有很多影响因素，如道路的表面功能特征，水的性质、深度、温度，以及轮胎的结构、材料、花纹、胎压等。

2. 沥青路面孔隙水压力机理分析

1) 机理分析

由以上分析可知，巨大的表面动水压力可以强制将路表水压入路面内部，但不能直接对路面产生破坏作用，压入路面内部的水在车辆荷载作用下产生的孔隙水压力才是路面破坏的主要原因。孔隙水压力有微观和宏观两种作用方式，且同时进行、相互影响，使破坏逐步加深。

从宏观上看，高速行驶的车辆经过路面空隙率过大或含裂缝的区域时，轮胎前方产生的正孔隙水压力将水压入孔隙或裂缝内，车辆驶离时，胎后的负孔隙水压力又将水吸出，如图 6.1.3 所示。每次车辆经过时都会产生一次泵吸作用，高压水的反复泵吸作用对孔隙或裂缝不断冲刷，加速集料与沥青剥离，并将冲刷界面两侧的材料从缝隙中带出，促使沥青面层出现剥落、松散和坑槽，影响整个路面的使用性能。

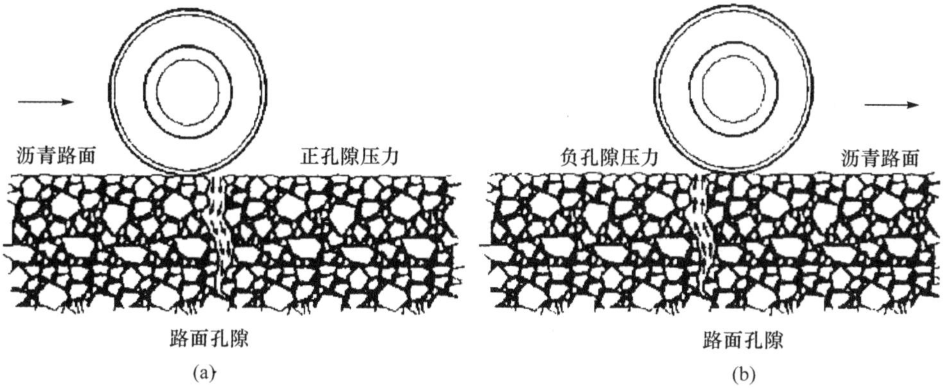

图 6.1.3　宏观孔隙水压力作用机理

从微观上看，水进入沥青铺装层材料内部微孔隙或微裂缝，存在于微裂缝中的水在行车荷载的作用下也会产生孔隙水压力，特别是在高温季节，由于沥青胶结料黏聚力降低，难以抵抗孔隙水压力的重复作用，导致集料与沥青在薄弱位置首先剥离，于是水分逐步浸入集料与沥青的接触界面或沥青胶结料内部，使沥青胶结料自身黏聚力降低，对集料的黏附性下降，加上宏观孔隙水压力的重复泵吸作用，集料就会整个从沥青胶结料剥离。

2) 影响因素分析

影响路面内孔隙水压力的主要因素有车速和荷载，国内外学者基于多孔介质理论对路面内孔隙水压力进行了大量的研究和探讨[58]。

(1) 车速。由图 6.1.4 可以看出，随着车速的增大，孔隙水压力增大显著，车

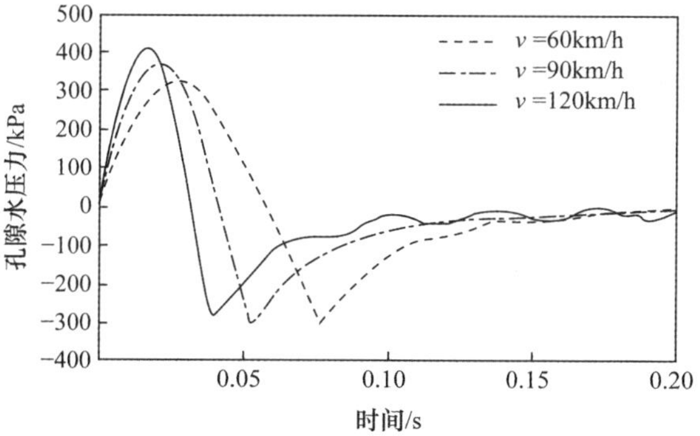

图 6.1.4　不同车速条件下上、中面层界面孔隙水压力的时程变化曲线

速为 120km/h 时正孔隙水压力最大可以达到 400kPa 以上。这是由于车速增大，荷载作用的时间减少，导致孔隙内部水分不易及时排出，较大比例的荷载传递到了孔隙内的流体上，导致孔隙水压力增大。

(2) 荷载。不同荷载条件下孔隙水压力的时程变化曲线如图 6.1.5 所示。可以看出，荷载由 0.7MPa 增大到 1.3MPa，正、负孔隙水压力的增幅都很大，荷载为 1.3MPa 时最大孔隙水压力可以超过 600kPa。这说明车辆荷载增大，增大了传递到孔隙内流体上的应力，导致孔隙水压力增大。

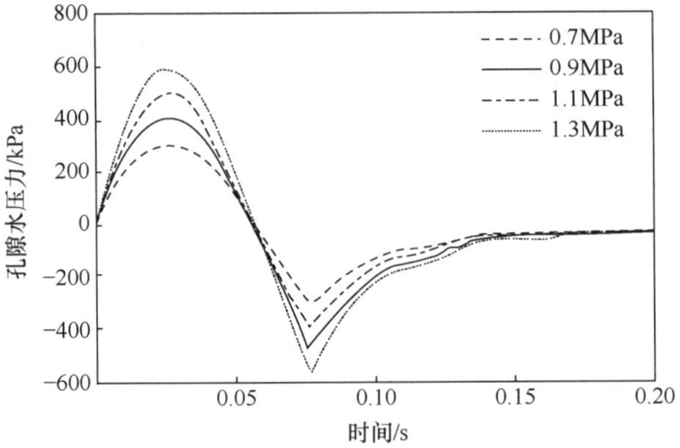

图 6.1.5　不同荷载条件下上、中面层界面孔隙水压力的时程变化曲线

6.1.2　沥青路面结构渗水规律

1. 路面结构降雨入渗模型

1) 分析方法

本节将利用 SEEP/W 有限元软件模拟路面结构的降雨入渗。SEEP/W 有限元软件可以模拟水分在多孔介质(土基和路面各层结构均属于多孔介质)中的运移及水压的分布情况，它可以模拟饱和渗流与非饱和渗流。SEEP/W 假设水在水位线以上的非饱和介质中的流动与在饱和介质中的流动一样服从达西定律。材料的渗透特性主要取决于土水特征曲线和渗透传导系数。饱和渗流中材料的渗透传导系数(k)不随水压(p)的变化而改变，为饱和渗透系数(k_s)，但是在非饱和渗流中，材料的渗透传导系数随水压的变化有很大的改变。

由于直接测试非饱和土参数费时且对试验条件要求高等，本节的土水特征曲线及水力传导系数两大输入参数有些来自 SEEP/W 内建数据库资料，如土基和中央分隔带回填土；有些参考国外论文中的计算采用值，如级配碎石、水泥稳定碎石及排水沟回填料；有些是根据国外论文中推荐的 van Genuchten 模型(简称 V-G 模型)三参数取值范围，取值后对材料的非饱和参数进行推算，如沥青混合料[59]。

材料非饱和参数取值如表 6.1.1 所示。

表 6.1.1　材料非饱和参数

材料类型	k_s /(m/s)	θ_s/%	α / m^{-1}	n	m
SMA-13	3.0×10^{-6}	8	1.3	1.09	0.083
AC-20	2.21×10^{-6}	8	1.3	1.09	0.083
AC-25	3.9×10^{-6}	8	1.3	1.09	0.083
级配碎石	2.7×10^{-4}	29	35	1.80	0.444
水泥稳定碎石	1.22×10^{-6}	15	1	1.21	0.174
中央分隔带回填土	1.0×10^{-4}	35	10	3	0.667
路缘石(混凝土)	5.6×10^{-10}	6	0.5	1.05	0.048
土质路基	3.3×10^{-9}	20	2.7	1.23	0.187
排水沟回填料	0.1	42	100	2.19	0.543
防水土工布	1.0×10^{-15}	—	—	—	—

2) 网格划分

路基按照横断面形式主要可以分为填方路基、挖方路基和半填半挖路基三种。三种不同的路基结构形式在降雨条件下的渗流分布有所差异，本节对具有代表性的一般路段半填半挖形式的路基路面在降雨条件下的入渗规律进行数值模拟。

面层、基层与中央分隔带内过滤层均采用四边形网格，路基和路肩均采用三角形网格。路面结构两侧均设有边缘排水系统，在左侧边缘排水系统和中央分隔带底部设置有排水渗沟(内设 PVC 管)，在右侧填方段没有设置排水渗沟，而是直接通过碎石排水层将入渗的雨水排出路面结构。中央分隔带与两侧面层、基层和底部路基接触处均设置有防水土工布。整个模型共划分为 23177 个单元、16210 个节点，如图 6.1.6 所示。

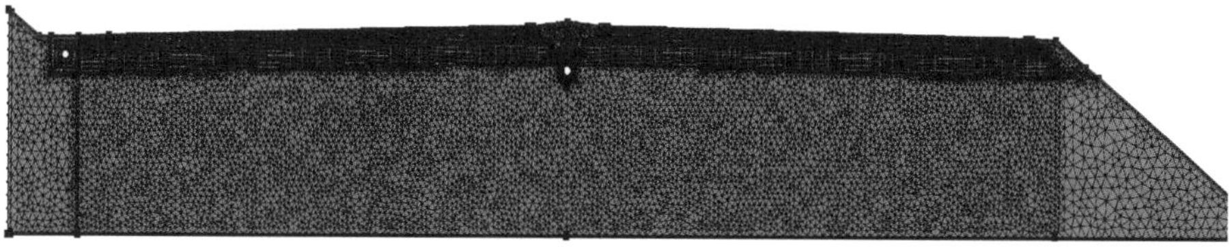

图 6.1.6　路面内部结构降雨入渗有限元模型

3) 边界条件

采用两小时降雨历时，降雨强度为 8.4×10^{-6}m/s。路表面及中央分隔带填土表面为降雨边界，即 q=降雨强度 i，当 q 大于上面层材料饱和渗透系数 k_s时，此边界设定为定水头边界，即 $H=z$ (高层，此时的压力水头为 0)，多余的雨水沿着路面横坡以径流的形式排出路面结构，降雨停止后路表面变为自由边界。左边的挖方路基和路基底部设为无限元边界。降雨和雨停瞬态分析中，PVC 管及右边路肩坡面设定为定水头边界，即初始条件下的总水头 H；右边的填方路基设定为不透水边界，即流量 $Q=0$。假设初始地下水位 $h=3\text{m}$。本节在建立渗流模型时未考虑蒸发的影响。各结构层的截面尺寸及材料组成如表 6.1.2 所示。

表 6.1.2　路面结构层截面尺寸及材料组成

<table>
<tr><th>项目</th><th>挖方段</th><th>中央分隔带</th><th>填方段</th><th>路肩</th></tr>
<tr><td rowspan="7">结构层材料/厚度/cm</td><td>上面层 SMA-13/4</td><td rowspan="7">均匀砂石回填土/60
碎石过滤层/17
土基/无限元</td><td>上面层 SMA-13/4</td><td rowspan="7">填土/49
碎石排水层/20
土基/无限元</td></tr>
<tr><td>中面层 AC-20/6</td><td>中面层 AC-20/6</td></tr>
<tr><td>下面层 AC-25/7</td><td>下面层 AC-25/7</td></tr>
<tr><td>级配碎石/17</td><td>级配碎石/17</td></tr>
<tr><td>水泥稳定碎石/18</td><td>水泥稳定碎石/18</td></tr>
<tr><td>水泥稳定碎石/17</td><td>水泥稳定碎石/17</td></tr>
<tr><td>土基/无限元</td><td>土基/无限元</td></tr>
</table>

4) 瞬态分析时间步设定

首先对模型进行稳态分析，即计算初始地下水位 $h=3\text{m}$ 模型中的水头分布情况，然后以该稳态流计算水头分布作为瞬态分析的初始水头，进行降雨及雨停后的渗流瞬态分析。降雨历时 2h 期间计算时间步长设定如表 6.1.3 所示。

表 6.1.3　降雨期间计算时间步长

步数	距离开始时间/s	步数	距离开始时间/s
1	60	5	1860
2	180	6	3600
3	420	7	5400
4	900	8	7200

最后进行雨停后路面结构的非饱和排水瞬态流分析，以降雨期间瞬态流分析中的第 8 步 $t=7200\text{s}$ 的水头分布为初始水头条件进行雨停后非饱和排水瞬态流分析。计算时间总长 279000s，即 77.5h 内路面结构非饱和排水分析。雨停后计算时间步长设定如表 6.1.4 所示。

表 6.1.4　雨停后计算时间步长

步数	距离开始时间/s	步数	距离开始时间/s
9	9000	14	63000
10	12600	15	99000
11	19800	16	135000
12	27000	17	207000
13	45000	18	279000

2. 路面结构降雨入渗规律分析

1) 路面结构在降雨期间入渗规律瞬态流分析

降雨期间离中心线 2m 处各面层体积含水率随时间的变化曲线如图 6.1.7～图 6.1.9 所示。

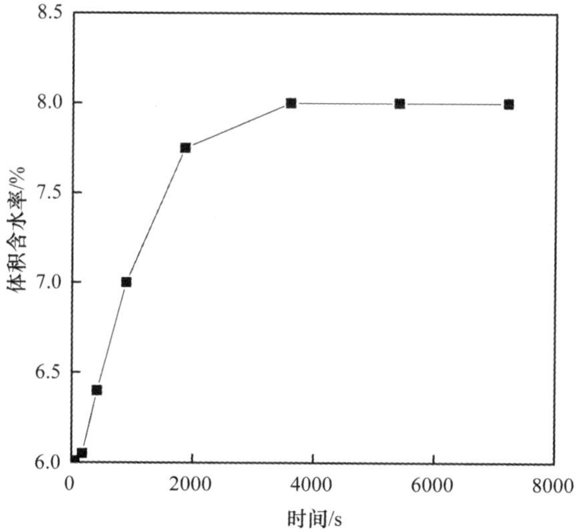

图 6.1.7　降雨期间上面层体积含水率随时间的变化曲线

由图 6.1.7 可以看出，降雨初期 0～180s，上面层的体积含水率保持在初始值 6.05%左右。随着雨水的入渗，在 t=180s 时，上面层材料颗粒间的基质吸力达到进水值(浸润曲线拐点处对应的基质吸力)，上面层中的体积含水率迅速增大。在 t=3600s 时，上面层达到饱和状态。雨停时，体积含水率为饱和体积含水率 8.0%。由于上面层材料的饱和渗透系数小于降雨强度，雨水的入渗由材料的渗透系数控制。

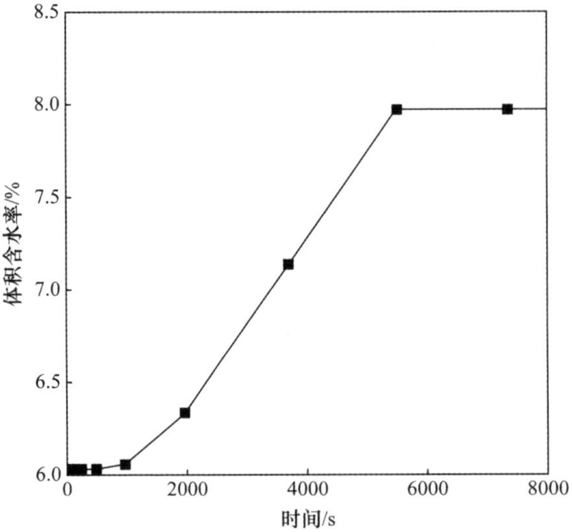

图 6.1.8　降雨期间中面层体积含水率随时间的变化曲线

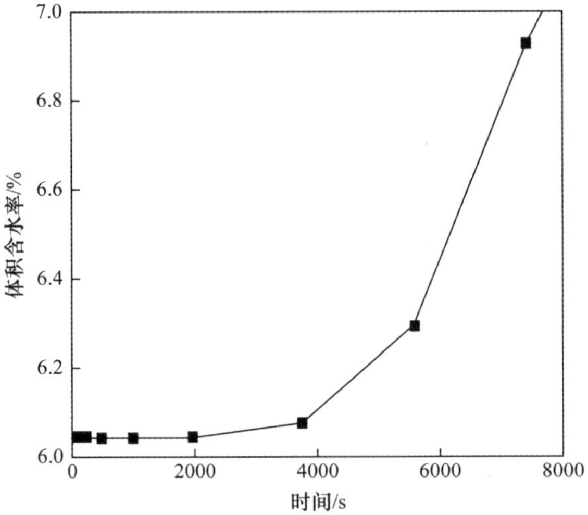

图 6.1.9　降雨期间下面层体积含水率随时间的变化曲线

由图 6.1.8 可以看出，中面层的雨水入渗规律与上面层类似。在 t=0～420s 降雨初期，中面层体积含水率保持在初始值 6.05%左右；在 t=900s 时，中面层颗粒间的基质吸力达到进水值，随后体积含水率大幅度增大；在 t=5400s 时达到饱和，这种状态一直保持到雨停。

由图 6.1.9 可以看出，在 t=0～1860s 时，下面层体积含水率保持在初始值左右；在 t=1860～3600s 时，体积含水率缓慢增长；当 t>3600s 之后，体积含水率迅速增长，直到雨停时达到最大值 6.959%，没有达到饱和值 8.0%。

降雨期间离中心线 2m 截面处级配碎石基层体积含水率随时间的变化曲线如图 6.1.10 所示。可以看出，在 t=0～5400s 时，级配碎石基层体积含水率保持在初始值左右；在 t=5400s 之后，体积含水率增长幅度很小，由初始值 4.333%增大到 24.666%。

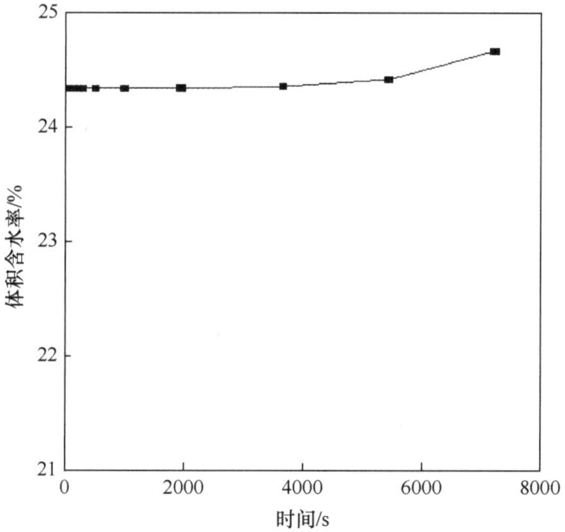

图 6.1.10　降雨期间级配碎石基层体积含水率随时间的变化曲线

降雨期间离中心线 2m 截面处下基层和底基层体积含水率随时间的变化曲线如图 6.1.11 所示。可以看出，在降雨阶段，雨水还没渗透到下基层和底基层中，其体积含水率保持初始值不变。

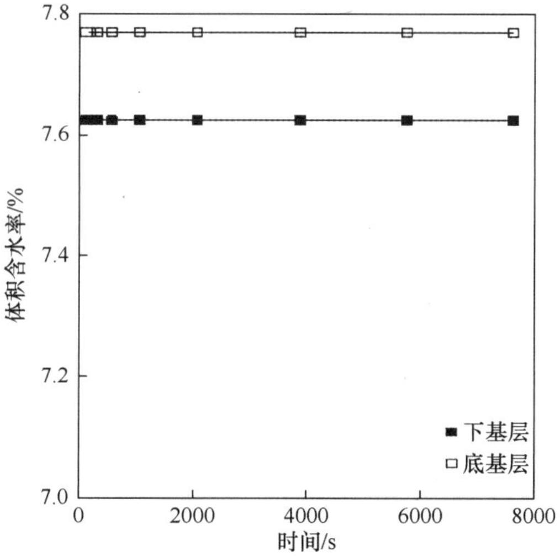

图 6.1.11　降雨期间下基层和底基层体积含水率随时间的变化曲线

2) 路面结构雨停后排水瞬态流分析

雨停后各面层体积含水率随时间的变化曲线如图 6.1.12 所示。由图可知，雨停后，路表面边界降雨补给为零，上面层与中面层由饱和状态进入非饱和排水阶段。计算时末(降雨后 77.5h)，上面层中的体积含水率由饱和值 8.0%降到 6.179%(接近初始值 6.05%)，中面层中的体积含水率由饱和值 8.0%降到 6.156%(接近初始值 6.05%)。排水阶段，截至 t=279000s，上面层和中面层分别排出入渗雨水量的 93.33%和 94.56%。雨停后前一段时间，即 t=7200～9000s，下面层体积含水率继续增大，由雨停时的 6.959%增大到 7.349%，之后迅速降低，截至计算时末，体积含水率从最大值 7.349%降到 6.093%(接近初始值 6.05%)。排水阶段，下面层排出入渗雨水量的 96.69%。

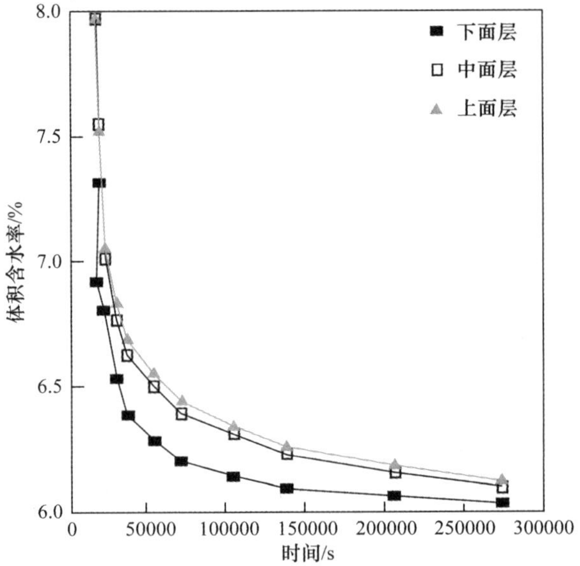

图 6.1.12 雨停后各面层体积含水率随时间的变化曲线

雨停后级配碎石基层体积含水率随时间的变化曲线如图 6.1.13 所示。由图可知，由于面层材料的渗透系数较小，降雨通过面层渗透到基层的时间比较长，因此降雨结束时上基层(级配碎石)的体积含水率增幅很小。在降雨结束后的一段时间里，体积含水率继续增大，到 t=19800s 时达到最大值 25.091%，随后体积含水率迅速减小，截至计算时末，体积含水率减小到 23.517%(接近初始值 23.447%)。排水阶段，级配碎石基层排出入渗雨水量的 95.74%。

雨停后下基层和底基层体积含水率随时间的变化曲线如图 6.1.14 所示。由图可以看出，底基层的体积含水率几乎没什么变化，只有下基层的体积含水率略微增大。这说明由于上基层设置为排水基层，入渗到路面结构层中的雨水能够及时地排出路面结构，只有极少量的雨水能够下渗到下基层。

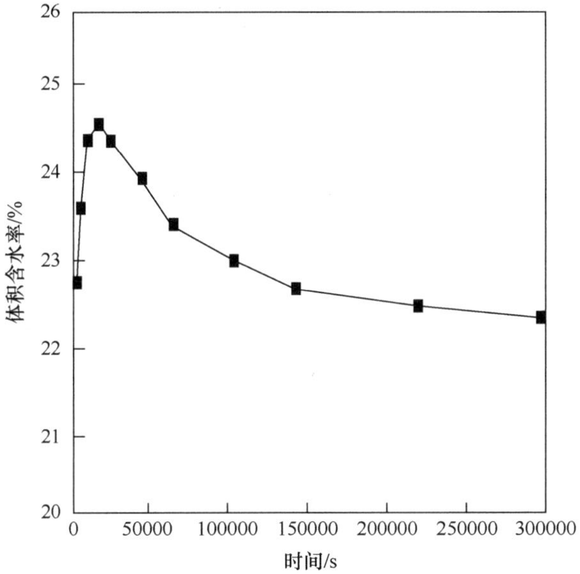

图 6.1.13 雨停后级配碎石基层体积含水率随时间的变化

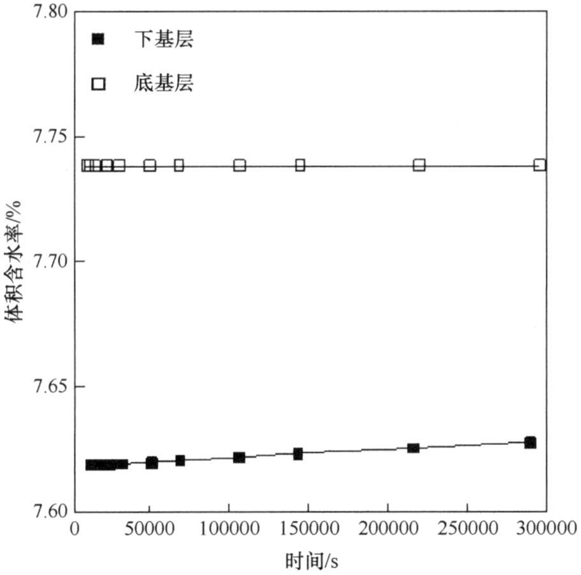

图 6.1.14 雨停后下基层和底基层体积含水率随时间的变化曲线

从上述分析可知，路面结构在降雨条件下，雨水不断渗入面层和基层中，面层和上基层的体积含水率不断增大，上、中面层在雨停时都达到饱和。降雨停止后，渗入结构层中的雨水通过级配碎石基层排出路面结构，上、中面层体积含水率迅速减小。虽然在雨停后很短一段时间里由于上、中面层的雨水继续下渗，下面层和上基层体积含水率继续增大，但随后也逐渐减小(计算时末接近初始值)。下、底基层的体积含水率没什么变化。该结构模型在计算时末能够将渗入各面层和上基层的雨水的 90%以上排出路面结构，说明级配碎石排水层的排水效果很好。

6.1.3 开裂沥青路面结构的渗水量计算

1. 路表水入渗计算模型

路表水渗入率表征着一定服务水平下道路面层的透水能力，它是降雨在整个道路系统中渗透能力的综合表征。渗入率的值直接关系到排水基层厚度的设计及排水基层材料的选择，进而影响到材料级配设计。而且，路面的渗水性能是衡量路面质量好坏的一个重要标准，路面结构的透水性也是其防排水分析应该考虑的重要参数[60]。路面因水的入渗产生损害的形式和机理已有大量文献做了阐述[61,62]，但是如何合理地确定路面水的入渗量却鲜有研究。因此，进行沥青路面的渗水试验研究，制定合适的控制标准，改善施工控制手段，对解决水损害问题、保证沥青路面质量、延长沥青路面的使用寿命具有重要的意义。

目前,路面水渗入率的计算方法主要有以 Cedergren 为代表的水文学方法和以 Ridgeway 为代表的水力学方法[63]。Cedergren 认为，应该采用降水强度拟合方法计算渗入率[64]。依据降水量较少的美国西部的经验，建议采用一年一遇 1h 的设计降水强度的 33%～50%(沥青路面)作为路面水的设计渗入率。Ridgeway 在已使用多年的旧路面上进行路面水渗入率的测定试验，基于此试验，建议采用裂(接)缝的渗水率作为参考指标，提出了路面水渗入率的设计值为 $100cm^3/(h·cm)$[65]。美国国家公路与运输协会(American Association of State Highway and Transportation Officials，AASHTO)新建与维修路面结构的力学-经验设计指南采用了这一建议值来计算表面水的设计渗入率。我国目前是参照 Ridgeway 的设计方法来确定路面水的渗入率。对于沥青路面，现行的《公路排水设计规范》(JTG/T D33—2012)(以下简称《排规》)采用的路面渗入率设计值为 $0.15m^3/(d·m^2)$[66]，这个值对轻微破损路面是较为合理的，但是路面在使用阶段很容易产生裂缝，其破损情况是逐渐严重的。由于路面早期病害和水损害，高速公路在投入使用之后 3～5 年内就开始出现龟裂、裂缝(温度裂缝、反射裂缝等)等损害，远未达到设计使用寿命，而这种损害带来的维修和经济上的损失比采用高路面水渗入率设计的排水设施尺寸所需要的投资更大，而且损坏的路面也不一定能得到及时维修，这样会加剧路面水损害[67]。因此，提前做好应对由于路面破损而使雨水大量渗入路面结构的排水设计是很有必要的。

降落到路面表面的水有几种产流方式：路表径流、路面裂缝的渗流、面层内部的横向渗流，以及基层内部的横向、纵向渗流。经过简化处理，在充分供水条件下，对路面裂缝渗入率有影响的因素有路表径流、裂缝渗流及排水基层渗流。而裂缝渗流和面层渗流简化为竖向渗流，排水基层渗流为横向渗流。

1) 路面材料入渗模拟

基于毛管(微管)束模型，可推导出毛管渗流量的公式为

$$q_i = -\frac{\pi r_i^4}{8\mu}\frac{\mathrm{d}p}{\mathrm{d}L} \tag{6.1.2}$$

式中，q 为渗流量，$\mathrm{m^3/s}$；r 为微管半径，m；下标 i 为不同直径的微管；μ 为黏度，Pa·s；p 为孔隙水压力，kPa；L 为渗流长度，m。

多孔介质的总流量为

$$q = -\sum_{i=1}^{N} N_i \frac{\pi r_i^4}{8\mu}\frac{\mathrm{d}p}{\mathrm{d}L} \tag{6.1.3}$$

式中，N 为微管根数。

多孔介质的孔隙率为

$$\phi = -\frac{1}{A}\sum_{i=1}^{N} N_i \pi r_i^2 \tag{6.1.4}$$

式中，A 为截面面积，$\mathrm{m^2}$。

假如用等直径的微管束模型描述多孔介质，则通过路面孔隙入渗的水量为

$$q = -N\frac{\pi r^4}{8\mu}\frac{\mathrm{d}p}{\mathrm{d}L} \tag{6.1.5}$$

同样地，可以采用微管理论模拟沥青路面面层和排水基层的渗流情况，只是采用的微管直径不同。

2) 裂缝水流动模拟

目前对裂缝(隙)中水渗流的计算一般采用控制体积法和求解 Nervier-Stoke 方程的方法[68]。对于路面裂缝中的水流，可以忽略压力沿裂缝宽度方向的变化，认为压力仅沿长度方向变化。由于求解 Nervier-Stoke 方程较为复杂，采用控制体积法求解裂缝(隙)水的渗流量会更为有效，而且精度完全能够满足工程要求[69]。控制体积法沿裂缝长度方向取若干个微分段，通过研究微分段中水流的运动来得到问题的解。

采用控制体积法求解时，不可压缩液体质量守恒定律可描述为[70]

$$\frac{\mathrm{d}m}{\mathrm{d}t}=\rho\frac{\mathrm{d}}{\mathrm{d}t}\int_{V}\mathrm{d}V+\rho\oint_{\Omega}(u\cdot n)\mathrm{d}A=0 \tag{6.1.6}$$

$$\int_{V}\mathrm{d}V=\frac{1}{2}\left(w_y+w_y+\frac{\partial w_y}{\partial y}\mathrm{d}y\right)\mathrm{d}y\approx w_y\mathrm{d}y \tag{6.1.7}$$

$$\int_{\Omega}(u\cdot n)\mathrm{d}A=-\frac{4}{3}\frac{\partial q_y}{\partial y}\mathrm{d}y \tag{6.1.8}$$

式中，w_y为微分段裂缝一端的宽度；$\frac{\partial w_y}{\partial y}\mathrm{d}y$为裂缝长度在所取微分段方向($y$方向)上的变化量；$w_y+\frac{\partial w_y}{\partial y}\mathrm{d}y$为裂缝另一端的长度；$\frac{1}{2}\left(w_y+w_y+\frac{\partial w_y}{\partial y}\mathrm{d}y\right)\mathrm{d}y$为单位厚度的水的体积。

联立式(6.1.6)～式(6.1.8)可以得到裂缝(隙)中水渗流运动的表达形式[64,71]，表示为

$$\frac{\partial w_y}{\partial t}=\frac{4}{3}\frac{\partial q_y}{\partial y} \tag{6.1.9}$$

根据泊肃叶解[64]，可知y断面的渗流量为

$$q_y=-\frac{w_y^3}{12\mu}\frac{\partial P_y}{\partial y} \tag{6.1.10}$$

对于路面面层材料，其本身就具有一定的渗透能力。雨水通过路面表面的孔隙渗入结构层，进而渗入排水基层。因此，本节将建立面层、排水基层之间的渗流计算模型，计算面层和排水基层之间的渗流量。模型的建立基于如下假设：

(1) 密级配沥青混凝土的孔隙率一般为2%～5%，渗透系数一般为10^{-7}～10^{-10}cm/s，与裂缝的渗透系数相比非常小，因此计算时忽略面层内部的横向渗流。

(2) 排水基层与承重基层之间要做好隔水措施，因此排水基层以下视为不排水基层。

(3) 渗流只产生于面层和排水基层之间。

(4) 路面水渗透路径主要为路面表面分布的孔隙和裂缝。

(5) 忽略由荷载导致的渗流过程中的动力效应[65]。

基于所做出的假设条件，建立如图6.1.15所示的渗流模型。在距面层端点x处，取宽度为dx的微分段。在这个微分段中，水流透过面层孔隙而渗入排水基层。假设面层上部的水头为h_1，下部的水头为h，则水流透过面层的水头损失为h_1-h，

若该段面层的厚度为 l，则面层渗流的水力坡降为 $J=\dfrac{h_1-h}{l}$。

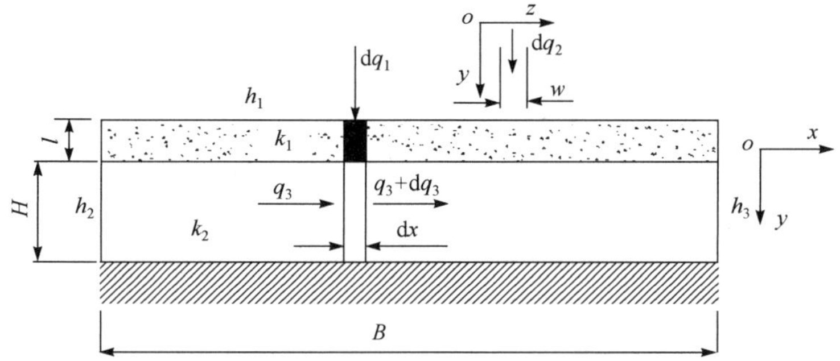

图 6.1.15　排水基层的渗流计算模型一

本节采用等直径的微管模型模拟水在面层中的入渗情况，因此通过该微分段面层渗入排水基层中的水量为

$$dq_1 = N\frac{\pi r_1^4}{8\mu}\frac{dp}{dy} \tag{6.1.11}$$

孔隙率为

$$\phi_1 = \frac{N\pi r_1^2}{1\cdot dx} \tag{6.1.12}$$

因此可以得到

$$dq_1 = \rho g\frac{\phi_1 r_1^2}{8\mu}\frac{h_1-h}{l}dx \tag{6.1.13}$$

式中，$\dfrac{dp}{dy}$为水力梯度，可以用水力坡降 $\rho g\dfrac{h_1-h}{l}$ 代替；ρ 为流体(水)的密度；r_1 为面层材料的微管半径；ϕ_1 为面层材料的孔隙率；dq_1 为通过微分段 dx 的面层渗入的水量；h_1 为面层微分段顶面处的水头，假设以 x=0 处排水基层顶面作为位置水头 0 点，则面层顶面水头 $h_1 = l + BJ_0$，l 为面层厚度，B 为路面横向宽度，J_0 为渗流路径的坡度，等于道路合成坡度，$J_0=\sqrt{i_h^2+i_z^2}$，i_h 为道路横坡，i_z 为道路纵坡；h 为面层微分段底面处的水头。

另外，可采用式(6.1.10)计算裂缝中的渗流量。裂缝的密度可以表示为 $\gamma=\dfrac{Nw}{l}$，其物理意义为路面纵向单位长度内等宽裂缝的条数。其中，w 为裂缝的宽度，N 为裂缝的条数。因此，路面纵向每延米中通过路面裂缝入渗的水量为

$$dq_2 = \rho g \frac{\gamma w^2}{12\mu}\frac{h_1 - h}{l}dx \tag{6.1.14}$$

在排水基层中，通过相应宽度(dx)排水基层的渗流量为

$$q_3 = \rho g \frac{\phi_2 r_2^2}{8\mu}\frac{d(h_2 - h)}{dx}H \tag{6.1.15}$$

式中，r_2为排水基层材料的微管半径；ϕ_2为排水基层材料的孔隙率；h_2为排水基层在上游断面(x=−B)处的水头，若以 x=0 的排水基层顶部作为位置水头 0 点，则 $h_2 = BJ_0$； $d(h_2 - h)$ 为宽度为 dx 的排水基层微分段中的水头损失。由于 $d(h_2 - h) = -dh$，因此

$$dq_3 = \rho g \frac{\phi_2 r_2^2}{8\mu}\frac{d^2(h_1 - h)}{dx^2}Hdx \tag{6.1.16}$$

根据渗流的连续性，在 dx 宽度段内，通过面层和裂缝渗入排水基层的渗流量 $dq_1 + dq_2$ 等于排水基层在该段宽度内渗流量的增量 dq_3，即

$$\frac{d^2(h_1 - h)}{dx^2} = \alpha^2(h_1 - h) \tag{6.1.17}$$

式中，

$$\alpha = \sqrt{\frac{\phi_1 r_1^2 + \frac{2}{3}\gamma w^2}{Hl\phi_2 r_2^2}}$$

式(6.1.17)就是路面面层与排水基层之间水量交换的渗流平衡方程。

3) 龟裂路面裂缝水流动模拟

基于假设条件，建立如图 6.1.16 所示的渗流模型。

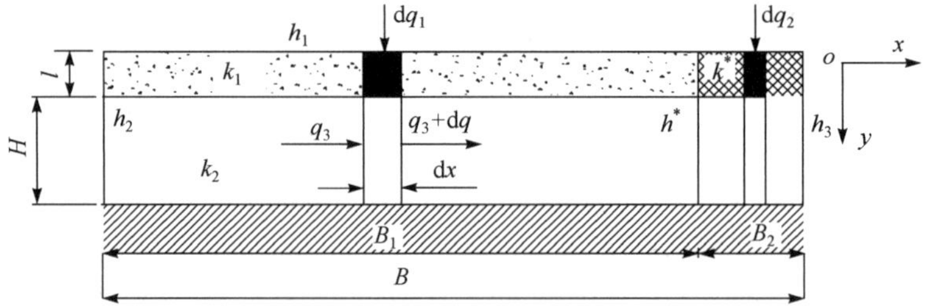

图 6.1.16　排水基层的渗流计算模型二

由于龟裂破损路面表面裂缝并不规则，要计算龟裂入渗水量，需要得到路面龟裂部分的宽度。设路面龟裂的面积为 A^*，沿垂直于纸面单位厚度的龟裂宽度为

$B_2 = A^* / l$ 。龟裂部分的渗透系数为 k^*；排水基层中在 $x = B_2$ 处的水头为 h^*。龟裂位置的渗透系数可以按现场变水头试验测出，计算公式为

$$k = \frac{al}{At} \ln \frac{h_1}{h_e} \tag{6.1.18}$$

式中，k 为渗透系数，cm/s；a 为储水管的横截面面积，cm^2；l 为试件高度，cm；A 为试件横截面面积，cm^2；t 为试验经过的时间，s；h_1 为计时开始时的水头，cm；h_e 为计时结束时的水头，cm。

2. 路面渗入率的计算分析

1)模型解析

求解式(6.1.17)，可以得到其通解为

$$h_1 - h = C_1 e^{\alpha x} + C_2 e^{-\alpha x} \tag{6.1.19}$$

式中，C_1 和 C_2 为积分常数。

为确定积分常数，给出以下边界条件：当 $x=0$ 时，$h = h_3$；当 $x=-B$ 时，$h = h_2$ 。则可以得到

$$\begin{cases} C_1 = \dfrac{h_1\beta^2 - h_3\beta^2 - h_1\beta + h_2\beta}{\beta^2 - 1} \\ C_2 = \dfrac{h_1\beta^2 - h_2\beta - h_1 + h_3}{\beta^2 - 1} \end{cases} \tag{6.1.20}$$

式中，

$$\beta = e^{\alpha B}$$

2) 面层和排水基层渗水量计算

(1) 模型一。

通过路面面层渗入的水量可以表示为

$$q_m = \int_{-B}^{0} (dq_1 + dq_2) dx \tag{6.1.21}$$

将常数 C_1 和 C_2 代入式(6.1.19)并联立式(6.1.13)、式(6.1.14)和式(6.1.21)，可以得到总水量为

$$q_m = \frac{\dfrac{\phi_1 r_1^2}{8\mu} + \dfrac{\gamma w^2}{12\mu}}{\alpha l(\beta^2 - 1)} (2h_1\beta^2 - h_2\beta^2 - h_3\beta^2 - 4h_1\beta + 2h_2\beta + 2h_3\beta + 2h_1 - h_2 - h_3) \tag{6.1.22}$$

因为路面宽度 B 相对较大， $\beta = e^{\alpha B}$ 近似于无穷大，所以式(6.1.22)可以简

化为

$$q_{\mathrm{m}}=\frac{\rho g\left(\frac{\phi_1 r_1^2}{8\mu}+\frac{\gamma w^2}{12\mu}\right)}{\alpha l}(2h_1-h_2-h_3) \tag{6.1.23}$$

如果不计排水基层末端水流的流速水头，则 $h_3=0$ ， $h_1=l+BJ_0$ ， $h_2=BJ_0$ ，式(6.1.23)可简化为

$$q_{\mathrm{m}}=\frac{\rho g\left(\frac{\phi_1 r_1^2}{8\mu}+\frac{\gamma w^2}{12\mu}\right)}{\alpha l}(2l+BJ_0) \tag{6.1.24}$$

将 α 的表达式代入式(6.1.24)，化简得到

$$q_{\mathrm{m}}=\frac{\rho g\left(\frac{\phi_1 r_1^2}{8\mu}+\frac{\gamma w^2}{12\mu}\right)}{l\sqrt{\frac{\phi_1 r_1^2+\frac{2}{3}\gamma w^2}{Hl\phi_2 r_2^2}}}(2l+BJ_0) \tag{6.1.25}$$

根据式(6.1.2)～式(6.1.4)可以得到

$$v=-\left(\frac{\phi}{8}\sum_{i=1}^{N}\frac{N_i r_i^4}{N_i r_i^2}\right)\frac{1}{\mu}\frac{\mathrm{d}p}{\mathrm{d}L} \tag{6.1.26}$$

根据微管渗流理论可知，路面渗透率可以表示为

$$K=\frac{\frac{\phi}{8}\sum_{i=1}^{N}N_i r_i^4}{\sum_{i=1}^{N}N_i r_i^2} \tag{6.1.27}$$

本节假设微管直径为统一直径 r，则渗透率公式可以表示为

$$K=\frac{\phi}{8}r^2 \tag{6.1.28}$$

将式(6.1.28)代入式(6.1.25)，化简得到

$$q_{\mathrm{m}}=\frac{\rho g}{\mu}\sqrt{\frac{HK_2}{l}\left(K_1+\frac{\gamma w^2}{12}\right)}(2l+BJ_0) \tag{6.1.29}$$

式中，q_{m} 为全宽裂缝时的路面渗水量，$\mathrm{m^3/(s\cdot m)}$；K_1 、K_2 分别为面层和排水基层的渗透率，$\mathrm{m^2}$。

将渗透率转化为渗透系数可以表示为

$$q_{\mathrm{m}}=\frac{g}{\nu}\sqrt{\frac{\nu}{g}\frac{Hk_2}{l}\left(\frac{\nu}{g}k_1+\frac{\gamma w^2}{12}\right)}(2l+BJ_0) \tag{6.1.30}$$

式中，ν 为水的动力黏度，m^2/s。

当路面无破损时(不考虑裂缝存在)，可以得到路面渗水量为

$$q'=\sqrt{\frac{Hk_2k_1}{l}}\left(2l+BJ_0\right) \tag{6.1.31}$$

则无损与有裂缝存在的路面中的渗水量差值为

$$\Delta q=\frac{g}{\nu}\sqrt{\frac{\nu}{g}\frac{Hk_2}{l}\left(\frac{\nu}{g}k_1+\frac{\gamma w^2}{12}\right)}(2l+BJ_0)-\sqrt{\frac{Hk_2k_1}{l}}(2l+BJ_0) \tag{6.1.32}$$

设裂缝长度为 L_{c}，$\lambda=\frac{L_{\mathrm{c}}}{B}$，则长为 L_{c} 的裂缝的渗水量 $q_{\mathrm{c}}=\lambda\Delta q$，因此路面总体的渗水量可以表示为

$$Q_{\mathrm{m}}=\left[(1-\lambda)\sqrt{\frac{Hk_2k_1}{l}}+\lambda\frac{g}{\nu}\sqrt{\frac{\nu}{g}\frac{Hk_2}{l}\left(\frac{\nu}{g}k_1+\frac{\gamma w^2}{12}\right)}\right](2l+BJ_0) \tag{6.1.33}$$

另外，路面渗入率为

$$I_{\mathrm{m}}=\left[(1-\lambda)\sqrt{\frac{Hk_2k_1}{l}}+\lambda\frac{g}{\nu}\sqrt{\frac{\nu}{g}\frac{Hk_2}{l}\left(\frac{\nu}{g}k_1+\frac{\gamma w^2}{12}\right)}\right]\left(2\frac{l}{B}+J_0\right) \tag{6.1.34}$$

从路面渗入率的表达式可以看出，路面渗入率与路面面层和排水基层的渗透系数、厚度、路面横向宽度、裂缝的分布密度和宽度等因素均有关，下面将对这几种影响因素进行分析。

(2) 模型二。

根据模型一的解析方法(此处不再做详细推导)，可以得到

$$q^*=\sqrt{\frac{Hk_2k_1}{l}}\left(2l+B_1J_0\right)+\sqrt{\frac{Hk_2k^*}{l}}\left(2l+B_2J_0\right) \tag{6.1.35}$$

从式(6.1.35)中可以看出，合理计算路面在龟裂情况下的入渗量，应测出路面龟裂破损的程度，然后将路面按破损面积大小换算成一定宽度且具有某个渗透系数的路面，进而计算不同破损程度的路面渗入率。

3. 讨论分析

1) 试验分析

为了对比分析路面在两种情况下(没有出现早期破损及发生裂缝和龟裂的路

面)的路面渗入率，作者在某高速公路沥青路面测定了路面发生龟裂处的渗水系数，并换算成渗入率，与未破损路面进行对比，对比结果如表 6.1.5 所示。

表 6.1.5　龟裂路面渗水系数测定结果

编号	龟裂面积 A/cm^2	渗水系数 C_w/(mL/min)	渗透系数 k/(m/s)	渗入率 I/[m^3/(d · m^2)]
1	0	42.5	0.000582	0.0613
	1000	1286.4	0.017614	1.8541
2	0	34.1	0.000467	0.0492
	2550	2698.6	0.036951	3.8942
3	0	10.6	0.000145	0.0153
	1300	1658.2	0.022705	2.3894
4	0	9.5	0.000130	0.0137
	2000	2446.3	0.033496	3.5278
5	0	12.2	0.000167	0.0176
	600	520.0	0.007120	0.7495
6	0	10.3	0.000141	0.0149
	620	884.2	0.012107	1.2759

从表 6.1.5 可以看出，路面在龟裂后的渗水系数和渗入率是未破损路面的 30～260 倍，龟裂部位的表面渗入率为 0.7495～3.8942m^3/(d · m^2)，平均值为 2.28m^3/(d · m^2)，显然比《排规》中的 0.15m^3/(d · m^2)要高出很多。这对局部地段的排水和局部地段的水损害加剧有显著影响。表 6.1.6 是 1996 年同济大学在上海的开裂旧沥青混凝土路面上进行表面水渗入率的试验测定结果[64]。由表可知，对于沥青混凝土路面，不同类型和状况的裂缝表面水渗入率在 0～1250cm^3/(h · cm)缝变化，平均值为 371cm^3/(h · cm)，也高于《排规》中的 150cm^3/(h · cm)。当然，龟裂部位和裂缝部位的渗入率肯定会相对较高，因此对路面破损情况的调查是确定高速公路设计渗入率的重要内容。

表 6.1.6　沥青混凝土路面裂缝的表面渗入率测定结果

测点编号	裂缝类型	量测长度/cm	裂缝损坏情况	渗入率/[cm^3/(h · cm)]
1	交叉裂缝	80	缝隙宽约 1mm	93.8
2	纵向裂缝	53	缝隙宽约 1mm	113.2
3	斜向裂缝	42	缝隙宽约 1mm	300
4	纵向裂缝	51	缝隙宽约 1mm	588.2
5	纵向裂缝	47	缝隙宽约 1mm	638.3

续表

测点编号	裂缝类型	量测长度/cm	裂缝损坏情况	渗入率/[cm^3/(h · cm)]
6	交叉裂缝	48	缝隙宽约 2mm	1250
7	横向裂缝	60	缝隙最宽处约 5mm	125
8	横向裂缝	50	缝隙最宽处约 6mm	50
9	横向裂缝	50	缝隙最宽处约 7mm	300

2) 计算分析

对于具有某种破损程度的路面，设置排水基层时，可以在调查研究的基础上，结合面层材料的渗透系数，采用式(6.1.33)和式(6.1.34)来估算路表水的渗入量和渗入率以进行排水基层设计。

(1) 裂缝密度的分析。路面裂缝的分布密度是路面纵向单位长度横向裂缝的条数，可以用路面横向裂缝的纵向平均间距来描述，即横向裂缝条数为 1 时的纵向距离。计算参数如表 6.1.7 所示。路面横向裂缝的平均间距、横向裂缝长度和宽度对路面水渗入基层的渗入率的影响如图 6.1.17 和图 6.1.18 所示。

表 6.1.7　计算参数表

动力黏度 ν/(m^2/s)	重力加速度 g/(m/s^2)	排水层厚度 H/m	面层厚度 h/m	面层渗透系数 k_1/(m/s)
1.0×10^{-6}	9.8	0.1	0.18	0.0001
排水层渗透系数 k_2/(m/s)	路面横向宽度 B/m	路面综合坡度 J_0	裂缝密度γ	裂缝宽度 w/m
0.01	10	0.02	0.0001	0.001

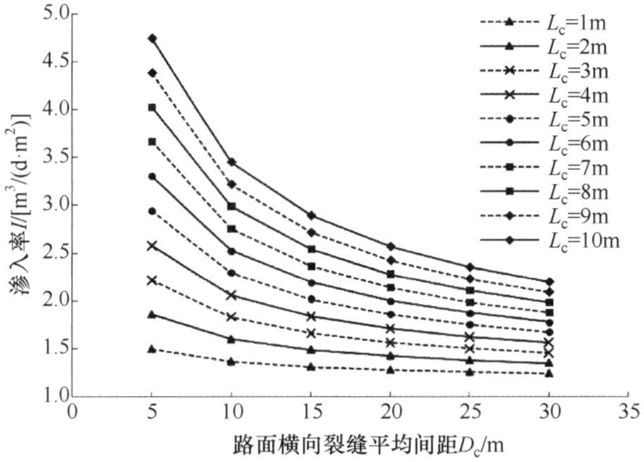

图 6.1.17　裂缝长度和裂缝间距对渗入率的影响

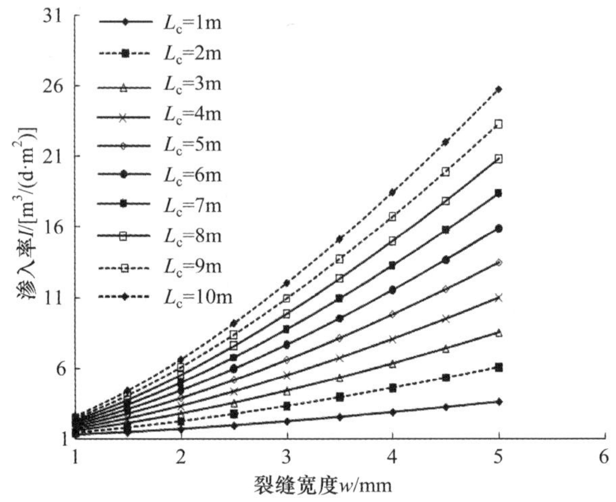

图 6.1.18　沥青路面裂缝宽度对渗入率的影响(间距为 20m)

从图 6.1.17 和图 6.1.18 可以明显看出，横向裂缝宽度和横向长度对路面水渗入率的影响是较为明显的，裂缝为路表水渗入路面结构层内部的主要通道，因此在进行路面排水层厚度设计时渗水量需要计算，而不是片面地采用统一的经验标准。从 Ridgeway 的研究成果和同济大学的试验成果来看，裂缝在一般发育情况下的路面水渗入率处于 230～300cm^3/(h · cm)，而充分发育情况下会更大。这就说明在路面投入运营后某一个时间段内，路面破损对路面水渗入量的影响很显著。

(2) 路面局部龟裂程度分析。通过理论推导可得在路面一定龟裂破损的情况下，路面水渗入结构层和排水基层的水量，参见式(6.1.35)。

为了更直观地体现龟裂部位对路面渗入水量的影响,采用表 6.1.5 中测得的路面龟裂位置的渗透系数，为 0.0001～0.04m/s。单位面积的龟裂路段按照龟裂程度换算 B_2，轻微龟裂路面 B_2 为 0～50cm，中等龟裂路面 B_2 为 50～200cm，严重龟裂路面 B_2 大于 200cm。计算结果如图 6.1.19 所示。

图6.1.19仅仅是路面发生局部龟裂时,路面的渗入率与龟裂部位破损程度的关系。事实上，路面不可能大面积处于这种高渗水的状态。因此，在计算整体路面由于龟裂而产生的渗水量时，还需要调研龟裂部位在某段路面上的分布状况及龟裂裂缝的破损程度，这是经验和设计需要考虑的。

(3) 关于排水基层厚度及材料的选定。当确定了面层厚度和材料组成后，如何选择排水基层的厚度和渗透系数是主要的研究内容。本节按路面水最大入渗量的情况进行分析，即 $\lambda=1$ 。可以得到

$$Hk_2 = \frac{hvQ_{\rm m}^2}{g(2h+BJ_0)^2\left(\dfrac{\nu}{g}k_1+\dfrac{\gamma w^2}{12}\right)} \tag{6.1.36}$$

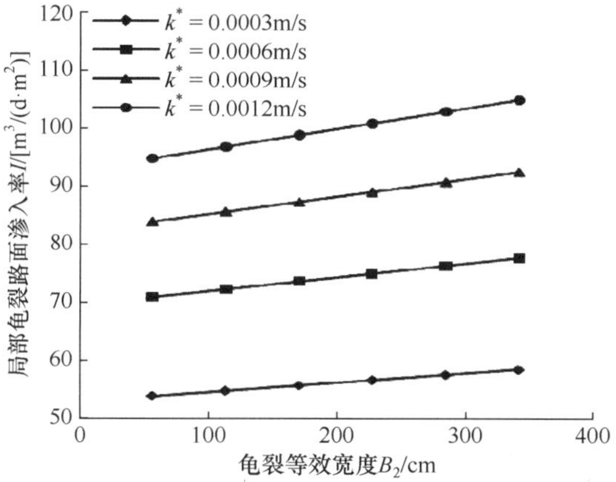

图 6.1.19 局部龟裂路面渗入率的计算

在我国，沥青面层的厚度通常为 16～24cm，基层厚度通常为 30～40cm，垫层厚度一般为 20cm。对于排水基层，厚度太小不能满足排水要求，厚度太大又不利于施工，通常在 8～15cm 变化。虽然所需厚度可以通过水力计算确定，但通常选用 10cm 厚，便足以满足排水需要。作为路面结构的基层或基层的一部分，也可按承受荷载的需要增加排水基层的厚度，但这时需对结构设计方案(增加其他结构层的强度或厚度)考虑经济因素，通常采用排水基层替代部分面层。

从式(6.1.36)可以看出，面层的厚度和材料确定后，考虑到路面裂缝，可以由试验得出的路面水渗入量确定某种用于排水基层材料的厚度。厚度的确定还与排水基层的渗透系数密切相关。一般来讲，排水基层需要具有一定的渗透系数才能满足某种设计工况的要求。例如，透水性水泥稳定碎石基层材料的渗透系数约为 2.0cm/s，级配Ⅱ型沥青处治碎石透水基层材料的渗透系数约为 2.4cm/s，级配Ⅵ型沥青处治碎石透水基层材料的渗透系数约为 1.1cm/s。美国的研究表明，透水性材料的最小渗透系数应达到 0.135cm/s，所铺成的透水基层才能具有良好的排水效果[72]。

对 Ridgeway 和同济大学的路面水的渗入率测试数据进行汇总，可以得到路面水的渗入率为 0～300cm^3/(h · cm)。取渗入率为 300cm^3/(h · cm)作为设计渗入率，取排水基层的渗透系数为 1.0～2.0cm/s 来确定排水基层厚度，其他计算参数见表 6.1.7，计算结果如图 6.1.20 所示。

从图 6.1.20 可以看出，当表面水渗入量一定时，透水材料的渗透系数越大，所需要的排水基层厚度越小。需要说明的是，分析只是从渗透系数的角度进行的，在确定路面的厚度后，排水基层厚度的确定不仅与排水基层的渗透系数有关系，还要考虑到路面结构整体的强度要求。例如，如果采用渗透系数较大的排水基层材料，其孔隙率较大，但是其强度比孔隙率小的同种材料要小，因此在满足排水

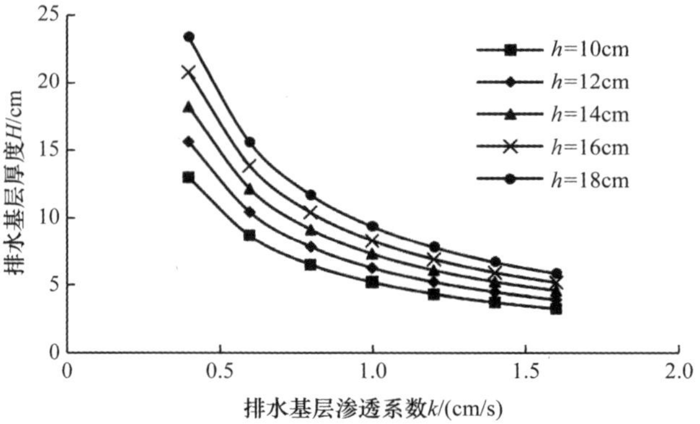

图 6.1.20 沥青路面排水基层渗透系数与厚度的关系

设计的同时还需要满足基层强度的要求。这样可以找到一个平衡点来确定最合理的排水基层材料类型和厚度。

6.2 路面结构水害治理关键技术

6.2.1 沥青路面水害治理关键技术

1. 增设内部排水系统

对路面渗水病害，研究发现主要是基层排水不良造成的，路面渗水上基层横向排水结构处治技术可有效地将路基内的水排出，解决水害问题。

在填方段上基层部位采用双层组合曲纹网状 PE 透水管，分为外管和内管，外管为 1/3 不透水管，内管是全透型管，外管尺寸是ϕ110mm，内管尺寸是ϕ60mm。

2. 裂缝修复技术

1) 清缝灌缝处治面层裂缝

清缝灌缝主要是使用热空气喷枪或压缩空气清理裂缝中的碎屑，然后灌入密封剂进行封缝。

该技术适用于新建或近期修建的沥青面层，基层、横断面及横向支撑状况良好，可见的面层损坏包括横向裂缝或纵向裂缝，并且裂缝上很少有或根本没有支缝，破裂面上没有出现松散的情况。

灌缝处治面层裂缝材料应采用符合国家标准的灌缝材料，也可采用 SBS 改性沥青。SBS 改性沥青宜采用《公路沥青路面施工技术规范》(JTG F40—2004)中的 I-D 型改性沥青，这主要是由于该类改性沥青具有黏结性好、弹性较好、耐久性好的特点，其主要技术指标要求如表 6.2.1 所示。

表 6.2.1　SBS 改性沥青的主要技术指标要求

检测项目	技术指标要求
针入度(25℃, 100g, 5s)	≥40
针入度指数 PI	≥+0.2
延度/cm	≥20
软化点/℃	≥60
闪点/℃	≥230
弹性恢复/%	≥70
RTFOT 后质量损失/%	≤1.0
RTFOT 后延度(5℃)	≥15

2) 扩缝灌缝处治面层裂缝

采用路面锯或开槽机在裂缝集中处设置一道封料槽，然后填入密封剂。这一措施可以减少或防止水分和异物进入路面结构内部。水分或异物进入路面结构时，会损坏基层材料，并阻碍路面自由伸缩变形。

该技术适用于基层、横断面及横向支撑状况良好，可见的面层损坏包括纵横向的裂缝，并且裂缝上很少有或根本没有支裂缝的情况。扩缝灌缝处治面层裂缝材料的要求与清缝灌缝处治面层裂缝材料的要求一样。

3) 压缝带处治面层裂缝

压缝带是一种以沥青、改性剂为主要成分的宽度不等的带状产品，其上有一层塑料薄膜保护压缝带的上表面不受污染，可分为自黏型和热黏型两种[73]。

该技术适用于沥青路面常见的反射裂缝、单条非反射裂缝的处治作业。裂缝宽度为 8～20mm。反射裂缝处治前，一般情况下需对基层进行处理或对路基进行处理(如进行深层灌浆处理等)。

压缝带处治面层裂缝作业材料应具备良好的黏结性、弹性、耐水性、高温稳定性、低温柔性、耐冲击性和耐久性，使用方便快捷。对于较宽的裂缝，所填材料为乳化沥青砂，现场拌制。

3. 坑槽修复技术

路面基层完好，仅面层有坑槽时的维修按照圆洞方补、斜洞正补的原则，画出所需修补坑槽的轮廓线[74]。

对交通量较小的路段，在低温寒冷季节或雨季无法采用常规方法，也无条件采用合适的材料修补坑槽时，为防止坑槽面积扩大，可采取临时性措施对坑槽予以处治，待天气好转后再按技术指南要求重新修补。

若基层局部强度不足等使基层破坏而形成坑槽，应将基层全部挖除，处治好基层，再修复面层。

1) 冷凿热补作业

切割并凿除需要处理的路面部分，然后用热拌沥青混合料进行填补并压实。

该技术适用于采用冷凿热补工艺处治沥青路面常见的坑槽、龟裂、网裂、翻浆、修补不良及小面积沉陷、松散、泛油、拥包等病害的作业。

冷凿热补作业采用同质修补的方法施工，沥青混合料事先由沥青拌和楼生产好，并可根据路面厚度预制成相应厚度和尺寸的预制块，修补作业时直接放入坑槽内再加热即可(修补设备配备加热板时的作业方法)。

黏层油采用 A-70 热基质沥青，质量符合《公路沥青路面施工技术规范》(JTG F40—2004)的要求。

2) 微波热补作业

利用微波加热技术对坑槽等病害处治部位进行加热，再用铁铲和铁耙耙松表面混合料，铲除不用的旧混合料，添加新沥青混合料，最后压实路面。

该技术适用于微波修补设备处治沥青路面常见的坑槽、龟裂、网裂、翻浆、修补不良及小面积沉陷、松散、泛油、拥包等病害的热凿热补作业。

微波热补作业采用同质修补的方法施工，即新补沥青混合料与原路面在材料、沥青混合料类型和性能方面均相同，新补沥青混合料事先由沥青拌和楼集中生产好备用。

修补作业时坑槽四壁及底部涂洒 A-70 热基质沥青。当旧料可部分再利用时，喷洒适量的 PA-1 系列快裂式改性乳化沥青。沥青材料应符合《公路沥青路面施工技术规范》(JTG F40—2004)的要求。

3) 红外线作业

利用红外线加热技术对坑槽等病害处治部位进行加热，再用铁铲和铁耙耙松表面混合料，铲除不用的旧混合料，添加新沥青混合料，最后压实路面[75]。

该技术适用于采用红外补路设备处治沥青路面常见的坑槽、龟裂、网裂、翻浆、修补不良及小面积沉陷、松散、泛油、拥包等病害的热凿热补作业。

红外热补作业材料要求与微波热补作业要求相同，即采用同质修补的方法作业。

4) 冷凿冷补作业

凿除需要处理的路面部分，然后用冷拌沥青混合料进行填补并压实。

该技术适用于气温较低、雨雪季节或工期紧迫情况下沥青路面坑槽的修补作业，包括坑槽的临时性修补作业[76]。

冷凿冷补作业材料采用全天候冷补沥青混合料。黏层油一般采用 AH-70 热沥青，临时性修补时则采用阳离子快裂型乳化沥青。沥青材料应符合《公路沥青路面施工技术规范》(JTG F40—2004)的要求。

5) 喷射冷补作业

利用自动坑槽修补车自带的鼓风机喷出的高强空气流实现对坑槽内部的清洁，利用喷管喷射的沥青混合料直接修补坑槽。

该技术适用于气温较低、雨雪季节或工期紧迫情况下沥青路面坑槽的修补作业，包括坑槽的临时性修补作业。

喷射冷补作业材料采用全天候冷补沥青混合料。黏层油一般采用热的乳化沥青，沥青混合料采用的黏结料为乳化沥青，临时性修补时则采用阳离子快裂型乳化沥青。乳化沥青材料应符合《公路沥青路面施工技术规范》(JTG F40—2004)的要求。

4. 松散修复技术

沥青路面松散根据严重程度可以分为轻、重两种类型。路面细集料散失、脱皮、麻面等表面损坏为轻度，可以采用雾封层、沥再生、沥青复原剂等措施修复；路面粗集料散失、脱皮、麻面、露骨，表面剥落、有小坑洞，可以采用微波技术、红外修补技术等。

1) 雾封层

雾封层技术就是利用专用雾封层洒布车在沥青面层喷洒一层薄薄的、高渗透性的改性乳化沥青，以形成一层严密的防水层将路面空隙封闭，起到隔水防渗、保护路面功能的作用[77]。

该技术适用于沥青表面层轻度到中度细料损失或散落的高速公路，包括更新和保护旧氧化沥青路面、填补小型裂缝和表面空隙、保持和维护重交通路肩等。

使用雾封层前，必须对路面的抗滑性能进行检测和评价，抗滑系数 SFC≥45 才能使用。

雾封层所使用的材料一般为乳化沥青和水,有时可以添加一定比例的添加剂，其中乳化沥青可以添加阳离子或阴离子，符合相关规范技术要求。

2) 沥再生

沥再生是一种新型的高效渗透性的沥青再生密封剂，呈黑色油状。将其涂刷于路面表层，一个月后沥再生的渗透深度可达 1.5cm 以上，与原沥青结构层融为一体，从而缓解了路面的硬化脆裂程度，恢复了路面的弹性、柔韧性和黏结力。

该技术适用于沥青表面层轻度到中度细料损失或散落的高速公路，包括更新和保护旧氧化沥青路面、保持和维护重交通路肩及微小裂缝等。

沥再生应用后基本上不会影响路面抗滑性能，使用寿命相对较短。使用时建议考虑原路面的抗滑性能，对原路面进行抗滑性能评价，然后确定采用沥再生的路段。防止采用该措施后，路面的抗滑系数达不到养护规范要求。

由多种成分按一定比例合成，其中煤沥青 35%～50%，石油蒸馏液 32%～

42%，再生剂 15%～40%，符合相关规范技术要求。

3) 沥青复原剂

沥青复原剂是一种含活化物的冷混合沥青还原剂，具有双组分，可根据路况来决定两种组分的掺配比例。沥青复原剂对老化的沥青路面、桥面进行渗透和黏结，激活老化沥青胶质恢复其原有活性、黏结性和弹性，使老化沥青路面或桥面形成新的保护层，从而提高沥青路面的抗疲劳性能，改善沥青路面的使用功能，延长路面或桥面的使用寿命。

该技术适用于沥青表面层轻度到中度细料损失、麻面、剥落、松散、渗水、微裂缝、沥青老化等引起的路面破坏。

沥青复原剂应用后会降低路面抗滑性能，使用寿命相对较短。必须考虑原路面的抗滑性能，对原路面进行抗滑性能评价，然后确定采用沥青复原剂的路段。防止采用该措施后，路面的抗滑系数达不到养护规范的要求。

6.2.2 水泥路面水害治理关键技术

1. 水泥路面接缝维修技术

水泥混凝土路面接缝包括纵向施工缝、纵向缩缝、横向缩缝等。接缝是水泥混凝土路面的薄弱环节，经常出现接缝填料损坏、纵向接缝张开、接缝板边和板角碎裂等病害。由于这些病害的产生，地面水从接缝渗入，使路面基层强度降低，在行车荷载作用下，导致唧泥、脱空、短板、沉陷等病害的产生，影响水泥路面的使用质量，因此对接缝必须加强养护和维修，使水泥路面经常处于良好状态，延长水泥路面的使用寿命。

1) 接缝维修材料

水泥混凝土路面的接缝维修材料分为接缝板和填缝料两大类。填缝料又分为加热施工式填缝料和常温施工式填缝料[78]。

2) 接缝维修方法

(1) 适用条件。

接缝壁要很完好，很少或基本没有剥落。接缝宽度在一年内任何温度下都不能小于 2.54cm。当路面比较新时，采用氯丁橡胶进行填封；当路面使用年限较长(超过 10 年)时，经常采用硅树脂来填封，当剥落深度不超过 2.54cm、宽度小于 3.81cm 时，可以采用自流平硅树脂进行填封(从接缝壁测量)。如果剥落超过了这个限制，为了使用硅树脂，应首先进行接缝剥落维修。

当接缝板边出现碎裂时，应按板边、角修补材料及方法进行修补。

(2) 操作程序。

① 清除旧的填封料。如果不清除旧的填封料，而简单地将填封料灌注在接缝

处，对于接缝维修基本起不了多大作用。清除旧的填封料和清扫接缝槽面是非常重要的步骤。槽面清扫干净，便于新的填封料与之相黏结。清除槽口时一定不能破坏槽口。

② 槽口整型。槽口中旧的填封料清除干净后，锯切能用来拓宽槽口。锯切能够清除掉所有剩余的填封料，为新的填封料提供一个黏结面。

在某些情况下，这个步骤不需要。如果旧的填封料已经通过手工清除干净，并且槽壁有足够的面积容许新的填封料黏结。通过锯切基本能使槽口有足够的黏结面，这样就不需要槽口成型。

在槽壁上留下的少许剥落散裂不会对大部分填封料的性能产生太大的影响。但是对于较大的剥落，需要在清扫槽口和灌注填封料前对其进行修补。

③ 清扫槽口。清扫是填封最重要的方面。对于每种液体填封料，都需要相同的清洁程序。槽面需要非常干净，才能保证良好的黏结性和长期性能。清洁后接缝槽壁上应该无灰尘、污物或可见的旧填封料残留物。要达到这种状况有赖于接缝的宽度。

不要用化学溶剂清洗槽口，溶剂会进入槽面的空隙和孔隙中，从而阻碍新的填封料与槽面的黏结。正确的方法是采用清洁水使用机械方法洗刷残留物。

④ 安装支撑棒。接缝清洁完毕后，要先安装支撑棒，再灌注液体填封料。支撑棒要与填封料相适应，并且直径要比接缝宽度大 25%。支撑棒可以用双轮、铁制轮或光滑的硬的工具，可以将支撑棒均匀地压入接缝至要求的深度。铁制轮允许调换中间压入轮产生不同的深度，从而保证最稳定的结果。有轻微缺陷的接缝需要用单轮。好的方法是使用压入轮碾压两次。

⑤ 安装填封料。灌注填封料前，用手指检查槽壁是否有灰尘或尘土。如果发现任何的残留物，都要重新清扫接缝。

对于不同填封料，灌注要求有少许不同。对于多数的液体填封料，都要求在开放交通前有一定的养护时间。一些填封料还对环境和路面温度有要求。压力填封对填封料的延展性和润滑性能都有限制。

2. 水泥路面裂缝修补技术

1) 修补原则

混凝土路面裂缝的形成是时间的函数。不同时间形成的裂缝表现形式不同，形成的病因不同，则采取的治理和修补措施也不同。因此，水泥混凝土路面裂缝修补不应简单地根据裂缝宽度进行，而应根据其裂缝产生的原因及其发展程度选用不同的修补材料、方法和施工工艺，且应对其原材料技术指标及施工质量控制与检验指标进行进一步研究。本节主要针对轻度和中度裂缝的修补技术进行分析，重度裂缝的修补一般均需换板并对基层进行处理。

水泥混凝土路面不同于其他混凝土结构物，它是裸露在大自然中的带状结构，路面不仅要经受车轮荷载的重复作用，还要经受大气温度周期性变化的影响。因此，嵌入路面裂缝的材料应具备良好的物理性质、化学性质、力学性质及耐久性。通过大量的混凝土路面裂缝病害和处治效果的调查分析，考虑到水泥混凝土路面结构、材料及施工等方面的主要影响因素，作为理想的路面早期裂缝修补材料，应具备与旧混凝土有良好的兼容性、工作性(工艺性质)、快速凝结硬化、与原水泥混凝土路面相当的抗弯拉强度和抗压强度、良好的界面黏结性能等。

2) 修补方法的选择

混凝土路面的裂缝情况比较复杂，修补时要根据具体情况采取相应的措施。通常，修补工艺主要分为两大类：一类是先破损再修复，另一类是直接修复。目前比较通用的修补方法有压注灌浆法、扩缝灌浆法、直接灌浆法、植筋补强、条带罩面法和全深度补块法。一般来讲，高速公路对路面的平整度要求较高，裂缝修补后要保证混凝土路面平整，车辆行驶安全、舒适，所以修补时应尽量不要破坏原有路面。

不同裂缝修补方法及修补材料有不同的修补目的及作用范围，《公路水泥混凝土路面养护技术规范(附条文说明)》(JTJ 073.1—2001)中仅规定根据裂缝宽度选择修补方法，作者发现在实际工程应用中裂缝修补存在很大误区，特别是针对水泥路面纵向裂缝，单纯按照规范的规定进行裂缝修补导致修补效果不佳。因此，作者建议在裂缝修补前先进行详细的路况检测，分析判断裂缝产生的原因，再根据其产生原因及发展程度选择相应的修补材料和方法。

当水泥路面横向轻微裂缝是由面板自身强度、厚度不足或施工养护等造成时，推荐采用直接修复的方法，即采用压注灌浆法、扩缝灌浆法或直接灌浆法，具体方法应根据裂缝宽度及发展程度来选择；当水泥路面横向轻微裂缝是由基层或土基引起时，应先对基层或土基进行压浆加固，再对裂缝进行灌缝处理，必要时采用条带罩面或植筋补强等修补方法。对于水泥路面横向中等裂缝，一般应采用条带罩面法进行修补，罩面用混凝土推荐采用快速修补混凝土；对水泥路面横向重度裂缝，一般采用全深度补块法，修补的范围根据板下基层的破损状况而定，必要时需进行整板更换。

由于水泥路面纵向裂缝一般是由土基不均匀沉降引起的，针对较轻微的纵向裂缝，推荐采用植筋补强的方法进行修补；针对中等纵向裂缝，推荐首先对板底进行压浆稳定处理后，再进行植筋加固；针对严重纵向裂缝，建议采用快速修补材料进行面板更换。

3) 修补方法及适用范围

(1) 压注灌浆法。压注灌浆法是将有机黏结材料用压力灌浆器灌入缝中的一种方法，对于宽度在 0.5mm 以下的非扩展性表面裂缝，宜采取这种方法。要求浆液强度高，渗透性好，流动性大。

(2) 扩缝灌浆法。对于缝口较宽的局部性非贯穿裂缝，可采取扩缝灌浆法。

(3) 直接灌浆法。对于缝口较宽的非扩展性表面裂缝，可采取直接灌浆法。要求灌浆液强度高、黏附力强、渗透性好、韧性好。

(4) 刚性绑带法(条带罩面法)。对于贯穿全板厚的开裂状单条裂缝，宜采取刚性绑带法。修补混合料选用高早强高韧性微膨胀快速修补材料。

(5) 跨缝斜孔植筋裂缝修补工艺。目前对裂缝修补的常用方法，多数没考虑设置传荷装置，裂缝修补后，路面板的整体性得不到恢复，修复的寿命非常有限；对于设置传荷装置的裂缝修补方法，如刚性绑带法和养护规范中提出的条带法，具有施工难度大、封闭交通时间长等明显不足。针对以上实际情况，作者对裂缝修补工艺进行了研究，提出了跨缝斜孔植筋施工工艺，这种裂缝修补方法具有对路面破坏小、耐久、能恢复路面板整体性、施工简单、快速等优点。

6.3　路面结构水害治理工程及效果评价

本节以 8 处路面工程水害为例，分别介绍水泥路面和沥青路面水害治理的成效。

6.3.1　广东某高速公路 A 水泥混凝土路面水损害处治工程

广东某高速公路 A 按四车道修建，行车道为水泥路面，硬路肩为沥青表处路面。行车道路面结构为 25cm C40 水泥混凝土面层+18cm 6%水泥稳定级配碎石基层+15～18cm 4%水泥稳定石屑底基层；硬路肩路面结构为 5cm 中粒式沥青混凝土面层+20cm 级配碎石+18cm 水泥稳定级配碎石基层+15～18cm 4%水泥稳定石屑底基层。

广东某高速公路 A 路面内部排水系统不够完善，造成层间水排水不畅，形成蓄水槽式的横断面结构；主车道与沥青路肩接缝处出现唧泥，主车道面板陆续出现裂缝，裂缝又促使更多的雨水渗入；在车辆高速通过的过程中形成真空抽吸、挤压作用，板下基层因湿软而压缩沉降，日积月累形成脱空，当具有一定弹塑性变形的混凝土板超过其极限时，板体就发生开裂。板缝从暗到明、从窄到宽伴随着雨水的不断进入而发展，同时路面局部也出现路基、路面沉陷和板裂，为此，茂湛高速公路有限公司对排水设施进行了专项处治。

1. 路肩排水系统设计

针对行车道层间水的排出，不设纵向盲沟，只在路肩处设置横向级配碎石盲沟(图 6.3.1)，间距为 15m，从硬路肩沥青混凝土路面开始穿过土路肩，将路面层间水排出路基。

图 6.3.1　横向级配碎石盲沟施工

从排水效果来看，横向 PVC 排水管及排水孔有大量水流出(图 6.3.2)，说明行车道水泥混凝土板下积水严重，同时也说明排水处治效果较好。

图 6.3.2　横向级配碎石盲沟排水效果

2. 中央分隔带设计

对中央分隔带做外部封水处理，采用 5cm 厚的砂垫层进行调平，上铺 5cm 厚 36cm×36cm 的绿色水泥混凝土预制块。在铺砌预制块时，设置向两侧外倾的 4% 横坡形式，以减少路表水通过中央分隔带进入路面结构层(图 6.3.3)。

图 6.3.3　中央分隔带设计

由于对中央分隔带进行了封水处理，减少了雨水进入水泥混凝土板底的途径，其效果较明显。

3. 超高路段排水施工

K085+070～K097+200 官源路段超高的半幅中央分隔带处严重积水，水流经过中央分隔带的预留排水口从路面的另半幅流出时，使另半幅路面水膜也增厚，对行车造成影响。为解决超高路段排水问题，采取在中央分隔带外侧边缘处设置 0.45m 的纵向排水沟，在纵向排水沟上用带条形泄水孔的加筋混凝土盖板盖住，以排泄外侧半幅路面的表面水，水通过纵向排水沟流入大约每隔 50m 设置一处的积水井，并设置坡度为 1%的ϕ300mm 横向排水管，每段长度约为 16m，与纵向排水沟相连，将水引出路基。

超高路段设置横向排水管时，采用一种新的施工工艺，即导向钻进施工。利用地表放置的钻机、随钻测量仪器及有关钻具，沿预铺设管线设计轨迹钻成一个先导孔，然后回拉扩孔，将孔径扩大到铺管要求的口径，并将管线同步或分步拉入孔道，实现不开挖铺管施工，如图 6.3.4 所示。

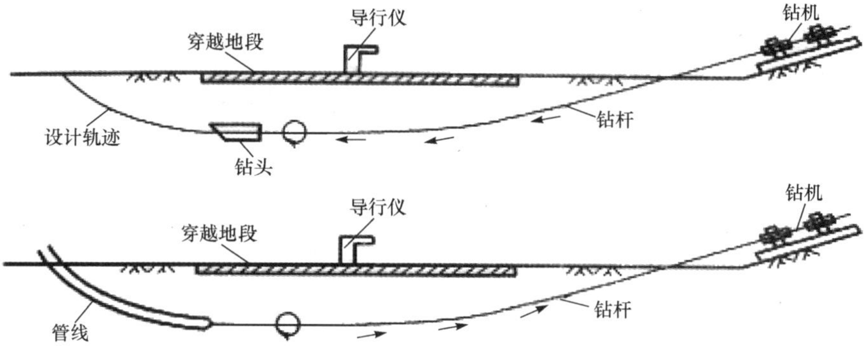

图 6.3.4　导向钻进施工示意图

导向钻进中，采用了带斜面的非对称式钻头，当导向钻头匀速回转时将保持直孔钻进，当导向钻头只给进不回转时将实现造斜钻进，如图 6.3.5 所示。

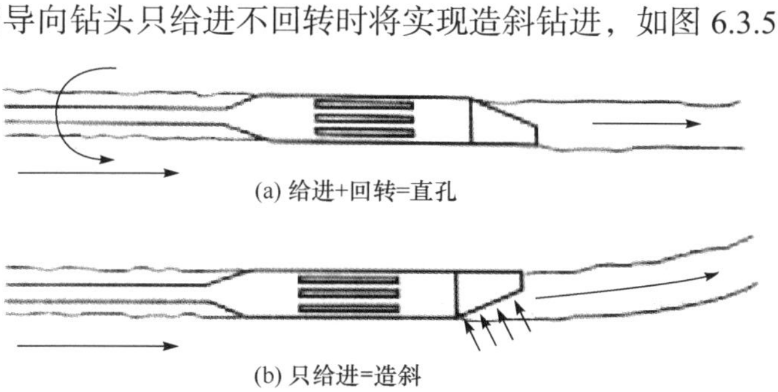

图 6.3.5　导向钻头工作原理

导向钻孔钻机安装及导向仪导向如图 6.3.6 和图 6.3.7 所示。

图 6.3.6 钻机安装

图 6.3.7 导向仪导向

打孔施工完毕后，将需要安装的 PVC 管按每 3m 一段进行分段顶进，顶进时，在管的最前端应安装一个铁锥头，在管与管的接头位置也需要采用橡胶圈密封好，以防止雨水渗入，如图 6.3.8 和图 6.3.9 所示。

图 6.3.8 管前端的锥头

图 6.3.9 管与管的接头处

铺完管后，孔内尚存在一定的环向间隙，为防止日后由于间隙造成坍塌现象，要对铺管后的孔壁环向间隙进行填充注浆，如图 6.3.10 所示。

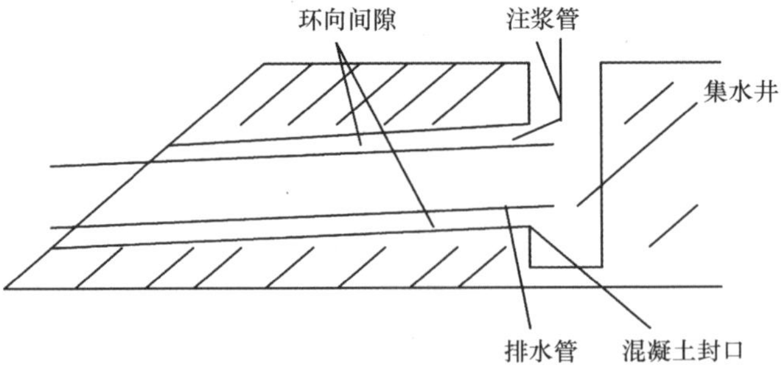

图 6.3.10 灌浆施工示意图

从施工完成后现场的使用效果来看，横向排水管排水畅通，说明采用导向钻进施工法铺设管线，施工精度完全能满足要求。

6.3.2　广东某高速公路 B 东段水泥混凝土路面水损害处治工程

广东某高速公路 B 东段某些路段排水设施设计不够完善，造成混凝土路面板破损，如图 6.3.11 所示。2003～2004 年，广东省交通科学研究所对该区段排水盲沟的试验路段进行施工。通过修建排水盲沟，经过中央绿化带和行车道板缝(含裂缝)渗入板底、路基内的雨水顺利排出路基，弥补了原设计的不足。

图 6.3.11　广东某高速 B 东段高破坏性的唧泥

该区段盲沟设置在路肩与行车道的交界位置，由于以前的路基路面无排水设施，必须先挖除路肩水泥混凝土，再设置纵向和横向盲沟，然后回填路肩水泥混凝土，其施工过程如图 6.3.12～图 6.3.23 所示。

图 6.3.12　路肩开挖

图 6.3.13　纵向集水盲沟槽开挖

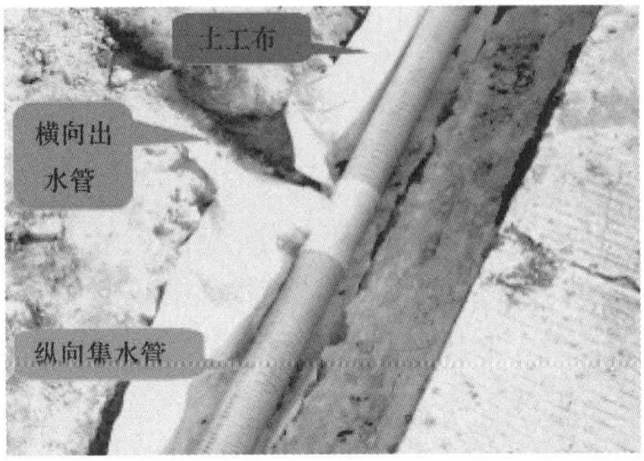

图 6.3.14　纵向集水管安装

图 6.3.15　横向出水管安装

图 6.3.16　纵向集水管上填入多孔混凝土

图 6.3.17　分层夯实多孔混凝土

图 6.3.18　多孔混凝土的现场施工与试验

图 6.3.19　盲沟排水纵坡测量

图 6.3.20　路肩基层平整度检测

图 6.3.21　路肩基层压实度检测

图 6.3.22　路肩浇筑水泥混凝土

图 6.3.23　恢复后的路面排水系统

通过对该区段增设盲沟，路基路面排水效果得到改善，如图 6.3.24 和图 6.3.25 所示。

图 6.3.24　浇筑路肩混凝土时的排水效果一

图 6.3.25　浇筑路肩混凝土时的排水效果二

6.3.3 广东某高速公路B西段水泥混凝土路面水损害处治工程

广东某高速公路B西段水泥混凝土路面全长61.437km，全线为双向四车道、全封闭、全立交，设计行车速度为100km/h，桥梁设计荷载为汽车-超20、挂车-120。

行车道路面结构为26cm水泥混凝土面层+18cm水泥稳定碎石基层+15cm级配碎石(地质不良路段为18cm)。该区段水泥混凝土路面段的破坏形式较为单一，全段(主车道)主要以断裂类破坏为主，其中纵向裂缝破坏标线尤为突出，局部路段甚至出现了严重的交叉裂缝，而其他形式的破坏(表面类、竖向位移类等)相对较少。另外，超车道路况相对较好，断板率普遍较低，但破损部分的形式比主车道多。路面行驶质量指数(riding quality index，RQI)较差，路面状况指数(pavement condition index，PCI)相对较好。另外，水泥混凝土路面段的平整度和抗滑性能均处于良好或中等状态，只有局部路段的表面功能需要改善。

为改善该区段路面排水效果，在级配碎石基层上钻横向排水孔，同时用压缩空气填入多孔混凝土，设置排水盲沟，每10m设置一处，如图6.3.26～图6.3.28所示。

图6.3.26　钻孔设置横向排水盲沟图

图6.3.27　压缩空气填入多孔混凝土

图6.3.28　多孔混凝土填充效果

施工完后排水效果较好，如图 6.3.29 所示。

图 6.3.29　盲沟排水效果

6.3.4　广东某高速公路 C 水泥混凝土路面水损害处治工程

通过现场路面踏勘，对广东某高速公路 C 程江至梅南段路面排水状况做了调查，主要是观察路面积水情况，以及填方急流槽、挖方路段边沟和排水管情况，调查的部分照片如图 6.3.30 所示。

(a) 挖方路段边沟

(b) 超高路段中分带新增矩形暗沟

(c) 超高路段新增暗沟排水槽

(d) 超高路段新增暗沟排水管

(e) 填方路段唧浆病害

(f) 急流槽口处唧浆病害

图 6.3.30　广东某高速公路 C 水泥路面部分排水现状图

第一次调查时间为春运前，该时段为少雨季节，且清扫车每天都会对路面进行清扫，唧浆病害痕迹会逐渐减弱，因此所发现的唧浆病害应为严重的唧浆病害。所调查的唧浆共 105 处，其中填方路段 90 处，挖方路段 15 处。多数唧浆病害为单点病害，与其他唧浆不连续，但也有部分为连续唧浆病害，如 K97+890～K98+030 段共 20 处唧浆病害，K99+400～K99+560 段共 17 处唧浆病害。2011 年 3 月 5～13 日，课题组对该高速公路路面进行了第二次调查，由于调查前刚下过雨，复查中发现了很多新增唧浆病害。新增唧浆主要集中在程江至梅南段，表现为连续大面积的唧浆。

唧浆病害产生的原因主要是路表水通过接缝料破损后的接缝或裂缝下渗到路面结构层内部，当内部排水不畅时便残留于路面结构中，在车辆荷载的作用下产生强大的动水压力冲刷基层，使之产生唧浆。因此，解决唧浆病害的关键在于如何释放动水压力和如何防止路表水的渗入。

由于程江至梅南段中央分隔带为新泽西护栏，超高段排水方式采用外侧向内侧的漫流式排水，加铺沥青混凝土后势必会将中央分隔带处的排水孔堵住，影响排水效果。因此，在超高路段中央分隔带外侧增设纵向排水沟，后反坡引出至路堤处排出。

该区段总体排水系统设置较为完备，但经过多年运营，部分路段存在水损害隐患，为保证以后加铺的效果，需对部分路段排水系统进行疏通和完善。项目组对超高段中央分隔带外侧增设了纵向排水沟(图 6.3.31)，对唧浆路段进行了横向钻孔盲沟处理。

6.3.5　汕头海湾大桥引道水泥混凝土路面水损害处治工程

汕头海湾大桥位于汕头港东部出入口妈屿岛海域处，为跨海公路桥。桥面跨越礐石海，全长 2500m，主跨 452m(154m+452m+154m)，通航净高 46m，桥面净

图 6.3.31　超高段中央分隔带外侧增设纵向排水沟

宽 23.8m，主缆直径 550mm，加劲梁为预应力混凝土箱型梁，双向预应力薄壁结构，宽 26.25m，长 5.7m，高 2.2m，每段重 170t，桥主孔通航净跨度为 452m，通航净高 46m，可以通过 5 万吨级船舶，是我国第一座大型预应力混凝土悬索桥。该大桥于 1995 年 12 月 28 日建成通车。由于多年运营，汕头海湾大桥引道出现了较为严重的水损害，如图 6.3.32 所示。

图 6.3.32　汕头海湾大桥引道的水损害

运营单位在对水泥面板进行注浆处治之后，在水泥混凝土硬路肩位置设置多孔混凝土盲沟，具体施工过程如图 6.3.33 所示。

(a) 开槽　　(b) 底部整平

(c) 埋设开槽波纹管

(d) 回填多孔混凝土

(e) 夯实

(f) 成型

图 6.3.33　硬路肩多孔混凝土盲沟施工过程

作者对汕头海湾大桥引道处治工程进行了为期 4 年的排水调查，由排水调查结果可知，排水设施改造后大幅提高了排水系统的排水能力(图 6.3.34)，排水系统改造 4 年后，多孔混凝土盲沟仍能较好地排除水泥混凝土路面的层间水(图 6.3.35)。根据现场调查，发现水泥路面维修改造后，路面情况较好(图 6.3.36)，说明排除进入路面结构的自由水可有效提高引道的使用寿命。

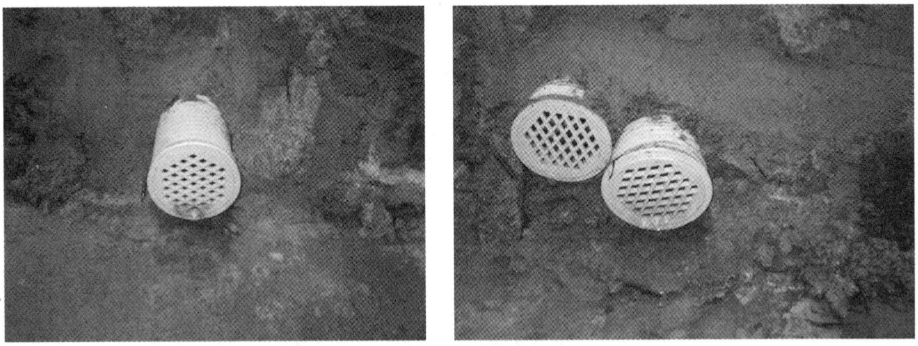

图 6.3.34　2005 年 8 月排水系统改造后的排水效果

图 6.3.35　2009 年 9 月排水系统改造 4 年后的排水效果

图 6.3.36　维修改造路段 4 年后的路况

6.3.6　广东某高速公路 D 沥青混凝土路面唧浆处治工程

广东某高速公路 D 是广东省自行设计、施工的第一条高速公路，主线全长 13.838km，于 1989 年建成通车。1993 年初全线采用奥地利费尔辛格公司的 Novophalt 改性沥青加铺了 4cm 改性沥青罩面层。1999 年 10 月完成扩建，其中横沙至雅瑶扩建为双向八车道，雅瑶至谢边扩建为双向六车道。2003～2004 年对广东某高速公路 D 路面进行了大修，大修主要对原路面进行铣刨罩面补强。2009 年底再次完成对雅瑶至谢边六车道改八车道的扩建。

由于建设较早，路基设置偏低，且经过多次改扩建，加之沿线河流、池塘较多，地下水较为丰富，路面出现水损害。从调查结果来看，路基段部分车道存在横向裂缝伴随唧浆、路面下沉伴随唧浆、路面连续坑槽修补等病害，桥面出现横向裂缝、大面积修补等病害。主要病害照片及位置如图 6.3.37 所示。

1. 病害产生原因

1) 基层与底基层之间存在 1cm 的偏差

从路基段病害类型及病害发生位置来看，病害主要发生在主二、三车道，该

(a) 主二车道右轮迹唧浆

(b) 主三车道横向裂缝伴有唧浆

(c) 主二车道横向裂缝伴有唧浆

(d) 纵向接缝伴有唧浆

(e) 修补伴有严重唧浆

(f) 修补不良伴有唧浆

图 6.3.37　广东某高速公路 D 路面的水损害

车道为广东某高速公路 D 的拼接车道，查阅往年大修资料，拼接车道基层与超车道、主一车道结构厚度存在一定的偏差(图 6.3.38)，导致基层与底基层之间的水积聚在结构层内部，经过路面行车荷载作用，路面发生破坏。

超车道、主一车道路面结构	主二、主三车道、硬路肩路面结构
16cm沥青面层	16cm沥青面层
25cm水泥稳定碎石	26cm水泥稳定碎石
28cm水泥稳定土	25cm水泥稳定石屑
土基	20cm水泥稳定土
	土基

图 6.3.38　广东某高速公路 D 路面结构

2) 地下水位高

该高速沿线河流、池塘较多，地下水较为丰富，尤其是两侧边坡不少边沟长期有水流出。高速公路路面结构未设置碎石垫层，地下水升降对路面结构层含水率变化影响较大。另外，边沟位置未设置碎石渗沟，导致地下水水位较高，路基含水率过大。

2. 病害处治措施

1) 设置纵横向碎石盲沟

横向排水盲沟采用排水混凝土，宽 50cm，厚度与原下基层厚度一致，在底部突破具有防水作用的沥青层后，盲沟四周裹覆防水土工布(图 6.3.39)。同时在排水

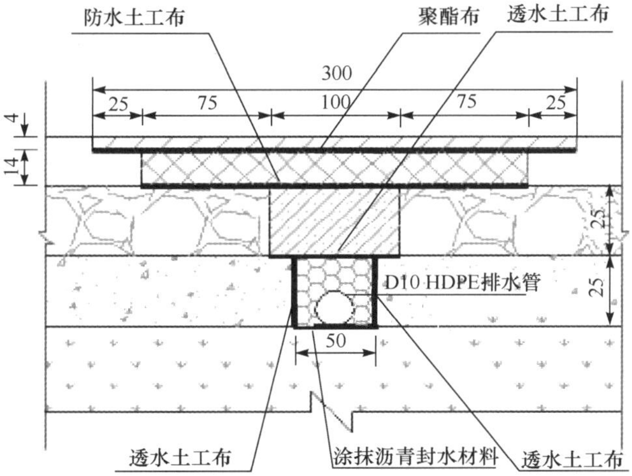

图 6.3.39　横向排水盲沟断面图(单位：cm)

混凝土底部设置下部打孔的 D10 HDPE 横向排水管，排水管设置位置距底基层约 5cm，以免造成对路基的冲刷过大。施工时应注意开挖台阶处理。排水管上应打孔，打孔间距为 15cm，孔径为 1cm。其中，由于超车道、主一车道与主二车道、主三车道路面基层结构形式不同，在处理不同车道路面横向排水盲沟的过程中，需注意横向排水盲沟的设置位置。

同时，为了保证横向排水盲沟之间的连通性，设置了纵向排水盲沟，保证结构层中水的纵向流通性，纵横向盲沟中间段的连接采用三通管，端头连接采用弯头管(图 6.3.40)。为了确保开挖断面各层之间的黏结效果，在各层之间新增了防水土工布。

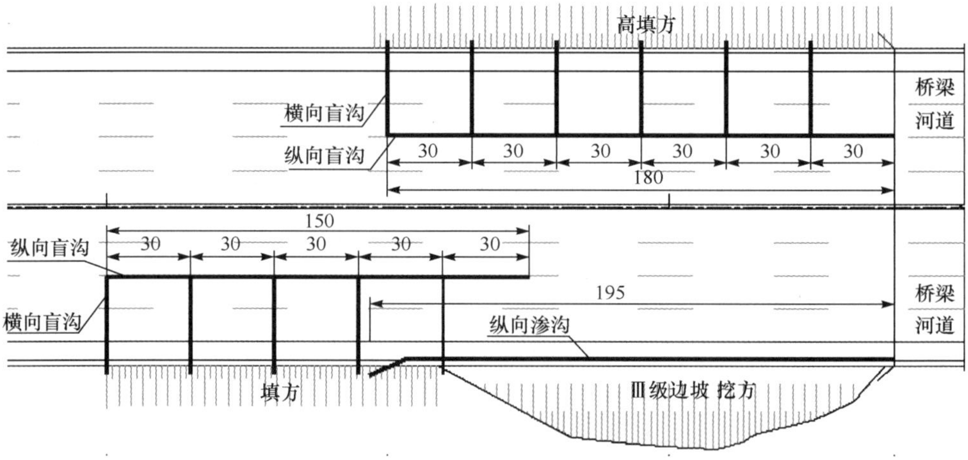

图 6.3.40　广东某高速公路 D 排水处治平面图(单位：cm)

2) 挖方设置纵向碎石渗沟

由于病害处治路段有很大部分位于填挖交界路段，挖方路段地下水位较高，地下水对路面的危害较大，为减少地下水位高对路面造成的损害，在护栏与边沟之间设置纵向排水渗沟(图 6.3.41)，以降低地下水位变化对路面结构含水率的影响。

3. 水损害处治效果

1) 2009 年排水盲沟效果评价

从 2009 年 K0+700 段设置的横向排水盲沟来看，排水盲沟位置路面状况良好，无任何破损病害，而且横向排水管有明显的水流痕迹(图 6.3.42)，说明路面结构层有水排出，路面结构水未影响路面沥青层及基层(图 6.3.43)。

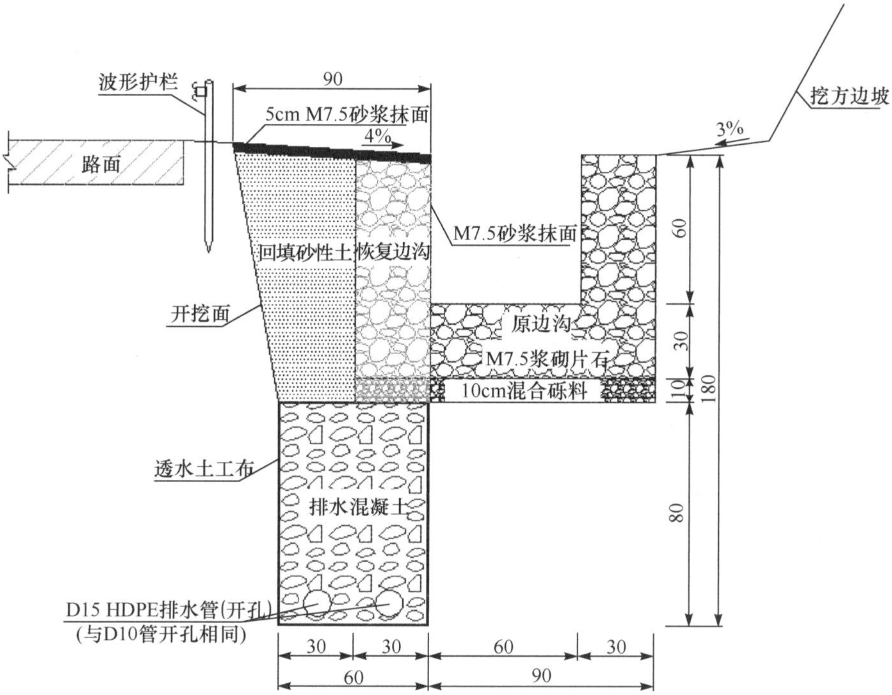

图 6.3.41　边沟下增设碎石渗沟(单位：cm)

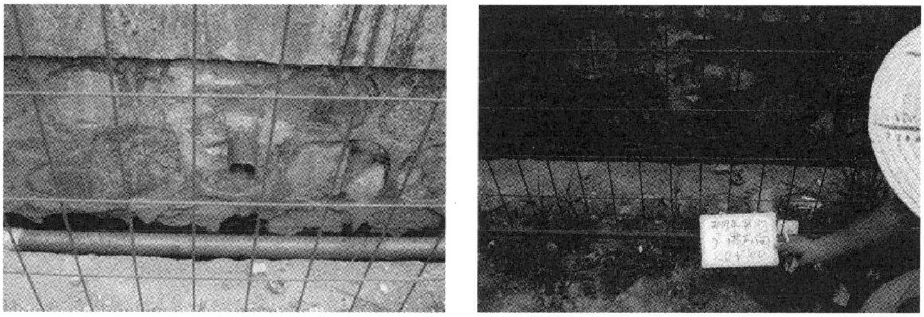

图 6.3.42　排水管有水流出

图 6.3.43　路面总体状况

2) 2010 年排水盲沟效果评价

从 2010 年 K6+270(图 6.3.44)、K1+400(图 6.3.45)和 K1+800 段设置的横向排水盲沟来看，排水盲沟位置路面状况良好，无任何破损病害，而且横向排水管仍保持着排水效果，说明路面结构层有水排出，路面结构水未影响路面沥青层及基层。

(a) 横向排水管现状　　(b) 路面总体状况

图 6.3.44　K6+270 段盲沟

(a) 横向排水管现状　　(b) 路面总体状况

图 6.3.45　K1+400 段盲沟

未设置盲沟的 K3+300 段主一和主二车道已出现明显的唧浆和沉陷情况，说明排水盲沟的设置非常有必要。

6.3.7　广东某高速公路 E 沥青混凝土路面唧浆处治工程

广东某高速公路 E 位于珠江三角洲北部，南起广州槎头，北至清远市横荷镇，银盏坳，由南向北经过白云区石井、江高、神山和花都区新华、海布、狮岭和银盏，全长 69.3km。

根据广东交通集团检测中心的检测结果及高速公路业主单位养护工程部日常

养护路况调查，发现随着交通量的增大和超重车荷载作用，以及受雨季及环境因素等的影响，广东某高速公路 E 在北行 K22+900～K24+500 段主车道沥青路面不同程度地出现裂缝、坑槽、沉陷、车辙及唧浆等病害(图 6.3.46 和图 6.3.47)；在广清北段沥青路面不同程度地出现横向裂缝，并诱发路面的唧浆病害。

图 6.3.46　K24+200 路面唧浆

图 6.3.47　K23+850 路面唧浆

K22+750～K24+400 段虽然处于填方路段，但该路段地势低洼，地下水位较高，路面容易被雨水浸泡，尤其是大雨季节，K22+950～K23+150 段的路面经常积水，为保障行车安全，在 K22+950～K23+150 段设置有挡水墙。该路段现状未见设置排水盲沟。

根据调查，该高速公路北段和 K22+900～K24+500 段路面多数唧浆点都位于主车道靠近路肩一侧，路面唧浆是由于水透过沥青面层滞留在半刚性基层顶面，在行车荷载作用下，水产生很大的压力并冲刷基层混合料表层的细料形成灰白浆。

为了及时排除路基中的水，达到疏干路基上部土体的目的，在唧浆、唧泥比较集中的路段路肩位置设置横向排水盲沟，排水系统结构采用 8cm AC-16C+多孔混凝土盲沟，该高速公路路肩下设置全宽度多孔混凝土盲沟，而且处治深度至底基层以下，盲沟宽度为 30cm，底部设置 100mm 横向开孔 PVC 管。多孔混凝土盲沟的设计方案与施工过程如图 6.3.48 和图 6.3.49 所示。根据运营后的情况，设置多孔混凝土盲沟可以较好地排出路面结构内部的自由水，如图 6.3.50 所示。多孔混凝土盲沟的设置长度和深度对路面排水效果影响较大，根据阳茂、新台高速公路水损害处治经验，多孔混凝土盲沟设置至路基边坡处且深度达底基层底部，可以最大限度地排出渗入路面结构的自由水，取得较好的病害处治效果。

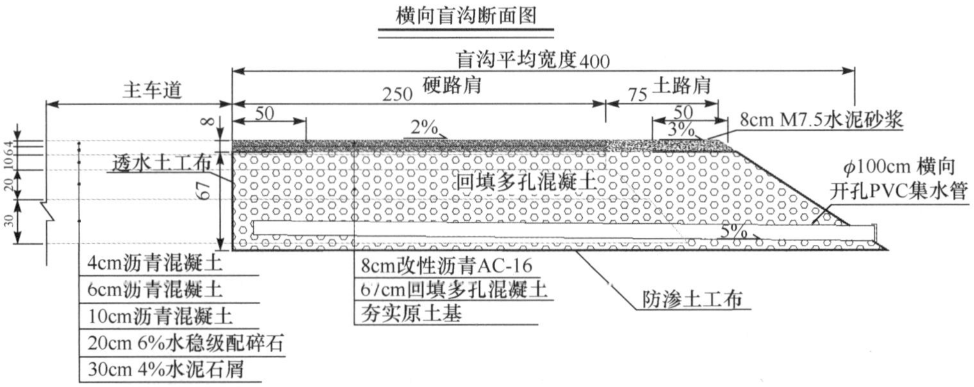

图 6.3.48　广东某高速公路 E 多孔混凝土盲沟设计方案(单位：cm)

图 6.3.49　广东某高速公路 E 多孔混凝土盲沟的施工现场

图 6.3.50　多孔混凝土盲沟完工后现场效果

6.3.8　广东某高速公路 F 沥青混凝土路面唧浆处治工程

1. 病害概况

广东某高速公路 F 设计时速为 100km/h，北延线南段路基主要是填方路基，在重载交通的反复作用下，该路段路面损坏十分严重，出现大面积的车辙、翻浆及裂缝等病害，日常养护过程中虽经过多次小面积挖补，但修补区很快又出现病害。该路段沥青路面典型病害如图 6.3.51 所示。

(a) 龟裂

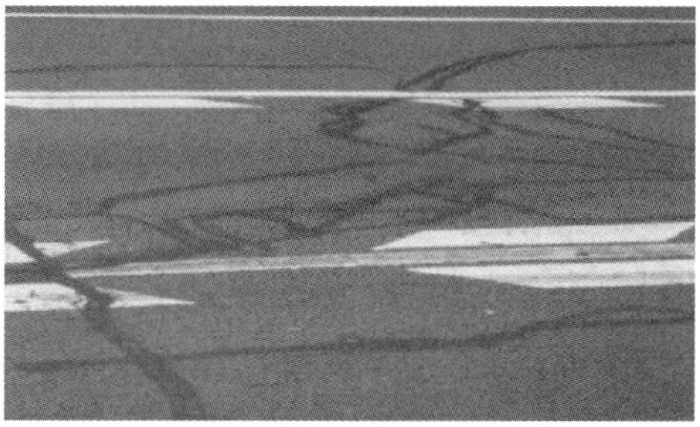

(b) 块状裂缝

(c) 坑槽

(d) 车辙

图 6.3.51　沥青路面典型病害

路面病害产生的原因如下：

(1) 水损害严重。该路段所在地区降水量大，雨季持续时间长，雨水通过裂缝渗入路面，在行车荷载及水压力反复作用下，路面出现各种病害。

(2) 路面结构不合理。原设计路面面层偏薄，属于典型的强基薄面，导致沥青面层抵抗基层的反射裂缝能力减弱，加速反射裂缝的产生。

(3) 使用年限过长。该路段通车已达 15 年，超载超限车辆不断增加，截至目前，该路段从未进行过大修处治，沥青面层材料已老化，路面整体性能已不满足要求，致使路面病害不断发展。

2. 病害处治方案

处治方案依据路面的设计和路基的实际情况，以排出路面上下面层之间、面层与基层之间的积水为出发点，对严重翻浆、坑槽反复的地点，通过增设盲沟解决积水问题，为了保证增设路面排水盲沟取得效果，在不同部位采用两套不同的施工方案，以确定路面排水效果，现简述如下。

1) 碎石透层方案

该方案采取粒径为 4cm 的碎石夯填，积水通过碎石缝隙排至边坡外。其施工工序如下：

(1) 根据翻浆点确定盲沟的位置。根据翻浆点垂直于路面设置盲沟，人工凿除路面面层及部分基层与行车道边接处，宽度为 1cm，靠近翻浆点的深度控制在 25cm，另一段控制在 28cm，坡度控制在 3%左右，以保证排水畅通。

(2) 整平沟底，涂刷防水层。在基层底部及两壁均匀涂刷 2～3mm 沥青层，也可铺设防水土工布。

(3) 夯填碎石，粒径控制在 4cm 左右，厚度控制在 15cm 左右，夯实整平。

(4) 分层回填沥青面层，小型机械压实，压实度控制在 95%以上。

2) 预制钢管安装方案

该方案采用 D75 钢管，三面布孔(底部除外)，孔径为 1cm，孔距为 10cm，梅花形布设，施工流程如图 6.3.52 所示。碎石透层方案的(1)、(2)、(4)施工工序对此方案同样适用，工序(3)改为安装钢管，上填中粒式碎石，总体厚度控制在 15cm 左右，整平。

3. 处治效果评价

经雨季现场查看，以上两种方案都在不同程度上发挥着排水作用。经比较，由于碎石透层方案在填充、夯填及粒径规格方面要求较严，个别位置由于施工影

(a) 尺寸测量　　(b) 盲沟开挖

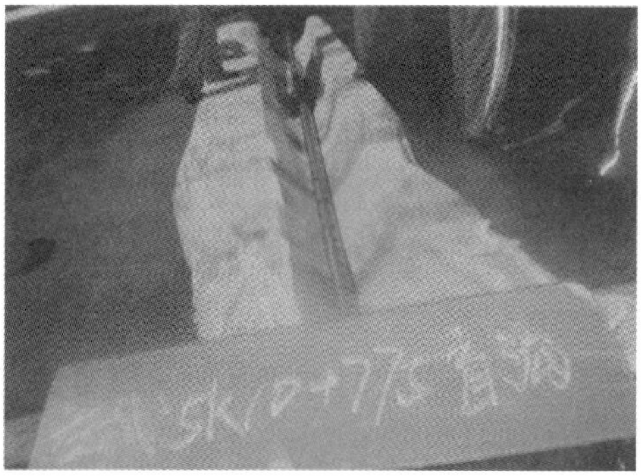

(c) 钢管埋设

(d) 路面回填

图 6.3.52　唧浆路面排水盲沟设置施工流程

响，排水效果不好，仍存在翻浆现象。而预制钢管施工简便，并且容易控制坡度，排水效果更好，翻浆现象得到控制。

该高速公路北延线南段采用盲沟排水有效地解决了路面与基层之间的积水。近年来的实践证明，该方法能有效排放面层与基层间的积水，对于翻浆等病害能起到一定的缓解和抑制作用。

第 7 章　地下构筑物水害防治技术及效果评估

本章依据地下水动力学理论，通过室内模型试验和数值模拟分析岩溶区域隧道水害的影响及渗流破坏机理。遵循隧道水害处治原则，阐述地下构筑物水害防治办法，以广东两座高速公路隧道为例进行应用成效分析。

7.1　地下构筑物地下水渗流破坏机理

隧道修建前后地下水渗流规律会发生变化，通过调研发现隧道水害在岩溶富水地区最为严重，因此只有掌握岩溶区岩溶对隧道的影响规律，才能全面地了解和掌握隧道地下水的渗流规律和水害形成机理。

7.1.1　岩溶区隧道水害影响试验及渗流破坏机理

调研结果显示，大部分水害和严重水害均发生在岩溶区，为了揭示水文地质条件对隧道水害的影响规律，本节通过室内模型试验及数值模拟，阐述岩溶区在降水条件下对隧道衬砌及围岩的影响规律。

1. 岩溶区隧道水害规律试验模型建立

模型试验包括试验模型的设计、试验模型成型、试验方法、数据采集和数据分析处理。试验采取相似材料理论，相似材料配合比如图 7.1.1 所示。

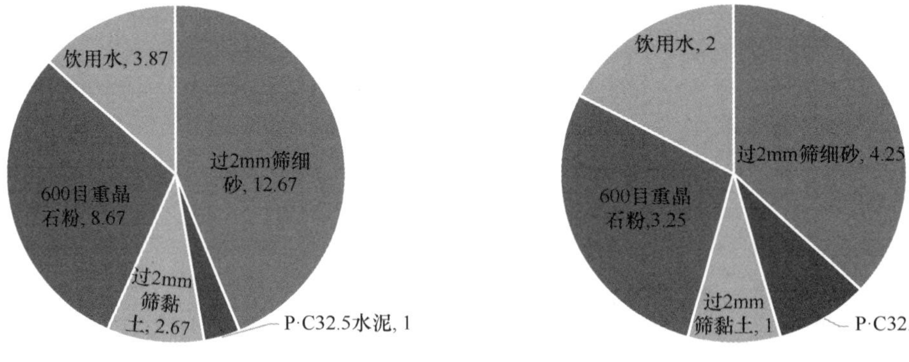

(a) 灰岩相似材料质量配合比　　(b) 衬砌相似材料质量配合比

图 7.1.1　相似材料配合比

为了达到试验目的，考虑改变围岩节理面产状、溶洞大小、溶洞位置等参数来分析不同条件下岩溶对隧道结构强度和渗漏水量的影响。节理面倾角考虑几个特征角度：30°、45°和 60°；为了成型方便，同时考虑到衬砌被两组平行节理面分割，节理间距采用中间紧密、两端稀疏的设置，具体节理面间距布置如图 7.1.2(a)所示，溶洞方位布置如图 7.1.2(b)所示。以上各参数中存在三个变化因素，即节理面倾角 α、溶洞直径 d 和溶洞距隧道距离 δ。为了综合考虑这三个因素对试验的影响并减少试验次数，试验采用正交设计安排试验，工况号、试验组号及对应的参数见表 7.1.1。

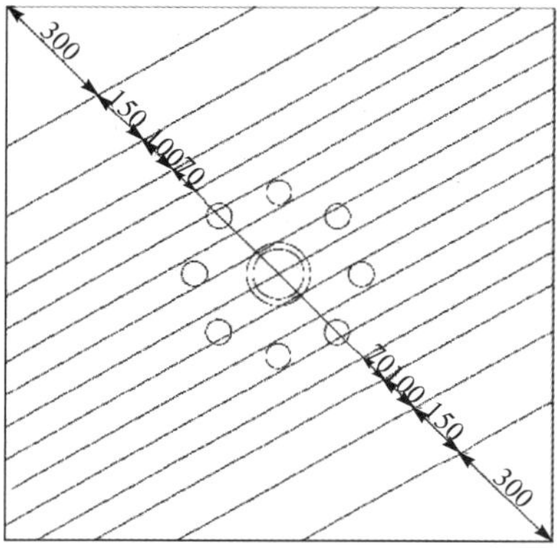

(a) 节理面间距布置(单位：cm)

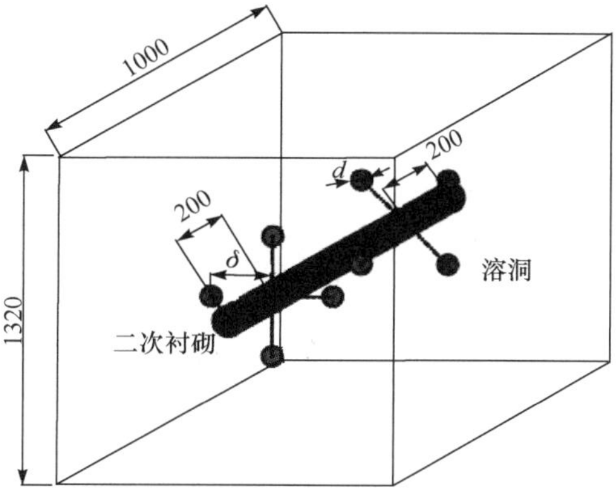

(b) 溶洞方位布置(单位：mm)

图 7.1.2　节理面间距及溶洞方位布置

表 7.1.1　隧道原型节理和溶洞参数

工况序号	节理面倾角 α/(°)	溶洞直径 d/m	溶洞距隧道距离 δ/m	溶洞纵向间距 l/m
1	60	6	6	60
2	60	9	12	60
3	45	9	6	60
4	30	6	12	60
5	45	6	18	60
6	30	9	18	60

1) 模型设计

衬砌模型根据几何缩尺 1∶100 制作。衬砌模型设计为圆环形，模板长度为 48cm，外模采用 3mm 厚ϕ160 PVC 管，内膜采用 3mm 厚ϕ125 PVC 管，内模和外模均等分为 120°的 3 块圆弧，下部限位采用双层 1.5cm 厚的亚克力圆环，上部限位采用双层 1.5cm 厚的亚克力圆弧，内支撑采用ϕ16 PVC 管，内模外部涂脱模剂并使用透明胶固定，外模内部板涂脱模剂并采用 24 号铁丝绑扎固定，至此模板拼装完成。衬砌模板拼装完成后即进行相似材料的浇筑，将拌和好的相似材料填入模板[图 7.1.3(a)]，并使用 24 号铁丝进行插捣，以防止出现横向裂纹，同时进行适度的绕轴转动，以防止出现纵向裂纹。浇筑完成后，将衬砌模型置于标养室中进行养护，24h 后将达到拆模强度的衬砌模型从模具中拆出[图 7.1.3(b)]，至此衬砌模型制作结束。

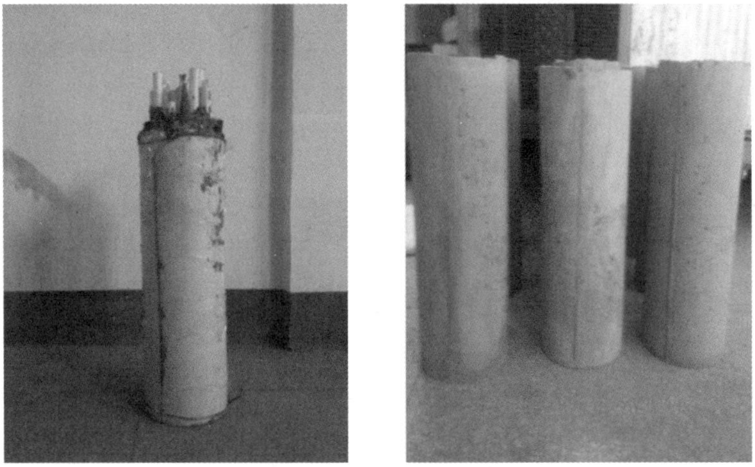

(a)　(b)

图 7.1.3　衬砌浇筑及制作完成的衬砌

根据几何缩尺 1∶100，隧道开挖断面直径 D 为 12cm。为了尽可能地消除模型箱边界对隧道结构的影响，根据圣维南原理，模型箱尺寸取为隧道尺寸的 5 倍，即隧道围岩从隧道壁向四周各延伸 60cm 的距离，所以模型槽尺寸为 132cm×100cm×132cm(长×宽×高)。考虑隧道单洞的情况，隧道模型几何尺寸如表 7.1.2 所示。

表 7.1.2　隧道模型几何尺寸　(单位：cm)

隧道相关尺寸	数据	隧道相关尺寸	数据
隧道开挖面直径	12	隧道衬砌厚度	1.5
隧道纵向长度	100	隧道埋深	60
隧底以下延伸	60	隧道左右延伸	60

考虑到上述功能条件，模型箱框架的立柱和横梁均采用 75mm×75mm×8mm 角钢，斜撑和竖撑均采用 70mm×50mm×5mm 矩形钢，底部的梁均采用 70mm×70mm×5mm 方钢，拉杆均采用 D20mm 光圆钢筋。模型箱的侧壁和底板采用亚克力板材。底板下布置不透水的胶毯，模型底角处设直径为 5mm 的泄水孔。模型

槽实物图如图 7.1.4 所示。利用结构设计软件对模型槽进行受力分析，其受力状态如图 7.1.5 所示。排水装置设计如图 7.1.6 和图 7.1.7 所示。

图 7.1.4　模型槽实物图

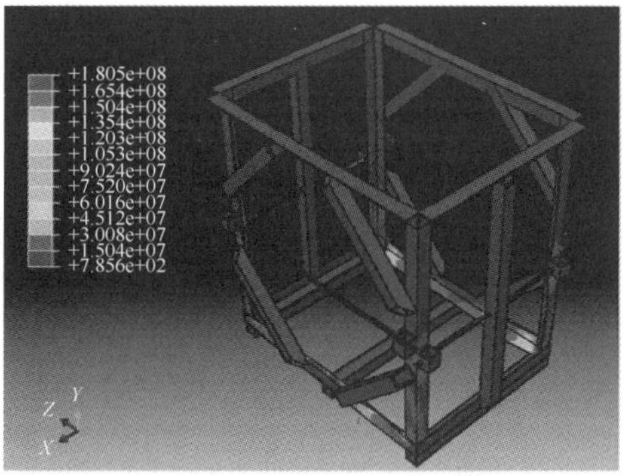

图 7.1.5　模型槽受力状态(单位：Pa)

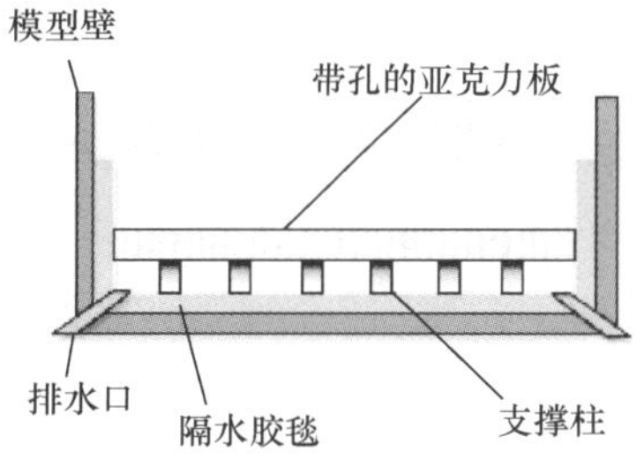

图 7.1.6　排水示意图

图 7.1.7　出水孔

溶洞采用注水气球的方法形成。

衬砌模型制作完成后，通过衬砌模型承载力试验，确定将传感器、应变片的测点布置于衬砌模型位点 0°、90°、180°、270°。

岩溶隧道试验模型的成型是一个依据节理面倾角间距逐层填筑的过程。成型过程可以从时序上分为四个环节：

(1) 模型槽底部引排水装置的铺设。透水装置包括底部起到承载作用的带孔的亚克力板材和亚克力板材上部均布的10～50mm 砂砾石(图 7.1.8)，为填筑方便，砂

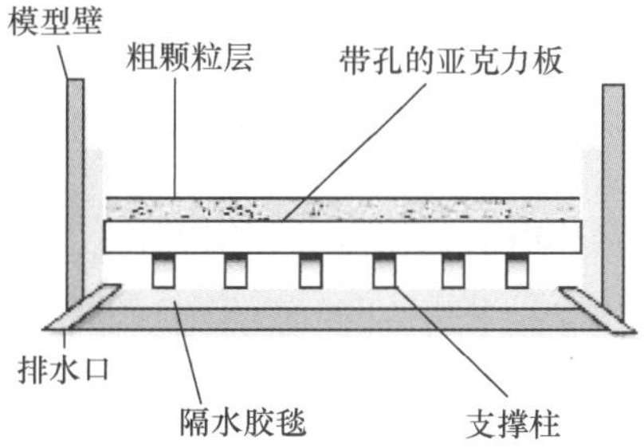

图 7.1.8　引排水示意图

砾石按节理层分段铺设。引排水设置满足模型槽上方降水通过节理面流经溶洞流出模型槽的要求。

(2) 填筑衬砌模型以下节理面(图 7.1.9)。将混凝土搅拌机拌和好的相似材料按节理层次填入试验模型槽内，底层节理面填筑完成后晒置一段时间，铺设一层宣纸作为底层节理面和上一层节理面的分割层，喷洒标志剂，然后进行下一层节理的填筑。

图 7.1.9　节理面实物图

(3) 衬砌模型、溶洞和测试元器件的埋设(图 7.1.10)。将已粘贴上应变片的衬砌模型放在预定位置，同时在衬砌设定位置埋设土压力盒、孔压传感器等，并在设定的位置预留溶洞。溶洞制作如图 7.1.11 所示。

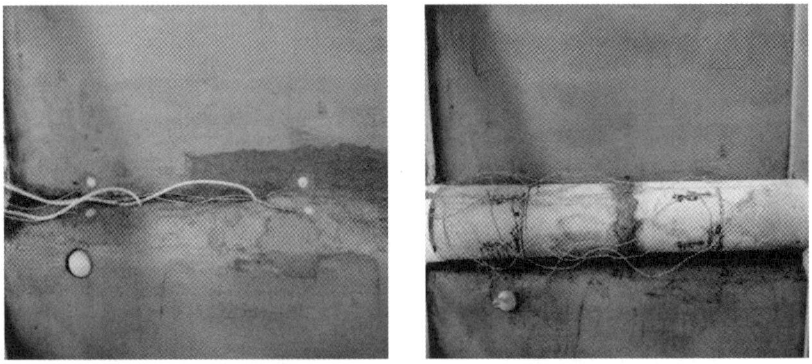

(a) 土压力盒及孔压传感器的埋设　　(b) 衬砌(应变片)的安置

图 7.1.10　第三环节示意图

(4) 衬砌模型以上部分填筑及成型后位移传感器的布置(图 7.1.12)。成型过程中，隧道衬砌模型上下左右设 4 个白色圆状标志，便于通过全时相摄影来捕捉衬砌周边存在的宏观位移。

图 7.1.11　溶洞制作

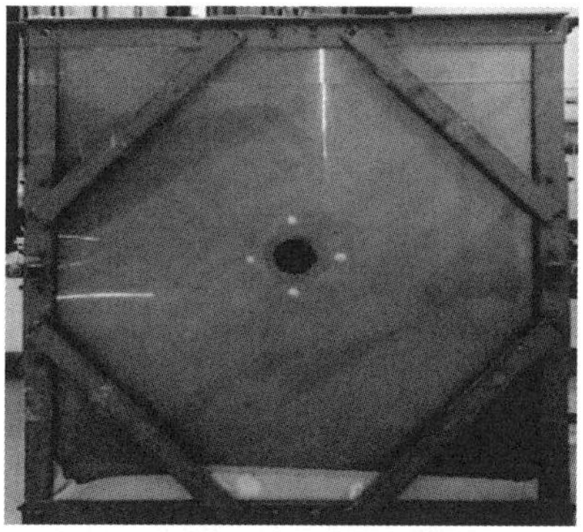

(a) 模型正视图

(b) 模型右上方视图及位移传感器布置

图 7.1.12　模型成型后的视图

至此整个模型填筑完成，放置 2～3 天，期间进行各类元器件与采集仪器的连接与调试，待相似材料硬化后进行数据的采集。

2) 试验数据的采集

试验数据的采集包括各种测试元器件的埋设位置和数据的采集。

(1) 试验模型元器件的埋设。试验中所使用的主要测试元器件有 5 类：土压力盒、位移传感器、孔压传感器、应变片和百分表。模型试验中整段衬砌模型是由两段长 48cm 的衬砌模型通过水泥砂浆连接而成的，每段衬砌模型各取距模型槽壁 20cm 处为元器件埋置截面。其中，位移传感器、孔压传感器和土压力盒紧贴着衬砌外表面埋设，应变片用应变片胶粘贴于衬砌外表面上，随衬砌一同埋设，百分表置于衬砌内部。位移传感器设置于 0°和 90°处，孔压传感器设置于 0°和 180°

处，土压力盒设置于 0°、90°、180°、225°和 315°处，应变片设置于 0°、90°、180°和 270°处，百分表位于衬砌腔体端口内 10cm 处，具体布置示意如图 7.1.13 所示。

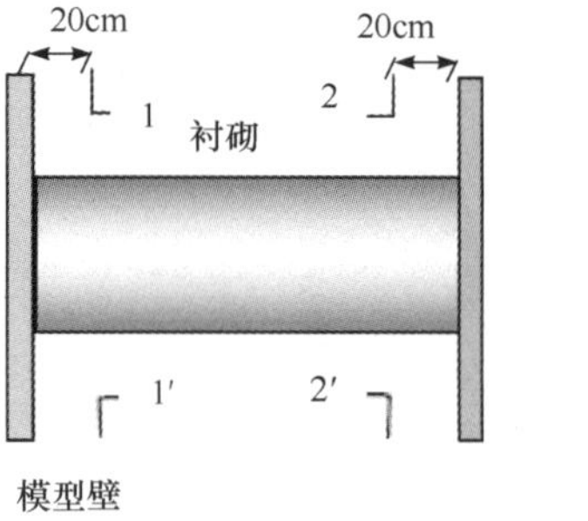

(a) 测试元器件布置截面(试验模型右视图)

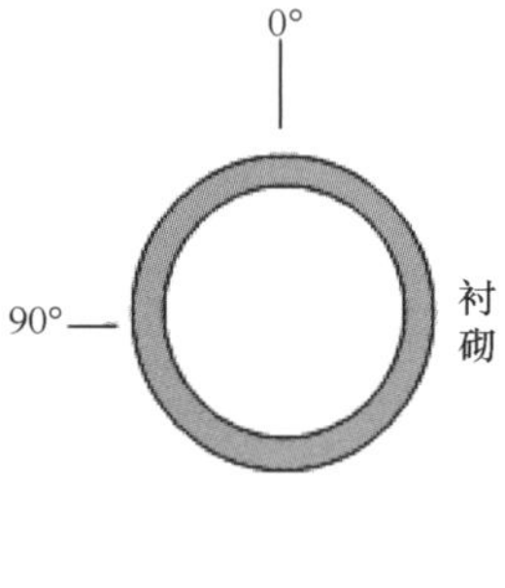

(b) 位移传感器布置(非紧贴)

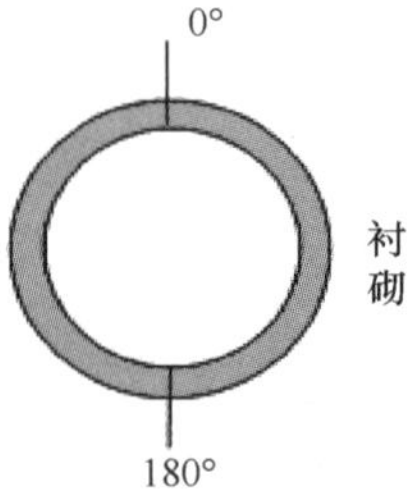

(c) 孔压传感器布置(紧贴)

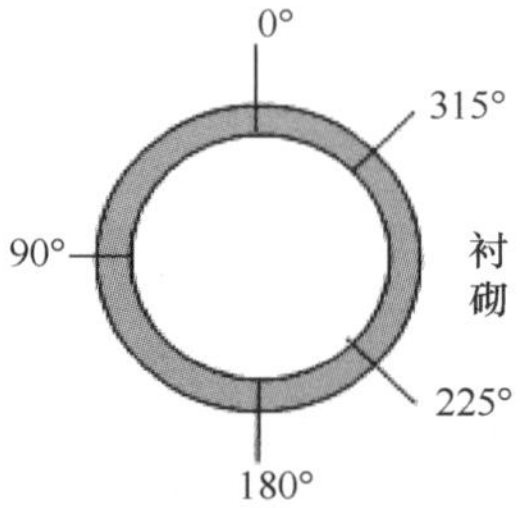

(d) 土压力盒布置(紧贴)

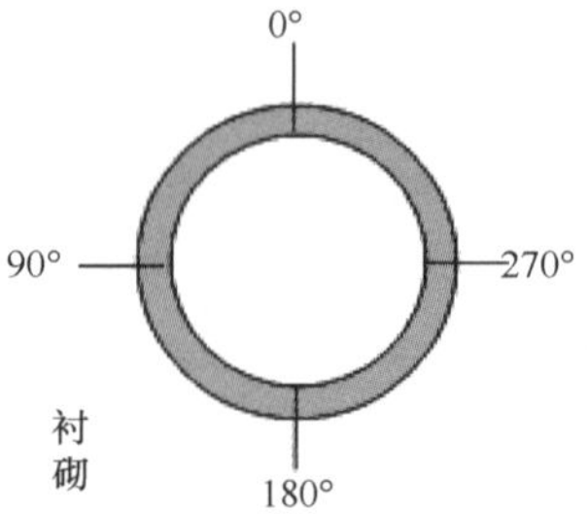

(e) 应变片布置(粘贴)

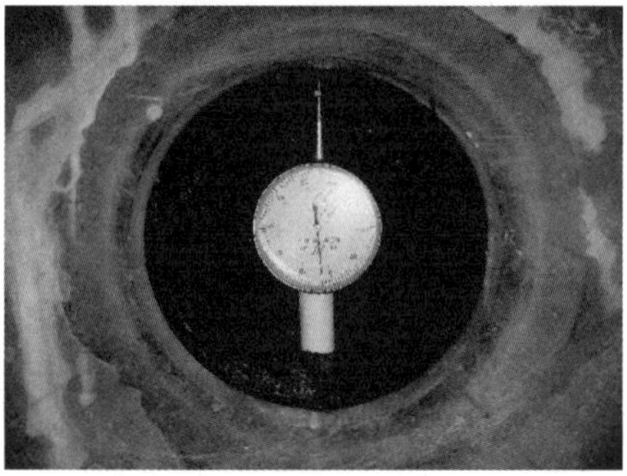

(f) 百分表布置(于衬砌腔内)

图 7.1.13　测试元器件布置示意图

(2) 数据采集。数据采集是采集开始后对整个试验装置的宏观层面和微观层面属性变化的观测的统称。主要有两条采集主线：①宏观层面，进行全时相的影像捕捉，如图 7.1.14(a)所示；②微观层面，进行无间断的传感数据监测采集，如图 7.1.14(b)所示。数据采集过程中的变量来自以下三个方面：①已成型的试验模型自身材料的固结和排水；②人工模拟降水，采用等时间间隔喷水的方法，如图 7.1.15(a)所示；③人工模拟隧道模型围岩顶部加载，采用均匀施载的方法，如

图 7.1.15(b)所示。其中，人工模拟降水和模型顶部加载在工作时间进行，数据采集是持续进行的。人工模拟降水是从数据采集后第 1 个工作日开始，第 2 个工作日加大水量，第 3 个工作日继续加大水量，加水量变化如表 7.1.3 所示。模型顶部加载在数据采集后第 3 个工作日中午进行，加载方式及数量如表 7.1.4 所示。

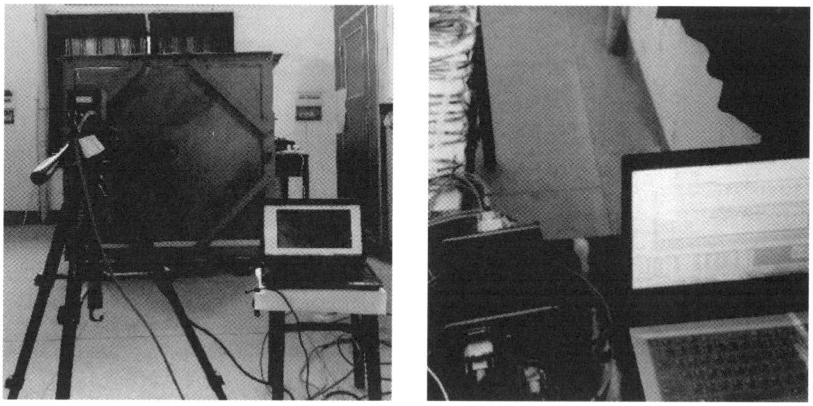

(a) 全时相影像捕捉　　(b) 传感器数据监测采集

图 7.1.14　数据采集与监测

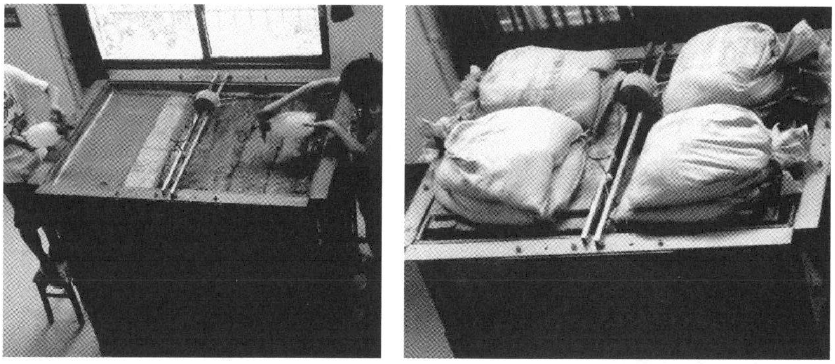

(a) 模拟降水　　(b) 模拟围岩顶部加载

图 7.1.15　人工变量设置

如图 7.1.15(b)所示，在模型顶部加载中，会预先在荷载下铺设一层垫块，使荷载均布。

表 7.1.3　模拟降水(喷水)时量表

降水时间/h	单次水量/g	时间间隔/min
8～18	200	30
32～42	500	15
48～58	600	15

表 7.1.4　模型顶部加载时量表

加载时间/h	单次荷载/kg	时间间隔/min	总荷载量/kg
52～55	80	30	480

2. 试验结果

1) 降水影响对比分析

(1) 降水行为对孔压作用明显，如图 7.1.16 所示。

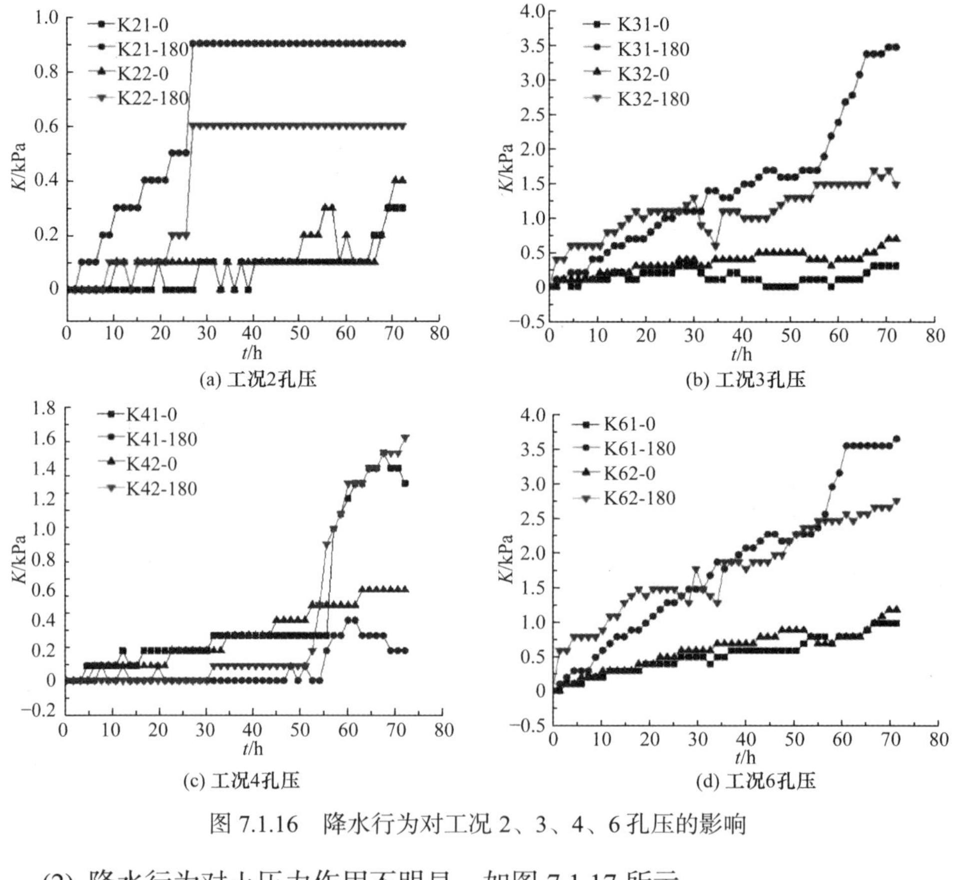

(a) 工况2孔压　(b) 工况3孔压　(c) 工况4孔压　(d) 工况6孔压

图 7.1.16　降水行为对工况 2、3、4、6 孔压的影响

(2) 降水行为对土压力作用不明显，如图 7.1.17 所示。

(3) 降水行为对位移作用不明显，如图 7.1.18 所示。

(4) 降水行为对纵向应力作用明显，如图 7.1.19 所示。

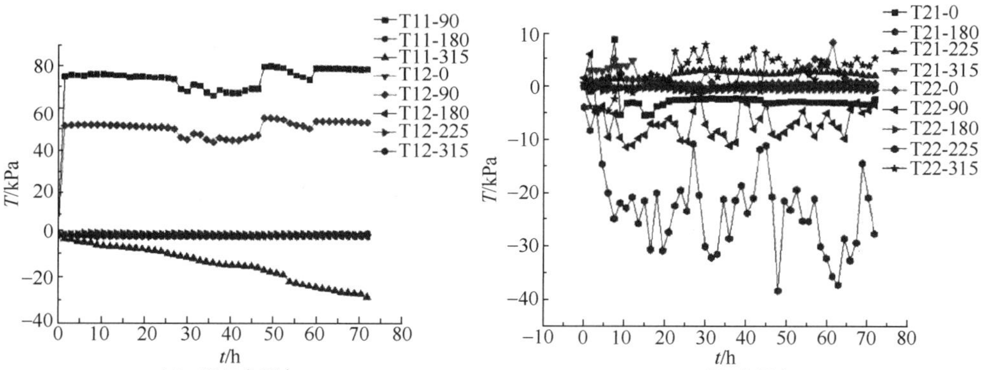

(a) 工况1土压力　　(b) 工况2土压力

图 7.1.17　降水行为对工况 1、2 土压力的影响

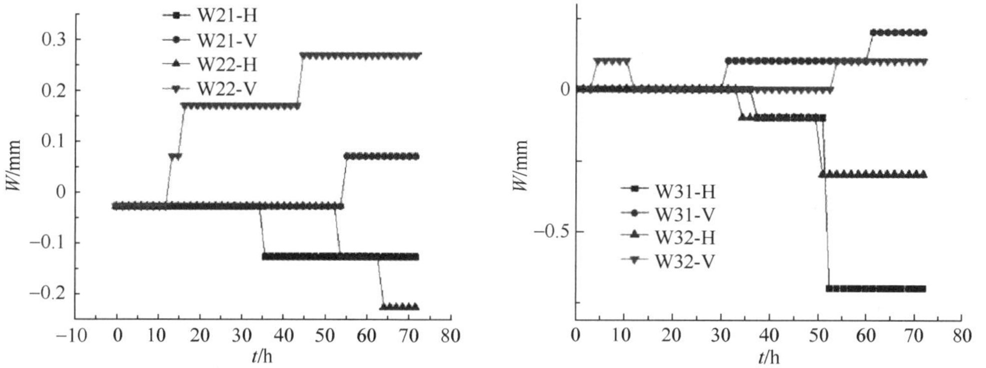

(a) 工况2位移　　(b) 工况3位移

图 7.1.18　降水行为对工况 2、3 位移的影响

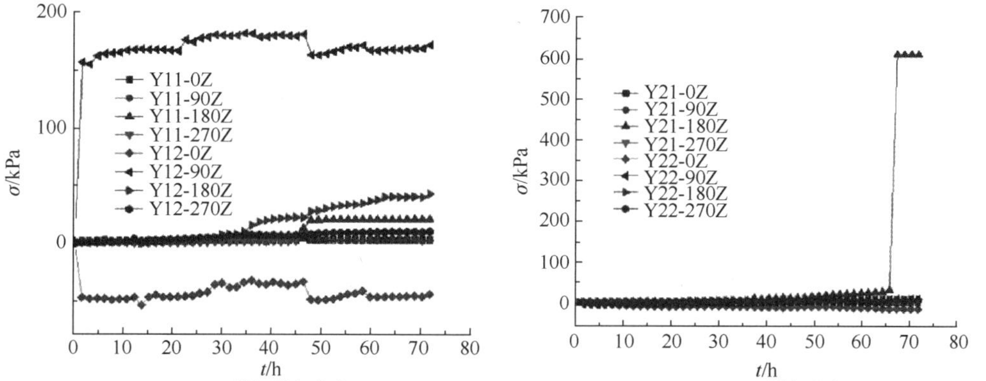

(a) 工况1纵向应力　　(b) 工况2纵向应力

图 7.1.19　降水行为对工况 1、2 纵向应力的影响

各工况初始段纵向应力的增长率比加载前纵向应力的增长率小。大部分位置的纵向应力在降水后出现增长，且在变化加水量的时段出现波动。推测围岩在自重、降水作用下整体是竖直方向压缩、水平方向膨胀，所以沿隧道方向各测点的应力都表现为增长。

2) 加载影响对比分析

(1) 加载行为对孔压作用明显，如图 7.1.20 所示。工况 1、3、5、6 截面 1 中 180°位置都在加载时出现明显的增转降驼峰形波动，持续时间均值约为 16h；除工况 4 外的各工况截面 2 中 0°位置都在加载时出现明显的降转增驼峰形波动，持续时间均值约为 16h。推测是溶洞有水透入，孔隙水将压力传递至衬砌，引发孔压变化。

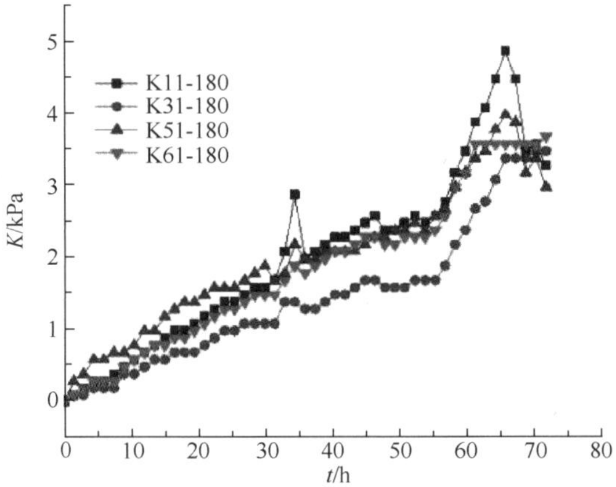

图 7.1.20　加载行为对工况 1、3、5、6 截面 1 中 180°孔压的影响

(2) 加载行为对部分位置土压力有一定作用，如图 7.1.21 所示。

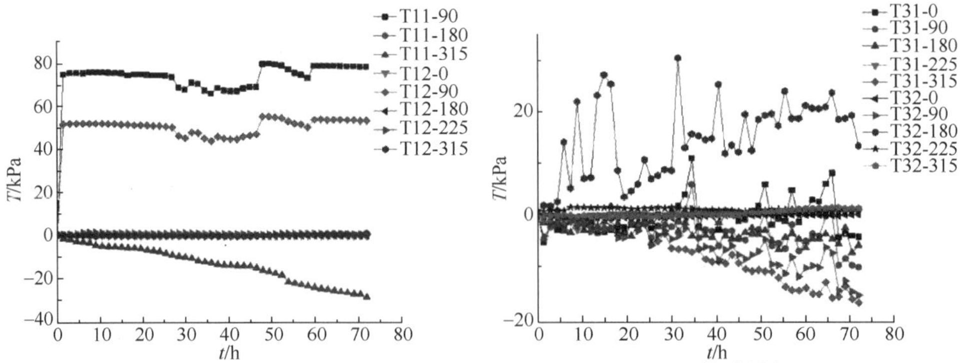

图 7.1.21　加载行为对工况 1、3 土压力的影响

(3) 加载行为对围岩位移作用明显，如图 7.1.22 所示。

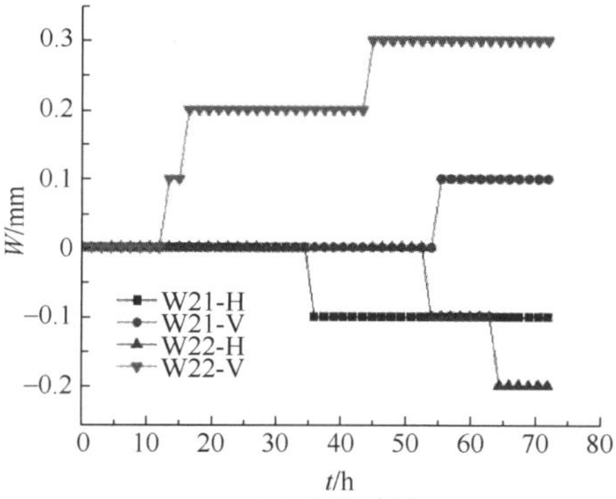

(a) 工况2位移

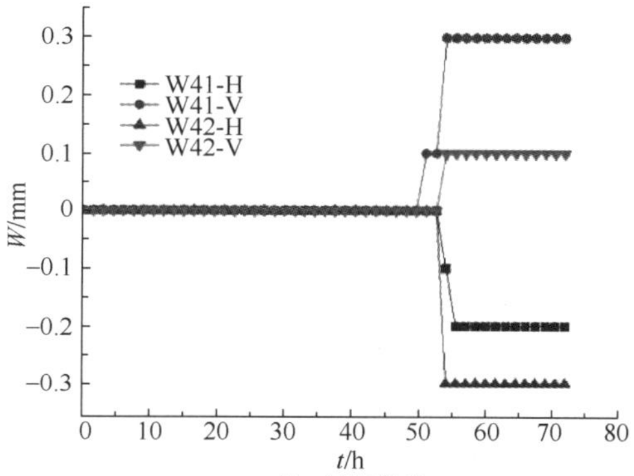

(b) 工况4位移

图 7.1.22　加载行为对围岩位移的影响

(4) 加载行为对衬砌应力有一定作用，如图 7.1.23 所示。

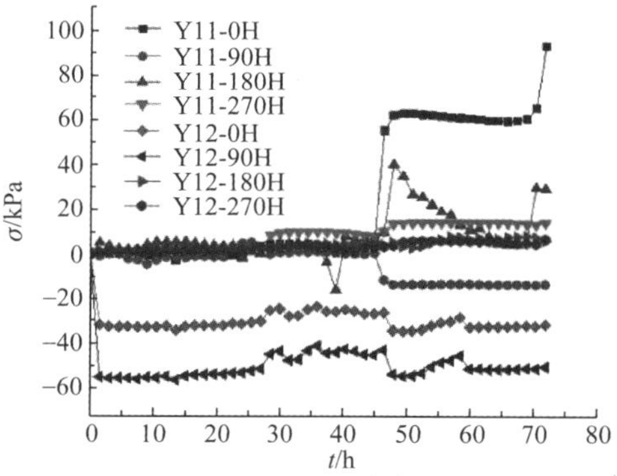

(a) 工况1环向应力

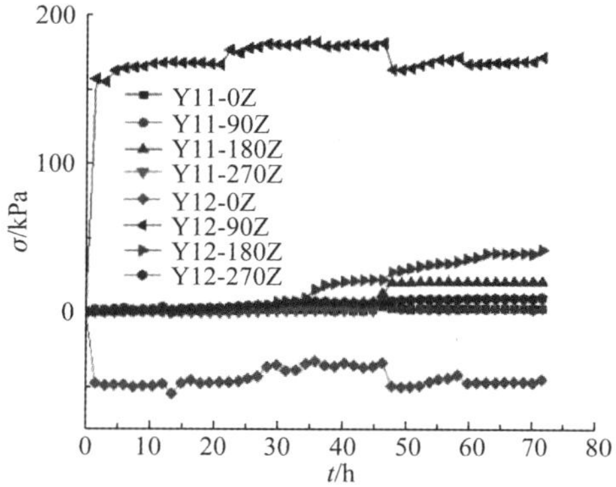

(b) 工况1纵向应力

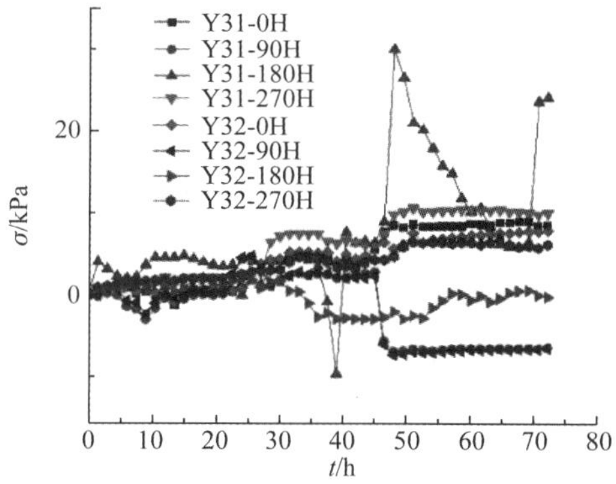

(c) 工况3环向应力

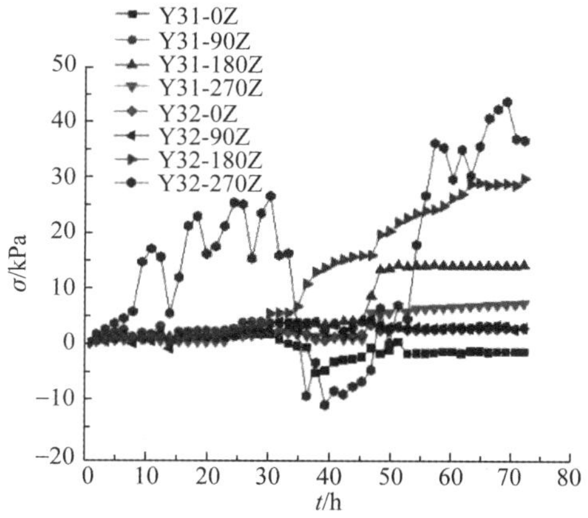

(d) 工况3纵向应力

图 7.1.23　加载行为对工况 1、3 环向和纵向应力的影响

试验设计的加载时间为 52～55h，考虑到各试验的不同状况和位移稳定的时间，还有应力的影响因素多，波动幅度大。采用不同时段位移差与某一时刻的比值，该值即此位置初步加载时产生的位移占总位移的比值，定为应力加载影响因子，该因子大于 40%可认为加载的作用显著。应力加载作用显著个数如表 7.1.5 所示。

表 7.1.5　应力加载作用显著个数统计表　　(单位：个)

性质	工况 1	工况 2	工况 3	工况 4	工况 5	工况 6
环向应力	4	2	5	2	4	0
纵向应力	3	3	4	3	2	2
相关个数	3	1	0	2	3	2

其中，每个工况环向应力和纵向应力的测点数为 8 个。当同工况同截面上环向加载影响值为纵向加载影响值的 50%或 200%时，认为加载时环向变化和纵向变化相关。

7.1.2　岩溶区隧道水害影响数值模拟及渗流破坏机理

1. 计算模型的建立

采用 MIDAS/GTS 软件的弹塑性本构关系模型进行数值模拟。本次模拟共建立 20 个计算模型，共 20 种工况，如表 7.1.6 所示。

表 7.1.6　数值模拟工况

工况序号	节理面倾角 α/(°)	溶洞直径 d/cm	溶洞距隧道距离 δ/cm	溶洞纵向间距 l/cm
1	30	3	6	60
2	30	6	12	60
3	30	9	18	60
4	45	9	6	60
5	45	9	3	60
6	45	9	9	60
7	45	9	12	60
8	45	9	15	60
9	45	3	12	60
10	45	6	18	60
11	60	0	0	60
12	60	3	18	60
13	60	6	6	60
14	60	9	12	60

续表

工况序号	节理面倾角 α/(°)	溶洞直径 d/cm	溶洞距隧道距离 δ/cm	溶洞纵向间距 l/cm
15	60	3	12	60
16	60	6	12	60
17	60	12	12	60
18	60	15	12	60
19	60	20	12	60
20	45	12	10	60

主要建模步骤为：属性定义→几何尺寸定义→网格划分→边界荷载定义。在属性定义中，采用试验方案给出的各种材料的物理力学参数建立各部分模型的属性，其中节理模型采用强度折减法使其材料属性减为围岩的 1/10，其厚度为 2mm，具体各材料的物理力学参数如表 7.1.7 所示。在几何尺寸定义中，通过 AutoCAD DXF 导入平面模型，再利用 GTS 建立三维模型，其中溶洞采用布尔差运算形成。在网格划分中，采用自动三维网格划分的方法，对不同区域采用不同的尺寸划分。在边界荷载定义中，根据试验实际受力条件、边界条件和分析工况，添加自重、渗透压力和均布荷载，其中均布荷载为 3.71kN/m^2。计算模型如图 7.1.24 和图 7.1.25 所示。

表 7.1.7　材料的物理力学参数

材料	容重 γ/(kN/m^3)	泊松比 ν	弹性模量 E/GPa	黏聚力 c/kPa	内摩擦角 φ/(°)
围岩	21	0.32	0.05	5.00	35
衬砌	20	0.30	0.05	5.00	35
节理	20	0.30	0.005	0.50	15

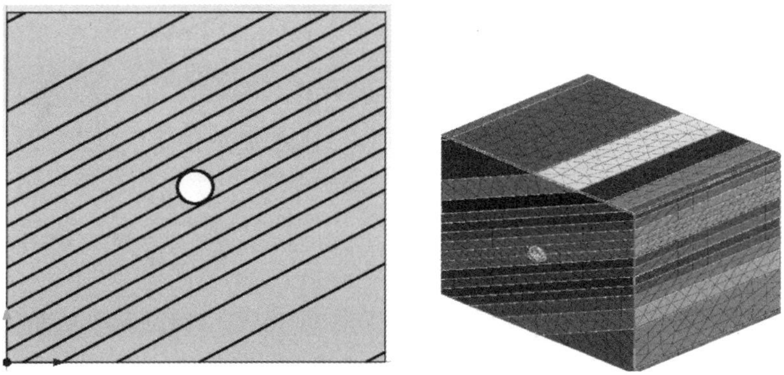

图 7.1.24　30°节理面计算模型

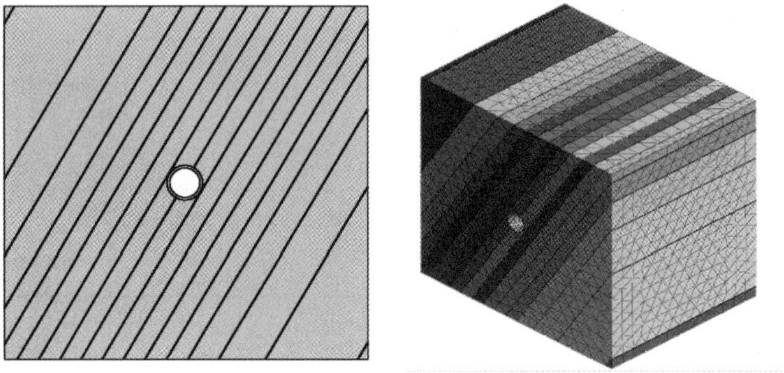

图 7.1.25　60°节理面计算模型

2. 隧道衬砌数值模拟结果与分析

1) 溶洞大小对隧道衬砌的影响分析

为研究溶洞大小对隧道衬砌的影响，现以 60°节理面计算模型为例，在模型加载过程中，垂直向施加 3.71kN/m^2 的均匀荷载，水平向施加约束，各测点的径向应力和切向应力曲线如图 7.1.26～图 7.1.29 所示。现保证其他条件均不变，只改变溶洞直径，图中溶洞直径从小到大依次为 0cm、6cm、9cm、12cm、15cm、20cm。

通过分析可知，在溶洞直径增大的过程中，各个测点的径向应力、切向应力均有一定程度的波动，但整体上呈增大的趋势，可以发现溶洞的大小对模型隧道的安全是有影响的。随着溶洞直径的增大，各个测点径向应力、切向应力也在波动性增大，模型隧道越危险。

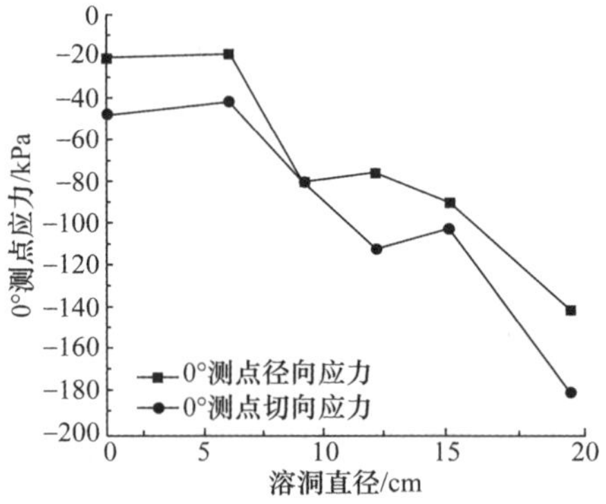

图 7.1.26　0°测点径向应力、切向应力与溶洞直径的关系

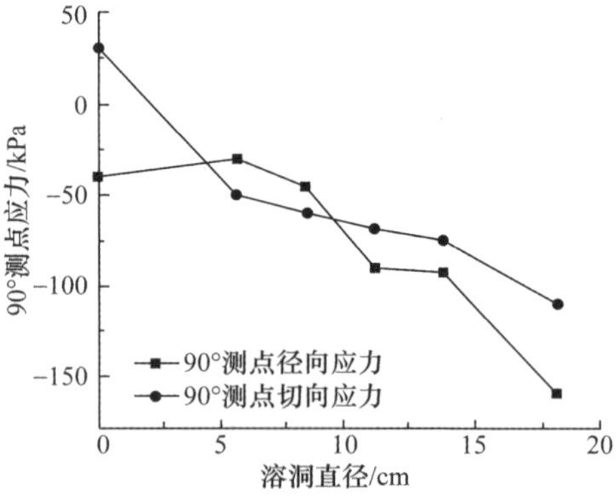

图 7.1.27　90°测点径向应力、切向应力与溶洞直径的关系

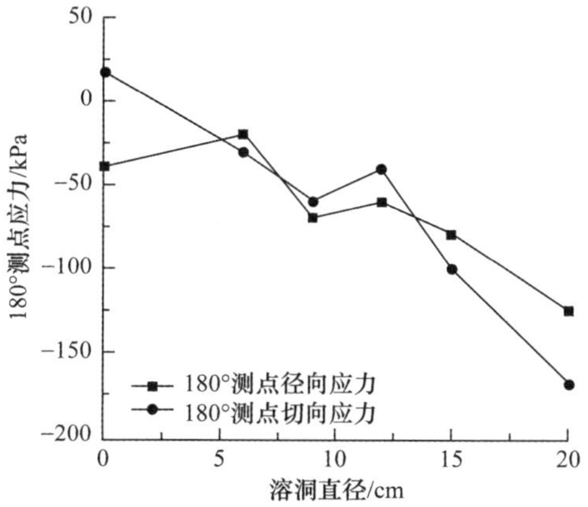

图 7.1.28　180°测点径向应力、切向应力与溶洞直径的关系

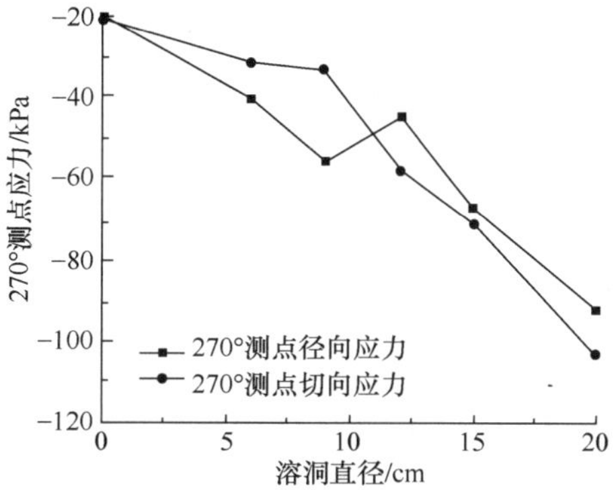

图 7.1.29　270°测点径向应力、切向应力与溶洞直径的关系

2) 溶洞距隧道距离对隧道衬砌的影响分析

为了探究溶洞距隧道距离对隧道衬砌的影响，现保持节理面为 45°，溶洞直径为 9cm，依次改变溶洞距隧道的距离，通过观察隧道衬砌上的最大主应力来探究溶洞距隧道距离对隧道衬砌受力的影响规律。分别建立相应的模型求解，得到的数值计算结果如表 7.1.8 所示。

表 7.1.8　衬砌最大主应力与溶洞距隧道距离的关系

溶洞距隧道距离/cm	3	6	9	12	15
最大主应力/kPa	−346.98	−107.83	−110.33	−154.11	−133.7

为了更好地表现两者的关系，现将主应力转化为 MPa 表示，溶洞距隧道距离用 d/r 表示，其中 r 为隧道的半径，得到如图 7.1.30 所示的曲线。

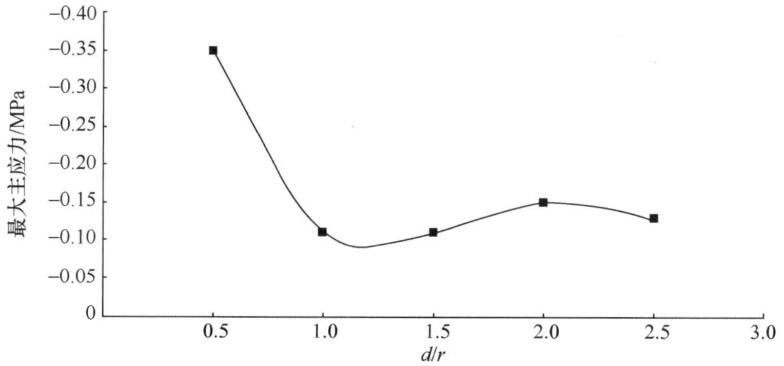

图 7.1.30　衬砌最大主应力与溶洞距隧道距离的关系

从图 7.1.30 可以看出，衬砌最大主应力与溶洞距隧道距离的关系曲线呈现先降低后基本趋于稳定状态。当溶洞距隧道距离较近时，溶洞对衬砌受力的影响较大；当溶洞距隧道距离较远时，溶洞对衬砌受力的影响基本不大。当溶洞距隧道距离为 6～9cm 时，最大主应力的绝对值达到一个极小值，此时溶洞对隧道衬砌受力的影响最小。

7.2 地下构筑物水害治理关键技术

公路隧道水害作为目前公路最常见的灾害之一，不但会影响交通安全，而且会对结构安全有一定的影响。地下水与水害密切相关，而且由于水的可流动性和水压的传递性，隧道的衬砌结构往往都要承受较高的水头压力。在这样的条件下，衬砌中的任何缺陷和病害都可能成为渗漏水的通道。相反，水害又会加速各类病害的发生和发展，影响隧道的使用性能和使用寿命。因此，可以认为隧道水害实际上是隧道各种病害的综合反映。对于隧道水害问题，必须仔细分析其成因，从根本入手，采取针对性的措施，才能较为彻底地根治水害，若盲目封堵，治标不治本，只能欲速则不达。

7.2.1 隧道水害处治原则

隧道水害处治应遵循“地表截排，围岩堵水，洞内引排，因地制宜，综合治理”的原则。

(1) 地表截排。采取地表修建截排水沟和对地表病害的回填等处治方法，减少地表水的入渗。

(2) 围岩堵水。采取注浆等方法达到对围岩进行加固和对地下水渗流通道进行堵塞的目的。

(3) 洞内引排。在保证结构安全的基础上，隧道内用过引排水将衬砌背后的水排出。

(4) 因地制宜，综合治理。由于各个隧道产生水害的机理和原因不尽相同，隧道地质条件和结构状况不同，必须在查清水害原因的基础上选择合理的处治方法。

7.2.2 隧道水害处治技术

针对隧道水害，应首先考虑隧道结构的安全性，必要时需要对隧道结构进行加固处治，加固后再针对隧道内的渗漏水病害进行封堵或引排，同时对隧道地表截排水系统进行完善。针对各类水害，建议按照表 7.2.1 的方法进行处治。

表 7.2.1　各类隧道水害处治方法推荐表

处治方法		隧道水害类型及状况值														
		结构破损					涌水涌泥		渗漏水				侵蚀锈蚀			地表塌陷
		基底破损		衬砌裂损					浸渗	滴漏	涌流	喷射				
		3	4	2	3	4	3	4	1	2	2、3	3、4	2	3	4	—
结构加固	衬砌背后空洞注浆				★	★										
	喷射混凝土					○							○	☆	★	
	钢带加固				★	☆								★		
	锚杆加固				☆	○								☆	★	
	嵌拱				★	★										
	套拱				☆	○									★	
	换拱		☆			○									☆	
	隧底加固	★	★													
	裂缝低压注浆修补			★		☆			☆	☆	○	○	○	☆	★	
	裂缝表面封缝			★		☆			☆	☆	○	○	○	☆	★	
围岩处置	围岩注浆	★	★				★	★			★	★	☆	★	★	☆
排水止水	凿槽埋管引排				○		○	○		☆	☆	☆				
	明装接水盒				☆		☆	☆		★	★	★		☆	☆	
	边墙打泄水孔	☆	★		☆	★	☆	★		☆	☆	★		☆	☆	
	井点降水	☆	★		☆	★	☆	★		☆	☆	★		☆	☆	
	衬砌表面施作防水涂层						☆	☆	★	☆			★	☆	☆	
	排水导洞		☆			☆	☆	☆			☆	☆				
地表处置	地表修建截排水沟				☆	☆	☆	★			○	☆				★
	岩溶缺陷回填处治				☆	☆	☆	★			○	☆				★

注：★表示对病害处治非常有效的方法；☆表示对病害处治比较有效的方法；○表示对病害处治有些效果的方法。

1. 隧道结构加固技术

1) 衬砌背后空洞注浆

衬砌背后空洞注浆适用于衬砌存在脱空和空洞时，为改善衬砌受力条件对脱空和空洞进行注浆加固。

2) 喷射混凝土

对于裂缝较多但裂缝深度较浅且发展缓慢的局部破损,衬砌局部破损或厚度、强度不足，可采用喷射混凝土进行加固。裂损严重时喷射混凝土应与钢筋网、锚杆等配合使用，补强锚杆宜采用预应力锚杆。

3) 钢带加固

对隧道衬砌欠厚较严重段，结合地质围岩情况、衬砌背后脱空情况和衬砌开裂情况进行加固处治。对衬砌欠厚特别严重段(欠厚大于 20cm)必须加固，对欠厚较严重段(欠厚大于 10cm)且该段存在衬砌背后脱空或衬砌存在开裂的需进行加固处治。

4) 锚杆加固

对裂损衬砌的所有内鼓变形和内向移动的裂损部位，采用(预应力)锚杆可将衬砌与围岩结合在一起，以形成均匀压缩带，增强围岩稳定性。

5) 嵌拱

当混凝土衬砌裂缝密集、裂缝的深度和宽度影响混凝土的整体性，有掉块发生或二次衬砌发生较大变形、裂损，且隧道内轮廓与建筑限界富余小时，可采用嵌入钢拱架进行加固。该方法不适用于钢筋混凝土衬砌的加固。

6) 套拱

在原来衬砌内部增设一个圈拱形结构物，对隧道结构严重受损、衬砌大面积剥落(一般在 $10m^2$ 以上)，采取其他补强方法承载力不能满足要求或衬砌渗漏水严重的情况进行处治。

7) 换拱

换拱加固可分为整体换拱加固和局部衬砌更换两种形式，适用于衬砌开裂、错动、剥落等病害破坏严重，对既有衬砌进行加固不能满足使用要求时。

通过换拱加固修复既有衬砌病害，恢复衬砌结构强度，提高衬砌承载能力及衬砌结构安全度。

8) 隧底加固

隧底加固适用于隧底翻浆冒泥、路面渗水、底鼓、边墙挤出和不均匀沉降等病害的处治。通过对隧底围岩进行注浆加固、空洞填充，以加强围岩自承能力，提高衬砌结构安全度。

9) 裂缝低压注浆修补

对于宽度不小于 0.2mm 的裂缝，采用低压注浆法进行修补。

10) 裂缝表面封缝

裂缝表面封缝适用于裂缝宽度小于 0.2mm 的情况。

2. 围岩处置——围岩注浆

由衬砌背后空洞、围岩松弛、偏压、滑坡、基底承载力不足等引起的衬砌开裂、变形、底鼓、衬砌渗漏水等病害，可采用注浆加固。

通过对衬砌背后围岩注浆加固、空洞填充，以加强围岩自承能力，提高衬砌结构安全度。

3. 洞内渗漏水处治技术

1) 凿槽埋管引排

对于施工缝、变形缝及伸缩缝较严重渗漏水、衬砌渗漏水严重段，可采用凿槽埋管引排的方式进行处治。

在严重渗漏水裂缝处凿槽埋管(半剖管)将水引至排水沟，凿槽需有足够的宽度和深度，采用机械切槽，埋管需完全嵌入。在管外部用封边胶堵水，外敷遇水膨胀的腻子条，然后在凿槽内充填杜拉纤维防水砂浆，在砂浆与原二次衬砌混凝土交界处涂刷界面胶。

2) 明装接水盒

对于严重渗水环向裂缝，以及施工缝、变形缝及伸缩缝较严重渗漏水处，采用明接不锈钢排水盒的方法。在确保衬砌表面平整、洁净的条件下，涂刷聚硫建筑密封胶边粘铺不锈钢接水盒边用膨胀螺栓固定接水盒，做到接水盒与衬砌接触面平顺、密封。

3) 边墙打泄水孔

对于边墙部位严重渗漏水段，采用在边墙钻孔引排的方式对该区域地下水进行疏排。

对于渗漏水严重地段，在隧道两侧边墙底部增设一排泄水孔，间距一般为 6m 或 4m(渗水严重或施工过程钻孔流量大的加密至 3m 或 2m)，孔径一般为 57mm。泄水孔深度根据隧洞围岩情况设置，对于(炭质)灰岩地段设为 1m，其他围岩地段设为 3.5m。钻孔内置排水管，沿钻孔部位在边墙凿槽埋管将水引至电缆沟，然后通过电缆沟和边沟之间的泄水通道将水排出。

4) 井点降水

对路面渗水严重段和边墙墙脚渗漏水严重段，为降低病害区地下水位，在对应隧道边沟采用井点降水处治。

在隧道边沟的底部增设集水孔，集水孔间距宜为 3～5m，深度为 3～5m，按照一定的孔径打孔，内置排水管。

通过井点降水处治，可降低病害区地下水位，保证路面无渗水，不影响行车安全。

5) 衬砌表面施作防水涂层

对隧道衬砌表面出现大面积湿渍，在没有明水流出的情况下，可采用在衬砌表面施作防水涂层的工艺，对渗漏水病害进行处治。

4. 地表处置

1) 地表修建截排水沟

为有效降低病害区周围地下水位，应及时对隧道洞顶及其周围地表水进行疏排，减少洞顶地表水下渗进入病害区域。

2) 岩溶缺陷回填处治

对地表存在岩溶空腔或排水导致泥土流失形成的落水洞，需进行填充处治，以减少地表水的入渗和地表生态环境的进一步破坏。

7.3 地下构筑物水害治理工程及效果评价

本节以广东某高速公路隧道 A 和广东某高速公路隧道 B 出现的水害为例，介绍隧道水害治理的方法和治理成效。

7.3.1 广东某高速公路隧道 A 渗漏水处治工程

1. 工程及水害概况

广东某高速公路隧道 A 长 760m，穿越岩溶地层，地下水、地表水丰富，2003 年通车。在 2011～2012 年隧道内渗漏水状况严重，雨季隧道存在涌流和喷射状渗漏水，影响隧道内的行车安全和隧道的结构安全。雨季隧道渗漏水及边墙泄水孔喷水状况如图 7.3.1 所示。

图 7.3.1 雨季隧道渗漏水及边墙泄水孔喷水状况

该隧道位于乳源县东坪乡长溪村北西约 2.5km，周围峰峦叠翠、沟谷纵横。隧道为上、下行左、右分线的双洞单线行车隧道。隧道处于低山丘陵区，属岩溶地貌及构造剥蚀地貌。中部和西北部岩石大多裸露，溶蚀洼地、溶洞、落水洞漏斗、溶沟、溶槽等岩溶地貌发育。地表凹凸不平，植被不太发育。东南部山体呈浑圆状，植被发育，坡面较陡。地形最高标高为 558.10m，最低标高为 412.10m，纵断面呈不对称的马鞍形。隧道水害严重段地质纵断面图如图 7.3.2 所示。

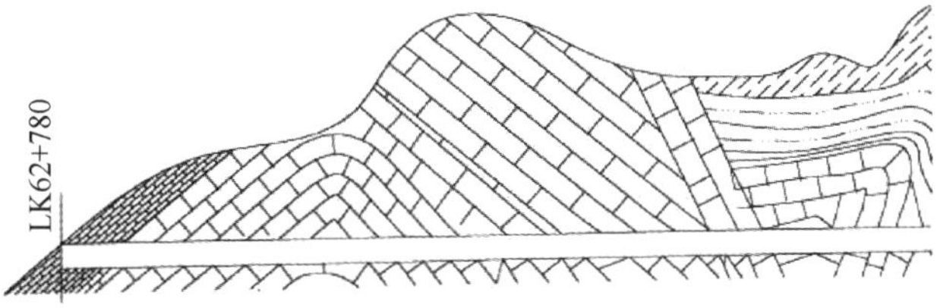

图 7.3.2　隧道水害严重段地质纵断面图

2. 隧道水害及水文地质综合探测方案

针对公路隧道岩土体和不良地质体的探测，主要的方法有工程物探与工程地质分析的方法；针对地下水渗流规律的探测，以化学探测为主。因此，该项目工程地质分析和水连通试验是必须进行的。

在已有的物探方法中，结合隧址区岩土体特点和隧道特点，采用电阻率 ρ_s 与波速 V 相结合，集中分析低波速、低电阻率的“双低”区，就能较好地把握饱水断裂带、破碎带、含水溶洞的位置，可靠判定隐患，做出准确预报。该项目采用高密度电法从地表向下探测和地震映像法从洞内向洞外探测的方法。

高密度电法勘探是依据岩矿石导电性的差异，通过对人工或天然电磁场空间分布的观测和研究，寻找矿床和查明地质构造及解决地质问题的地球物理勘探方法。该工作区地表以第四系亚黏土为主，局部出露泥盆系东岗岭组灰岩，下覆岩层主要为灰岩、砂岩，并广泛发育有岩溶不良地质体。现场测试表明，场地内主要介质电性差异明显(详见表 7.3.1)，为有效的电法勘探提供了前提。

表 7.3.1　场地内主要地下介质物理参数范围

介质	空气	水	土层	完整灰岩
电阻率/(Ω · m)	∞	< 100	$n\times10\sim2\times10^2$	$n\times10^2\sim n\times10^3$

地震映像法是反射波法中采集有效波的最佳偏移距技术的一种特例。应用地震映像法对岩溶进行探测，从地震映像剖面上识别相关的岩溶现象(如溶洞、裂隙、溶蚀等)是最重要的，而地震波在岩溶、基岩响应上有其特有的运动学和动力学特征：①地震波在不连续界面处的反射系数主要取决于界面两侧的波阻差异；②反射波同相轴的连续性主要取决于界面的几何形态。通常，地震波在传播过程中，当遇到溶洞时有较强的反射；当溶洞被水或淤泥、岩屑充填时，溶洞的反射系数

可达 0.5，如果溶洞没有充填，反射系数更高。

1) 探测结果

(1) 地质分析结果。采用人工调查与槽探相结合的方法对隧址区工程地质和水文地质状况进行了调查，可按照地表岩体出露情况和覆盖层厚度情况将隧址区分为三段。各段情况如下：隧道北京端地表汇水面积为 79801.73m^2，地表覆盖层较薄，厚度为 0.2～3m，地表有岩石露头，发现有 9 处地表岩溶塌陷和落水洞，槽探和渗水试验结果显示地表水沿岩石和黏土界面处渗透速度快，结合资料调研结果得出北京端降水入渗系数约为 1.0，北京端由于隧道埋藏较浅，隧道可通过孔隙、裂隙、落水洞、塌陷、溶洞等与地表的洼地、沟谷等汇水区域相通，将大气降水直接导入地下和隧道。隧道中部区域汇水面积为 314716.86m^2，局部有岩石露头，覆盖层厚度为 0.6～5m，发现地表岩溶塌陷和落水洞 9 处；隧道珠海端汇水区域面积为 78394.40m^2，珠海端降水入渗系数约为 0.5，发现岩溶塌陷和落水洞 7 处。

(2) 水连通试验结果。在隧道地表设置了 9 个投放点，在隧道内和隧道周边设置了 6 个接收点，示踪试验结果如图 7.3.3 所示。在隧道北京端水沟、珠海端水

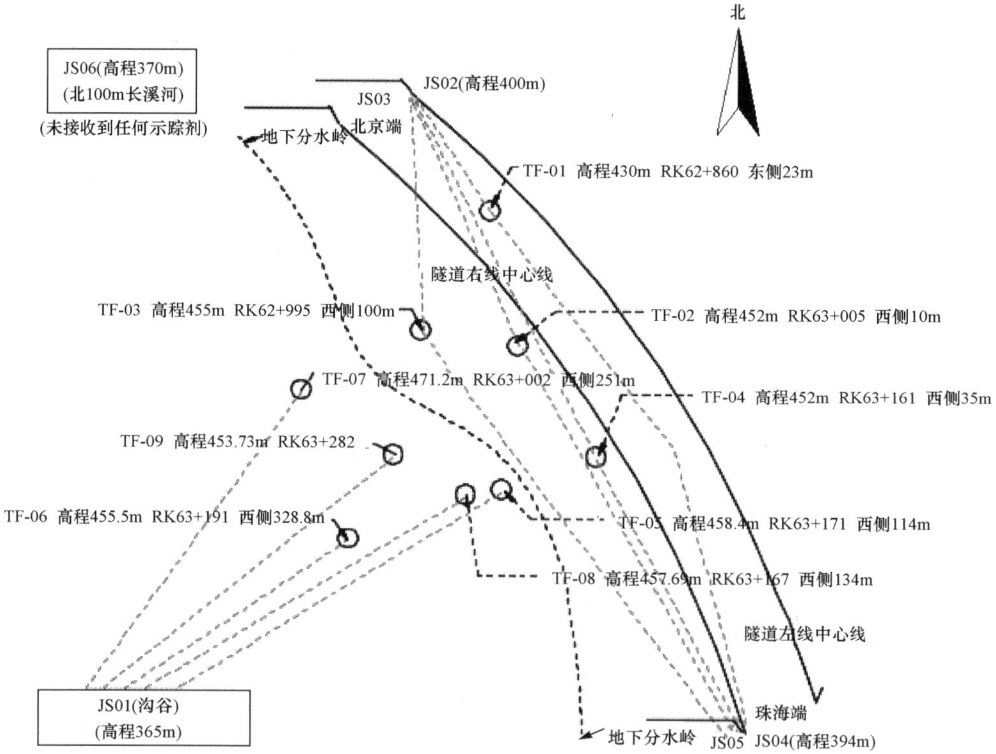

图 7.3.3 广东某高速公路隧道 A 塌陷示踪试验结果示意图

沟和珠海端沟谷内接收到投放的试剂，这 3 个接收点历时-浓度曲线如图 7.3.4～图 7.3.6 所示。通过试验可以得出：①在 TF-05～TF-07 一线以西，地下水基本上直接通过各种方式向西或西南方向进入长溪河，不会进入隧道；②TF-01～TF-04 一线的地下水是主要的进入隧道的涌水来源。

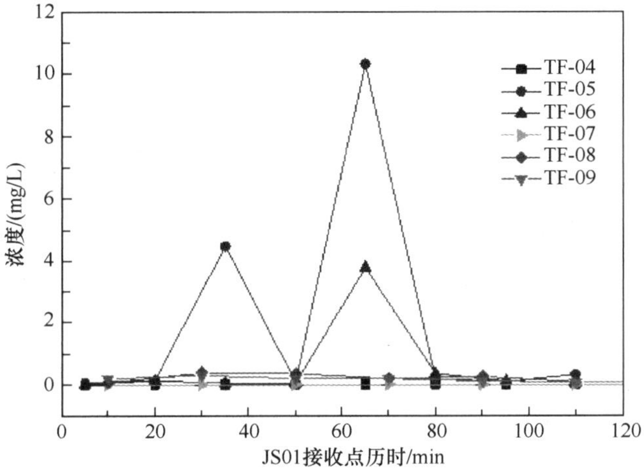

图 7.3.4　JS01 接收点历时-浓度曲线

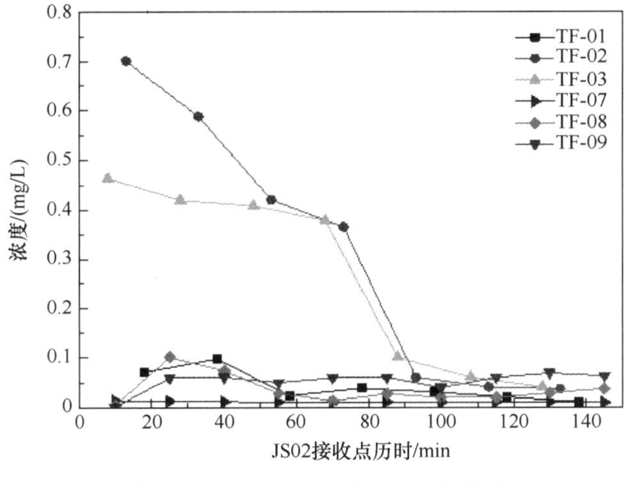

图 7.3.5　JS02 接收点历时-浓度曲线

(3) 高密度电法结果。本次高密度电法采用施伦贝尔装置，其电极排列规律是 A、M、N 和 B 四根电极(其中 A 和 B 是供电电极，M 和 N 是测量电极，且 AM=NB)，随着间隔系数 n 由 n(MIN)逐渐增大到 n(MAX)，AM 与 NB 之间的间距也均匀拉开，整个测量过程中 MN 固定为一个点距。数据按间隔系数由小到大的顺序分层存储，结果为倒梯形区域，如图 7.3.7 所示。

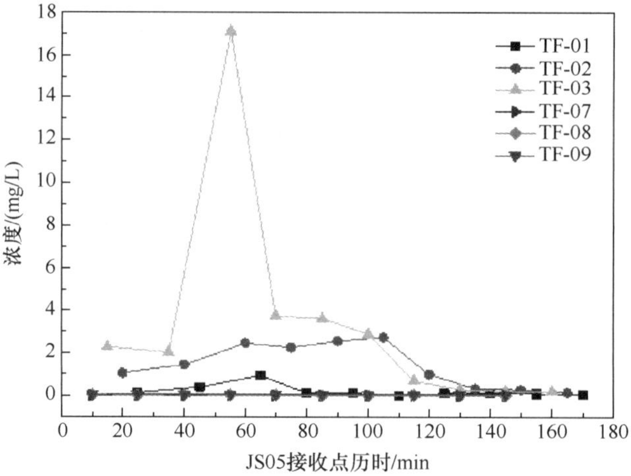

图 7.3.6　JS05 接收点历时-浓度曲线

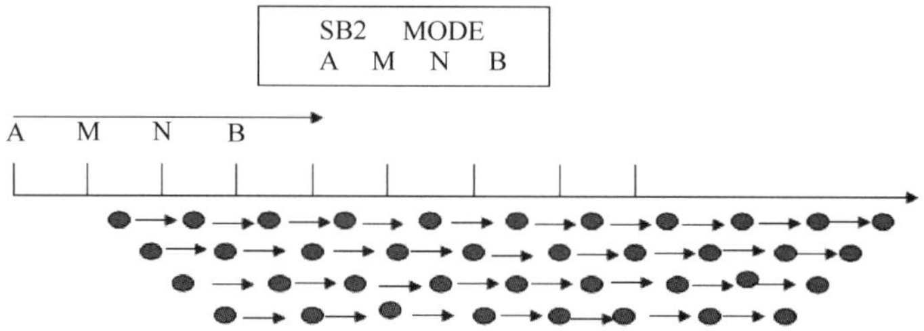

图 7.3.7　施伦贝尔电极排列方式

在隧道洞浅埋段地表布设了 7 条测线，从检测结果可以看出，本次探测的 7 条测线中，有 5 条测线探测到岩溶或溶蚀 6 处，最大的岩溶为沿隧道走向，长度为 80m，局部位于隧道渗漏水严重段顶部，另有 4 处岩溶可能已发育至隧道顶部。依据高密度电法探测结果绘制的隧道地质典型纵剖面图如图 7.3.8 所示。对已探知的溶洞，由于其离隧道顶面较近，很可能作为渗漏通道，使地表塌陷积水或溶洞内储藏水渗漏至隧道内，造成溶洞位置附近隧道渗漏水比较严重。

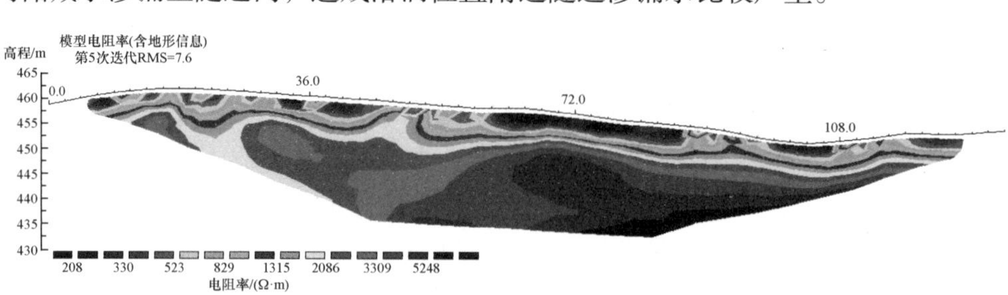

图 7.3.8　广东某高速公路隧道 A 典型高密度电法纵剖面图

(4) 地震映像法探测结果。通过地震映像法布置了 7 条测线，共发现异常 61 处，其中 53 处推测为岩溶发育，8 处推测为岩溶裂隙发育带，探测结果平面图如图 7.3.9 所示。岩溶的宽度在 2.8～32.4m，高度在 1.7～33.5m。这些岩溶可能与其周围岩溶连通，为岩溶水流通提供良好通道，从而导致病害的发生。隧道严重渗水区段推断为岩溶裂隙发育带，带内岩溶极其发育，岩体破碎，可能存在大溶洞、串珠状小溶洞等，是岩溶水通道。地震映像法岩溶探测典型解释图如图 7.3.10 所示。

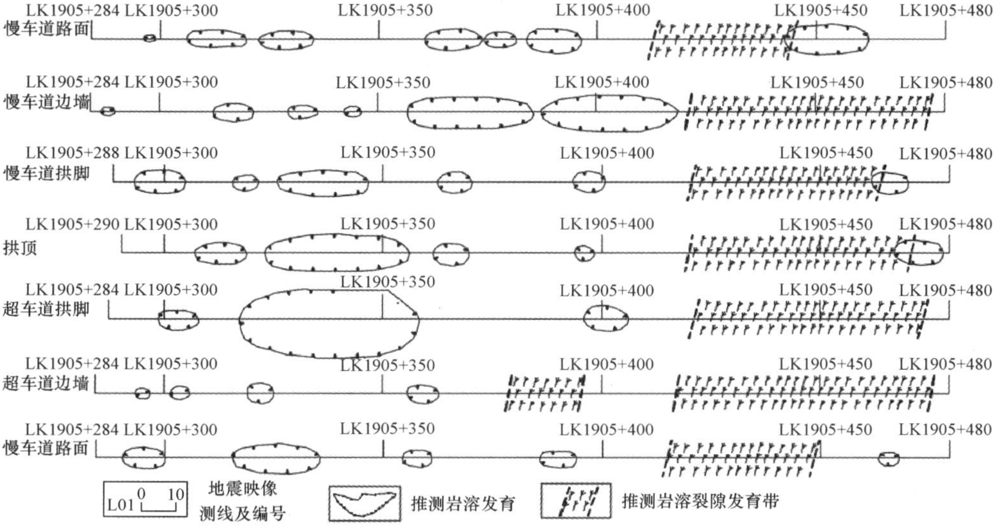

图 7.3.9　地震映像法探测结果平面图

2) 结论

(1) 结合地质分析法和水连通试验结果得出隧道右线右侧存在分水岭，此部分地表水不会进入隧道；隧道北京端地表降水为直接灌入式的快速涌入隧道，是

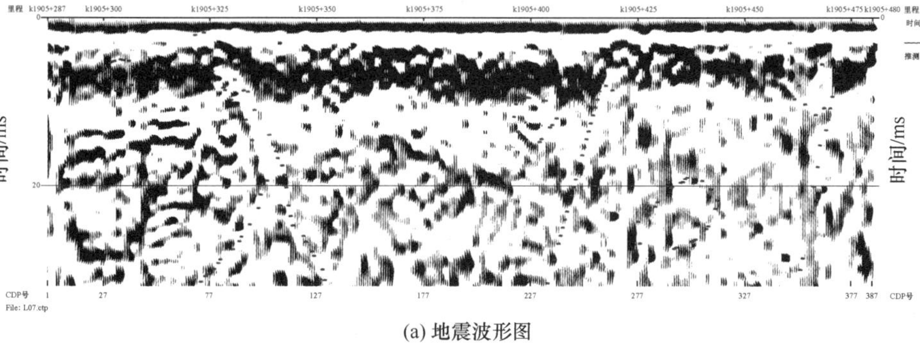

(a) 地震波形图

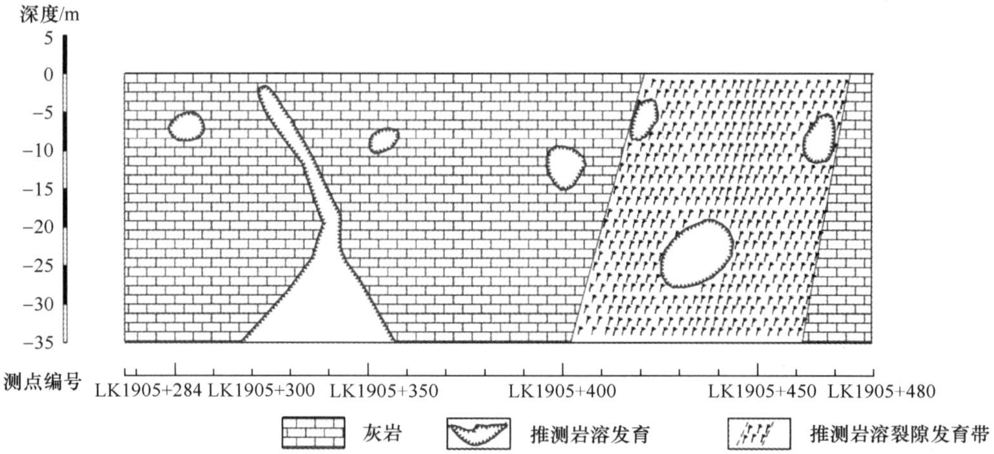

(b) 岩溶分布示意图

图 7.3.10　地震映像法岩溶探测典型解释图

隧道地下水的主要来源。

(2) 综合高密度电法和地震映像法得出地表水主要是通过岩溶通道和岩溶裂隙发育带进入隧道，部分岩溶已发育至衬砌背后。

(3) 在后期处治中对高密度电法探测结果和地震映像法探测结果进行了比对，高密度电法探测到的大型岩溶均得到验证，地震映像法探测到的岩溶的准确率高达 72%。

(4) 依据地质预报结果，对隧道进行了北京端地表截排水、隧道岩溶注浆和隧道内引排处治，目前隧道整体状况良好，未发现明显的水害。

3. 病害处治措施

针对隧道洞内渗漏水严重的病害水害状况，采用地表处治、隧道衬砌背后岩溶回填处治和隧道内引排处治的方法对隧道水害进行处治。

1) 地表处治

采用堵、截、排相结合的方法对隧道地表进行处治。

(1) 对地表落水洞和塌陷进行回填、周边围截，规模小的溶洞黏土夯实填堵，规模大的溶洞回填后采用浆砌片石铺砌、C20 混凝土覆盖。

(2) 在隧道洞顶山体上布置树枝状排水沟，依据地表排水工程水力设计，首先对排水系统各主、支沟段控制的汇流面积进行分割计算，并根据设计降雨强度校核已有排水沟的过流能力，确定排水沟断面。

2) 隧道衬砌背后岩溶回填处治

对该隧道衬砌背后围岩溶洞或排水导致泥土流失形成的空洞，为保证结构安全及减少地下水渗流路径和涌入隧道内的地下水，对衬砌背后 5m 以内的溶洞进行填充处治。现场灌浆施工时，先打设探孔，探明裂隙与空洞形态后，再选取恰当部位打设灌注孔和排气孔，并选择合适的灌浆填充材料，即采用先灌注 M30 速凝水泥砂浆封堵岩溶裂隙部分，后灌注 C30 速凝混凝土填充空洞部分，如图 7.3.11 所示。工作压力为 0.2～0.5MPa。为确保施工安全，灌注施工时，应在施工部位二次衬砌外进行隧道衬砌变形观测，且空腔填充施工应在枯水期进行。水泥采用 P.O42.5，防水剂掺量为 0.5%。根据钻孔资料及压水试验，确定开灌充填材料，水泥砂浆的水灰比由稀到浓适当调整。灌浆结束控制标准如下：

(1) 当灌浆压力达到设计值时，可适当稳定 10min 结束。

(2) 当灌浆量达到理论灌浆量时，灌浆压力无显著变化，可采用调整灌浆材料、间歇灌浆工艺等，当灌浆压力达到设计值时，可适当稳定 10min 结束。

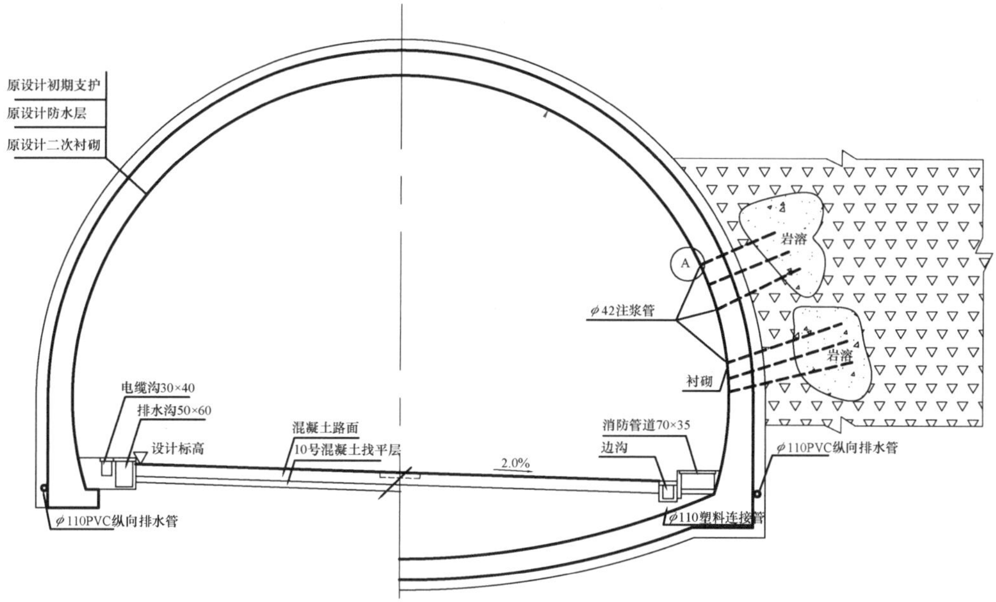

图 7.3.11　隧道衬砌背后岩溶回填处治断面图

3) 隧道内引排处治

隧道内采用施工缝集中凿槽埋管引排和边墙墙脚打泄水孔的方法进行渗漏水引排处治。

(1) 施工缝引排。采用凿槽埋管引排的方式进行处治，在渗漏水缝处凿槽埋管(半剖ϕ150mm 聚氯乙烯管)将水引至排水沟，凿槽需有足够的宽度和深度，采用机械切槽，埋管需完全嵌入，在聚氯乙烯管外部用水中固化 E380 封边胶堵水，外敷遇水膨胀的腻子条，然后充填杜拉纤维砂浆封堵，如图 7.3.12 所示。

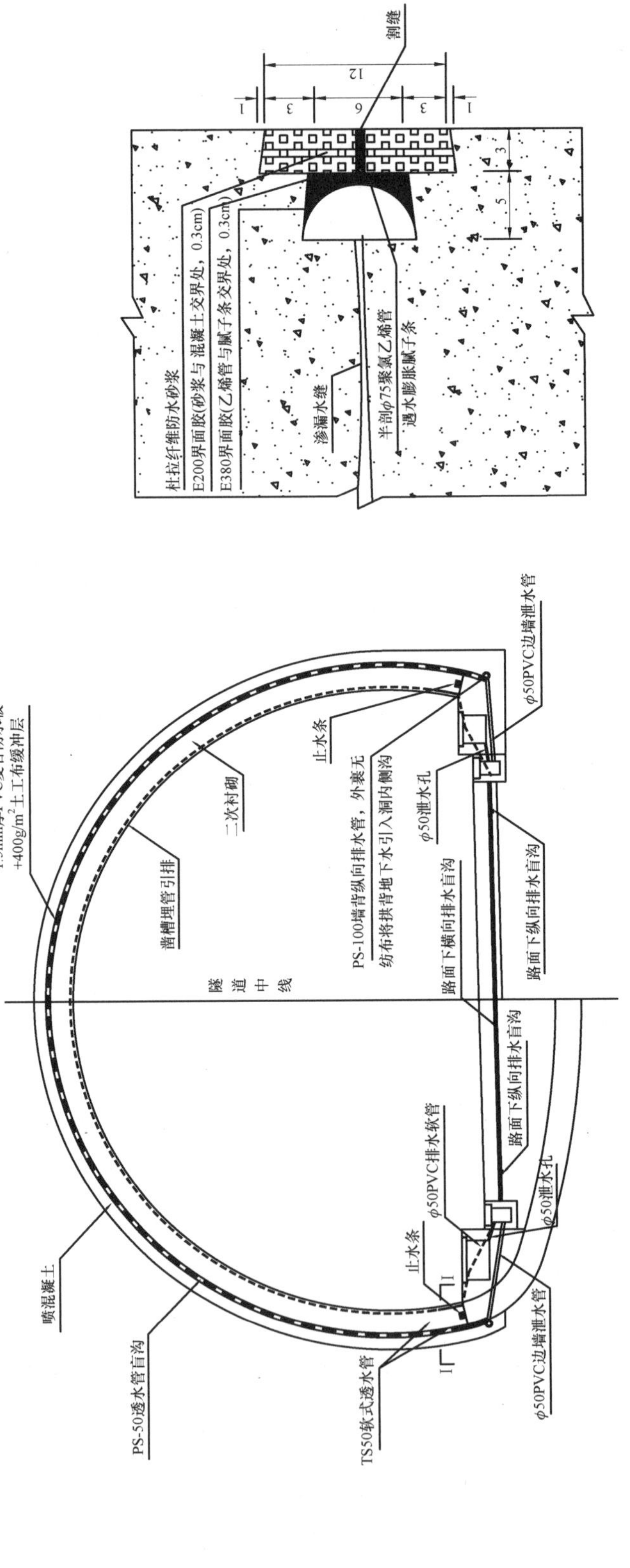

(a) 渗漏水施工缝、变形缝处治设计断面图(1∶100)

(b) I—I剖面图(单位：mm)

图7.3.12　渗漏水施工缝处治图

(2) 边墙墙脚打泄水孔。在隧道衬砌边墙底部，距路面高度 40cm 和 100cm 处按梅花形每 3m 间距钻 57mm 的泄水孔(局部严重渗漏水地段可加密至 1m 间距)，泄水孔内设置 TS50 软式透水管，并采用ϕ50mm 排水软管将水引至边沟内，如图 7.3.13 所示。

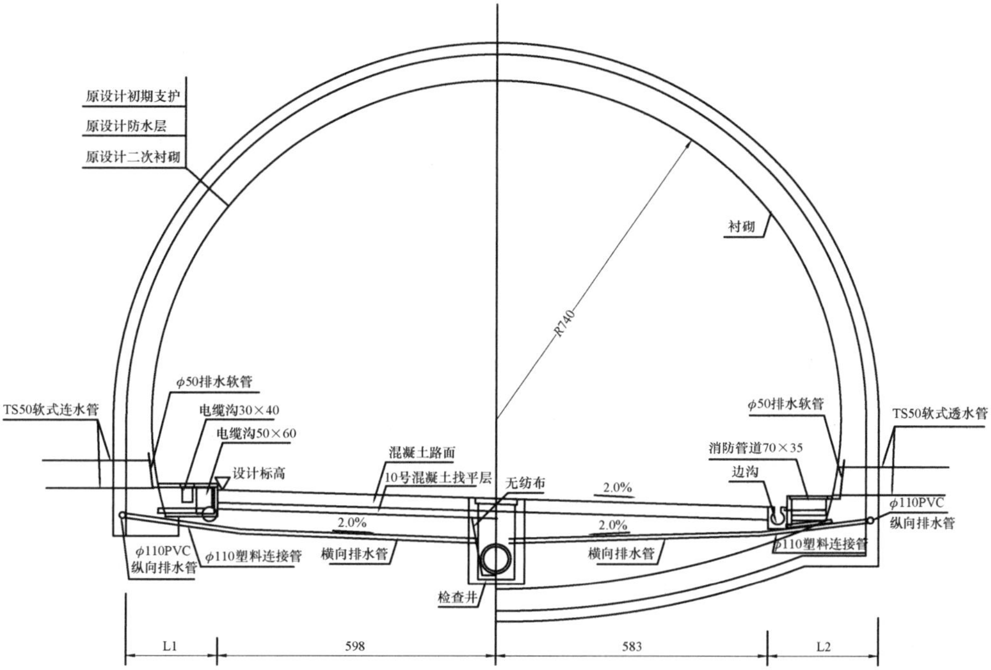

图 7.3.13　边墙墙脚打泄水孔处治图(单位：mm)

4. 处治效果分析

通过 2011～2014 年对广东某高速公路隧道 A 渗漏水的处治，隧道渗漏水状况明显减轻。在 2015 年雨季未发现隧道严重渗漏水现象，仅在部分墙脚部位发现浸渗和浸渗痕迹，对行车无影响。目前隧道运营状况良好，结构安全有保障。针对岩溶地区运营公路隧道水害问题，该隧道处治成功案例可大范围推广和应用。

7.3.2　广东某高速公路隧道 B 水害处治工程

1. 隧道概况

1) 地形地貌

该隧道区为低山、陡峭山坡及冲沟地貌。地形起伏大，最高标高约为 570m，最低标高约为 290m。

2) 工程地质条件

隧道两端地形陡峻，中段较为平缓，测区出露的地层有如下三个。

(1) 中泥盆统东岗岭组及上泥盆统天子岭组。分布于 ZK139+840～ZK140+740(设计桩号)，岩性为中～厚层状泥质灰岩，岩层单斜，倾角为 25°～52°，岩层成层性差，裂隙发育，但岩体结构完整，岩石坚硬，工程地质条件良好。

(2) 下侏罗统。分布于 ZK140+740～ZK141+240，岩性为薄板状～薄层状泥质粉砂岩，局部夹灰紫色砂岩，岩层产状整体为单斜，局部反倾，中等倾角(41°～59°)，岩层节理发育，节理密度为 5～7 条/m，此段地层易风化。

(3) 下泥盆统大塘阶石磴子段。岩性为薄～中层状泥质灰岩夹岩劣质煤层，分布于 ZK141+240～ZK141+520，此段岩层受挤压，变形明显，岩层倾角中等(44°～59°)，节理密度为 1 条/(1～3m)，岩层面是不明显的软弱结构面。

3) 水文地质条件

地下水以裂隙为主，局部有溶蚀现象，地表降水丰富，大部分水从地表排泄。总体上，隧道洞身埋藏条件好，其围岩大部分为弱风化、微风化或微风化基岩，未发现大的岩溶、裂隙发育带或破碎带，围岩完整性好。

4) 结构形式

结构采用分离式单向行车三车道隧道，衬砌结构均按照新奥法原理，采用复合式衬砌，以锚杆喷射混凝土或钢筋网喷射混凝土，格栅钢筋拱架和轻型工字钢钢架作为初期支护，模筑混凝土或钢筋混凝土作为二次支护，同时在初期支护和二次衬砌之间设 PVC 复合式防水层。

2. 水害概况

2013 年 5 月 15 日，受特大暴雨影响，广东某高速公路隧道 B 山体汇水剧增，由于地下水水位迅速上升，衬砌承受的压力急剧增大，导致该隧道 LK1983+978 处二次衬砌混凝土出现掉块，LK1984+823 处出现边沟管涌，将泥土一起带入隧道，其他区域出现严重渗漏水现象，严重阻碍了隧道安全通行。现场病害照片如图 7.3.14 所示。

3. 病害处治措施

(1) 针对 LK1983+900～LK1984+050 段存在衬砌破损病害，结合衬砌破损的原因，对衬砌破损部位采取衬砌破损部位修补、衬砌背后岩溶水引排处治，并结合墙脚打泄水孔和边沟井点降水的方法降低衬砌背后水压力。

(2) 针对 LK1984+770～LK1984+900 段存在边沟涌水涌泥病害，结合病害原因，采用地表封堵引排与洞内引排相结合的方法进行处治。地表封堵引排包含塌陷回填和排水沟原样恢复；洞内引排措施包含边沟井点降水、边墙墙脚打泄水孔和衬砌背后岩溶水引排处治。

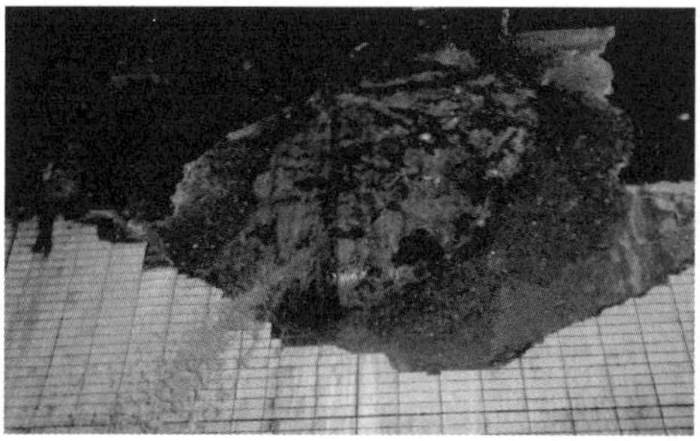

(a) LK1983+978慢车道侧拱脚二次衬砌掉块及涌流

(b) LK1984+823慢车道侧水沟涌泥

(c) 隧道洞顶塌陷

图 7.3.14　现场损害情况照片

(3) 针对隧道普遍存在的渗漏水和衬砌开裂病害，主要采用“以排为主，排堵结合，集中凿槽打孔引排”的原则对隧道渗漏水病害进行处治，并在隧道超车道侧电缆槽内布设排水管排水，对隧道结构性裂缝进行低压注浆处治。

典型处治方法介绍如下。

1) 衬砌修补

尽可能减少二次衬砌凿除面积，根据该处隧道二次衬砌结构强度进行验算的情况，对二次衬砌塌陷的空腔采用两层钢筋网进行植筋加固。安全起见，对二次衬砌后方侵入岩石锚杆加固；设置较大口径排水管排除衬砌后裂隙水，排水管道要考虑日后养护维护(图 7.3.15)。具体如下：

(1) 清理衬砌破损周边区域，按照破损区呈菱形切割二次衬砌混凝土，面积为 $3m\times4m=12m^2$，同时保证新旧二次衬砌黏结处厚度不小于 40cm，凿除过程中注意对防水板的保护。

(2) 切割防水板，凿除衬砌背后突出的围岩或初期支护部分。

(3) 在凿除衬砌部位布置 4 根ϕ25mm 砂浆锚杆，深 8m。

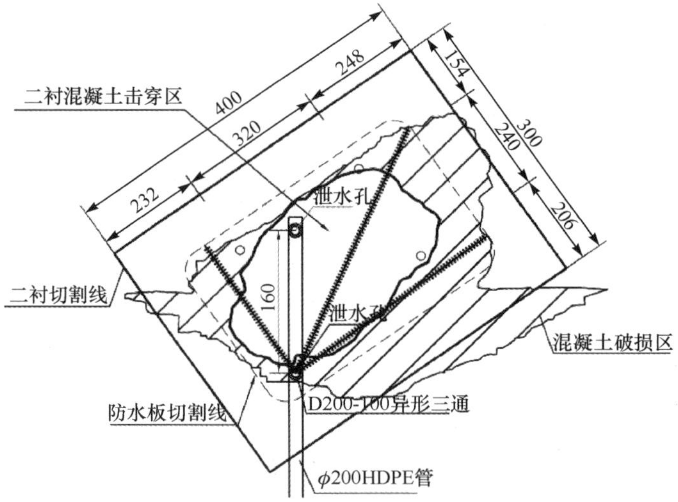

(a) 二衬切割线切割区排水管布设设计

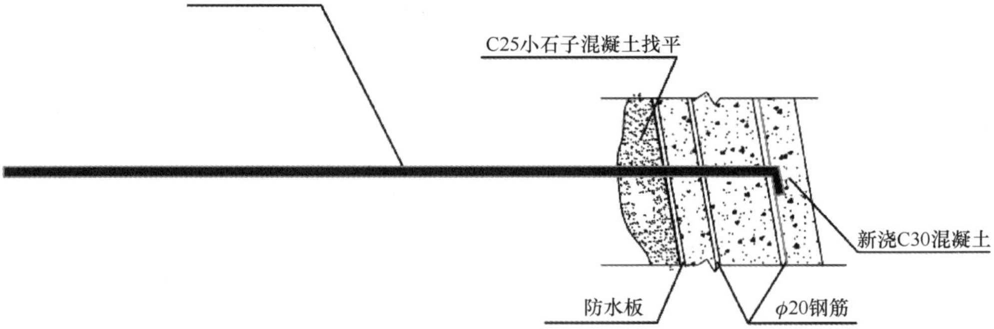

(b) 植筋及钢筋网布置图

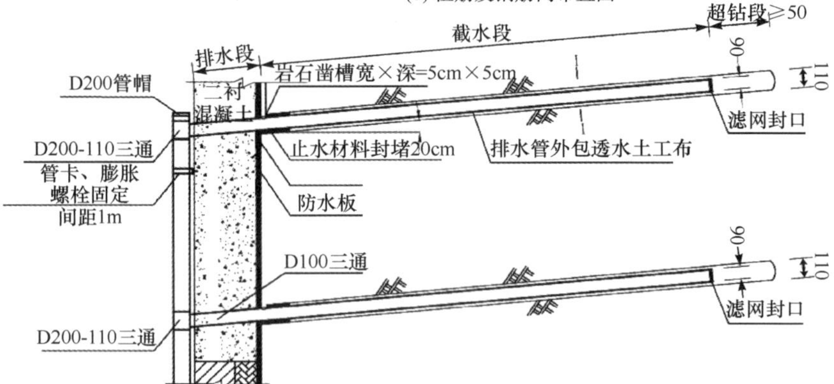

(c) 排水管安装示意图

图 7.3.15　广东某高速公路隧道 B 衬砌掉块处治图

(4) 采用 C25 小石子混凝土将衬砌背后围岩找平，嵌入网状 D 型排水槽，保证表面光滑，无突出颗粒。

(5) 在衬砌凿除部位下部打设深层泄水孔，孔深 10m，排水管采用ϕ110HDPE 钻孔花管外包透水土工布制作，端部以滤网封口。

(6) 施作防水板，与原防水板焊接。

(7) 在二次衬砌混凝土切割侧面按照双排间距 20cm 钻孔，植筋采用ϕ20mm 钢筋，深 20cm，外露 20cm；植筋达到强度后由内向外，在植筋绑扎搭焊ϕ20mm 钢筋成 20cm×20cm 钢筋网，注意保护好防水板。

(8) 清除混凝土侧面和防水板的灰尘、油污，用钢丝刷及压缩空气将混凝土碎屑粉尘清除干净，切割部位涂刷界面剂。

(9) 模注抗渗等级为 S6 的 C30 混凝土恢复二次衬砌。

(10) 施作防火层和瓷砖。

(11) 施作竖向ϕ200HDPE 排水管，上顶部采用管帽，便于养护检查，采用 D200-110mm 异径三通与ϕ110HDPE 排水管连接，底部以ϕ200mm 弯头(45°)与横向排水管连接。

(12) 切割开凿消防管道、边沟侧壁混凝土，埋置 D200mm 横向排水管，连接至改造的边沟。

2) 衬砌背后浅层岩溶空腔填充

LK1983+977～LK1983+995、LK1984+027～LK1984+033、LK1984+822～LK1984+830 及 LK1984+863～LK1984+875 段边墙存在岩溶空腔或排水导致泥土流失形成的空洞，为保证结构安全，需对浅层岩溶(距衬砌表面距离在 1.5m 以内)进行填充处治，以加强围岩自承能力，提高衬砌结构安全度。根据检测资料，先在有空洞部位打设空洞探孔，探明空洞形态后，再选取恰当部位打设灌注孔和排气孔，并采用速凝水泥膏浆灌注填充，工作压力为 0.2～0.5MPa。为确保施工安全，灌注施工时，应在施工部位二次衬砌外设置临时加强支撑。空腔填充施工应在枯水期进行，并在该段主洞及泄水洞引排水工程施工前进行，以防止充填施工堵塞排水通道引发高水压。

3) 衬砌背后岩溶水引排

针对衬砌背后的岩溶水，采用凿槽埋管引排的方式进行处治。在衬砌背后探测到有浅层岩溶的部位，沿测线方向以间距 1m 钻ϕ57mm 的泄水孔，水孔内放置 TS50 软式透水管。沿钻孔部位在边墙凿槽埋管(半剖ϕ110HDPE 管)将水引至排水沟，凿槽需有足够的宽度和深度，采用机械切槽，埋管需完全嵌入，在聚氯乙烯管外部用水中固化 E380 封边胶堵水，外敷遇水膨胀腻子条，然后充填杜拉纤维砂浆封堵。泄水孔内的埋管必须采用软式透水管，以形成通畅的泄水通道。特别需要注意的是，为进行有效的凿槽埋管排水，形成通畅的泄水通道。

4) 隧道渗漏水处治

(1) 施工缝、变形缝及伸缩缝较严重渗漏水处，采用凿槽埋管引排的方式进行处治。在渗漏水缝处凿槽埋管(半剖ϕ110HDPE 管)将水引至排水沟，凿槽需有足够的宽度和深度，采用机械切槽，埋管需完全嵌入，槽中每 3m 间距钻ϕ57mm 的泄水孔，泄水孔内放置 TS50 软式透水管。在聚氯乙烯管外部用水中固化 E380 封边胶堵水，外敷遇水膨胀腻子条，然后充填杜拉纤维砂浆封堵。泄水孔内的埋管必须采用软式透水管，以形成通畅的泄水通道。特别需要注意的是，为进行有效的凿槽埋管排水，形成通畅的泄水通道，在围岩需进行注浆加固的地段，应先注浆加固，然后才能钻泄水孔。

(2) 衬砌渗漏水严重段，采用凿槽埋管引排的方式进行处治。在严重渗漏水处凿槽埋管(半剖ϕ110HDPE 管)将水引至排水沟，凿槽需有足够的宽度和深度，采用机械切槽，埋管需完全嵌入。在聚氯乙烯管外部用水中固化 E380 封边胶堵水，外敷遇水膨胀腻子条，然后在凿槽内充填杜拉纤维防水砂浆，在砂浆与原二次衬砌混凝土交界处涂刷 E200 界面胶，待砂浆具有一定强度后，在砂浆处沿裂缝方向施作一条割缝，供其变形之用。同时在凿槽内的边墙处钻泄水孔进行泄水。

(3) 衬砌表面面渗(没有明显出水点，混凝土浇筑过程中振捣不实等质量问题引起的表面浸润)，采用钻浅孔注化学浆液，并在注浆完毕后在混凝土表面涂刷两遍 SWF 混凝土密封胶的方式进行处治。

4. 处治效果

2014 年，广东某高速公路隧道 B 在处治过程中由于地表处治工程未施工完全，隧道在 2015 年和 2016 年再次出现涌水涌泥。在 2016 年和 2017 年地表处治后，隧道已无严重渗漏水，隧道运营安全和结构安全得到了保障。

第 8 章　公路水害治理新技术和新型排水结构设计

在已有水害防治技术的基础上，结合水害机理和原因，从水文地质角度出发，本章对原有公路的防排水理念和设计思路进行完善和提升，同时研发了新型的治理材料、技术和结构，能达到有效防治水害及提高公路工程排水性能和长期性能的目的。

8.1　公路水害与水文地质综合探测方法

对水害的处治必须从源头进行根治，而根治的依据是必须掌握水害的原因，查清地下水的补径排规律。从近年发生水害的原因来看，隧道水害主要是由三个方面引起的，即地下水的补给来源和范围、地下水径流特点、构筑物结构及防排水状况。针对水害机理方面的探测，归根结底为对地下水渗流规律、不良地质体和结构缺陷方面的探测和调查，方法主要有水文地质调查、地下水连通试验、不良地质体和含水体的物探、构筑物结构检测和排水系统检查。

8.1.1　水文地质调查

1. 目的

为工程项目水害处治方案的制定提供水文地质依据。

2. 任务

查明水文地质条件，地下水的形成、赋存、运动特征，水质、水量的分布、变化规律，为截排或封堵地下水提供水文地质依据。

3. 工作内容

(1) 地下水的来源：地形特点和地下水的补给来源，包含构筑物所在区域的地形特点、周边地表径流和河流状况、汇水区域分类、汇水面积、地表覆盖层状况和岩土层渗透系数等。

(2) 地表覆盖层状况：不同汇水区域地下水的渗透系数。

(3) 出露岩体状况和构造特征：出露岩体的类型、工程地质特性、主要结构面性状和产状等。

(4) 区域地质构造：断层、褶皱等区域构造情况。

(5) 地下水的赋存状况：区域地下水的含水层分布和不良含水体等。

(6) 地下水的运动特征：地下水的渗流特征。

(7) 水质：地下水 pH、导电率、成分等。

(8) 不良构造及地质体：①断层、褶皱等区域构造；②洞顶有无滑坡、崩塌、地裂缝等衍生地质灾害等，地表植被发育特点等；③地表不良地质体的位置、体积、形态等特征。

(9) 地表排水系统及评估：①排水设施的完整情况调查，有无拉裂缝、完整情况、通畅情况等；②排水系统排水能力评估。

(10) 构筑物涌水量：构筑物的正常涌水量和构筑物在极端条件下的涌水量。

4. 使用的主要手段

最基本的水文地质调查手段(或称技术方法、工作种类)有 6 种：①水文地质测绘；②水文地质勘探；③水文地质物探；④水文地质野外试验；⑤室内分析、测定、模拟试验；⑥地下水动态长期观测。另外，还有遥感技术、地下水同位素技术、计算机技术等。其中，水文地质物探和水文地质野外试验中的水连通试验对公路水害治理有显著的作用,因此将这两个部分内容提出与水文地质调查并列，此处不再赘述。

(1) 水文地质测绘(填图)。水文地质测绘是认识一个地区水文地质条件的第一步，也是全部水文地质工作的基础。按一定精度(比例尺)要求，对地质—水文地质现象进行野外观察、测量、描述，并将它们绘制成图件，总结出水文地质规律。也就是在搞清地质条件的基础上，对地下水的形成条件、赋存状态与运动规律进行研究。

(2) 水文地质勘探。使用一定的工程手段对地下水进行勘查。其中最主要的是钻探，其次是物探。

(3) 水文地质野外试验。为取得水文地质参数或解决水文地质问题，需进行水文地质试验(水量)，包括抽水试验、注水或渗水试验、连通试验、弥散试验、流速和流向测定试验等。

(4) 室内分析、测定、模拟试验。地下水的水质，岩石的水理、力学性质，岩石的破坏及溶蚀机理，含水层的颗粒成分等需要通过试验、室内分析测定。

(5) 地下水动态长期观测。包括对水位、水量、水质、水温等进行长期观测，以便对地下水的形成和变化规律、水质、水量、水位等进行正确的评价和预测。

(6) 遥感技术。遥感技术是根据电磁波理论，用装置在飞机和人造卫星等飞行器上的专门仪器接收地面上各种地质体发射或反射的各种波谱信息，从而解释判定出被测地区的地貌、地质和水文地质条件，并可绘制成各种图形。该技术的优点是提高质量、加快进度、减少测绘和勘探工作量、减轻体力劳动等。在自然条件复杂、交通困难的地区更显示出其优越性。

8.1.2　地下水连通试验

1. 试验目的

主要用于研究地下水的以下特征：

(1) 地下水的补给范围、补给速度、补给量及与相邻地下水的关系。

(2) 地下水的径流特征，实测地下水流向、流速、流量。

(3) 地下水与地表水的转化、补给等关系。

(4) 配合抽水试验等确定水文地质参数。

(5) 渗漏途径、渗漏量及洞穴规模、延伸方向，以及为截流成库、排洪引水等工程提供依据。

2. 试验段(点)的选择原则

(1) 需在测绘的基础上，有一定的地质依据说明有连通性的地段。

(2) 目的性要明确，针对性要强，并需考虑与试验方法相适应。

(3) 尽量做到试验与观测方便。

(4) 要经济合理，尽量做到就地取材。

3. 试验方法及工作要点

水连通试验方法及工作要点如表 8.1.1 所示。

表 8.1.1　水连通试验方法及工作要点

试验方法		目的	野外工作要点
水位传递法	闸水试验	了解地下水系的连通情况及流域特征	利用天然通道或钻孔，进行闸水、放水、堵水或抽水、注水，观测上下游水位、水量、水色的变化，以判断其连通情况
	泄水试验		
	堵水试验		
	抽水试验		
指示剂法	浮标法	了解地下水系的连通情况及流域特征；实测地下水流向、流速；查明地下水与地表水的转化补排关系	根据地下水的流速、流态、流途长短的不同，分别在上游投放相关材料，在下游或出水口收集地下水观测其连通情况
	比色法		
	化学剂示踪法		
	放射性同位素示踪法		

续表

试验方法		目的	野外工作要点
气体传递法	烟熏火烟幕弹法	了解与地下水有密切联系的地下水位以上的溶洞的连通情况	在与地下水有联系的无水溶洞或裂隙内放烟，用人工鼓风或自然通风，使烟扩散，了解溶洞的连通情况，判断地下水系的连通情况

4. 试验的资料整理

(1) 绘制试验段(点)的水位、水温、水量、水质或试验指示剂浓度变化的历时曲线。

(2) 对曲线的各种形态和现象，结合区域水文地质资料进行合理的水文地质解释与定量计算。

(3) 绘制试验得出的地下水连通平面图或地下水水系公布图。

(4) 简要文字总结，其内容包括试验任务的提出、试验段(点)平面位置分布、连通地段的水文地质条件、试验采用的方法、对试验结果的评述、经验教训及建议等。

8.1.3 水文地质物探方法

目前公路构筑物常用的物探方法如表 8.1.2 所示。由于物探方法众多，而且不同的物探方法探测目标的准确率各不相同，单一方法的探测结果往往会存在偏差，建议采用综合参数及方法进行探测，推荐综合参数及方法如表 8.1.3 所示。

表 8.1.2 地面物探方法选择一览表

<table>
<tr><th colspan="2">物探方法</th><th>解决问题</th><th>应用条件</th><th>经济、技术特点</th></tr>
<tr><td rowspan="3">直流电法</td><td>自然电位法</td><td>1. 探测隐伏断层、破碎带的位置；
2. 探测地下水的流向；
3. 探测隐伏洞穴的位置</td><td>1. 受地形、环境影响较小；
2. 适合在地下水位较浅的地方工作</td><td>方法简便、资料直观，成本低</td></tr>
<tr><td>充电法</td><td>1. 探测隐伏断层、破碎带的位置；
2. 探测地下水的流向；
3. 追踪地下洞穴的埋、分布</td><td>受地形、环境影响较小</td><td>方法简便，分析地下水活动及低阻体平面展布效果良好，成本低</td></tr>
<tr><td>电阻率剖面法</td><td>1. 探测隐伏断层、破碎带的位置、走向；
2. 探测隐伏地下洞穴的位置、埋深，判断充填状况；
3. 测定覆盖层厚度，确定基岩面形态；
4. 划分基岩风化带，确定其厚度；
5. 探测第四系地层厚度、岩性结构及含水层(组)特征；
6. 探测隐伏古河道的位置、分布；
7. 划分咸淡水的界线</td><td>地形起伏小，要求场地宽敞</td><td>资料简单、直观，工作效率高，以定性解释为主，成本低</td></tr>
</table>

续表

物探方法		解决问题	应用条件	经济、技术特点
直流电法	电阻率测深法	1. 测定覆盖层厚度、地层结构，确定基岩面形态； 2. 划分基岩风化带，确定其厚度； 3. 探测隐伏洞穴的位置、埋深； 4. 探测基岩断层位置、走向； 5. 划分咸淡水的平面界线、纵深变化特征； 6. 探测松散层的厚度、岩性特征； 7. 探测隐伏古河道的位置、形态、岩性特征	1. 地形无剧烈变化； 2. 电性变化大且地层倾角较陡地区不宜工作	方法简单、成熟，较普及；资料直观，定性定量解释方法均较成熟，成本较低
	激发极化法	1. 测定地下水位埋深； 2. 探测隐伏断层、破碎带的位置，含水特征； 3. 探测地下洞穴的位置，判断充填性质	地形影响小，要求有一定工作场地	根据视电阻率和视极化率分析地下介质特征，对含水体、金属矿体反应灵敏，成本适中
	高密度电阻率法	1. 探测隐伏断层、破碎带的位置、产状、性质； 2. 测定覆盖层厚度，确定基岩面形态； 3. 划分基岩风化带，确定其厚度； 4. 探测隐伏地下洞穴的位置、形态、埋深，判断充填物性质； 5. 探测松散层厚度、岩性、咸淡水的空间特征； 6. 探测隐伏浅层古河道的位置、形态特征	1. 地形无剧烈变化，要求有一定场地条件； 2. 勘探深度较小，一般小于 60m	资料简单、直观，工作效率高，成本较低，但现场要求条件高
电磁法	音频大地电磁法	1. 探测深部隐伏断层、破碎带的位置、延伸； 2. 探测隐伏洞穴的位置	1. 受地形、场地限制小； 2. 天然场变影响较大时不宜工作； 3. 输电线、变压器附近不宜工作	资料简单、直观，工作效率高，以定性解释为主，成本较高
	甚低频法	1. 探测隐伏断层、破碎带的位置、延伸； 2. 探测岩性接触带的位置； 3. 探测隐伏洞穴、地下暗河的位置，判断充填性质	1. 有效勘探深度较小，一般为数十米； 2. 受电力传输线干扰易形成假异常	被动源电磁法，较轻便，受地形限制较小，以定性解释为主，成本低
	电磁测深法	1. 探测隐伏断层、破碎带的位置、产状、性质； 2. 探测隐伏地下洞穴的位置、形态及充填物性质； 3. 测定覆盖层厚度，确定基岩面形态； 4. 探测地层结构、岩性特征； 5. 测定松散层厚度、岩性结构； 6. 探测隐伏古河道的位置、形态	1. 适用于地表岩性较均匀地区； 2. 电网密集、游散电流干扰地区不宜工作	工作简便，效率高，勘探分辨率较高，受地形限制小，但在山区受静态影响严重，成本适中

续表

物探方法		解决问题	应用条件	经济、技术特点
电磁法	瞬变电磁法	1. 探测隐伏断层、破碎带的位置、产状、性质； 2. 测定覆盖层厚度，确定其厚度、基岩面形态； 3. 划分基岩风化带，确定其厚度； 4. 探测隐伏地下洞穴的位置、形态及充填物性质； 5. 探测第四系地层厚度、岩性结构及含水层(组)特征； 6. 探测隐伏古河道的位置、形态	1. 受地形、接地影响小； 2. 电网密集、游散电流区不宜工作	静态影响和地形影响较小，对低阻体反应灵敏，工作方式灵活多样，成本较高
	探地雷达	1. 探测隐伏断层的位置、产状、性质； 2. 探测覆盖层厚度，确定基岩面形态； 3. 划分基岩风化带，确定其厚度； 4. 探测隐伏地下洞穴的位置、形态； 5. 探测隐伏古河道的位置、形态	1. 受地形、场地限制较小； 2. 勘探深度较小，最大深度为 30～50m	具有较高的分辨率，适用范围广，工作效率高，成本较低
弹性波法	折射波法	1. 测定覆盖层厚度、基岩面起伏形态和构造破碎带； 2. 探测隐伏地下洞穴的位置、形态； 3. 求持力层、坚硬土层及基岩界面埋深和界面速度	1. 对薄层的探测能力差； 2. 要求一定范围的施工场地； 3. 无法探测逆转层	对地层结构、空间位置反映清晰，分辨率高，精度高，成本高
	反射波法	1. 划分地层层序，探测断层等地质构造； 2. 探测隐伏地下洞穴的位置、形态； 3. 隧道施工超前预报	要求探测对象与相邻介质应存在较明显的波阻抗差异，地形相对平缓	探测深度较大，分辨率较高，成本高
	瑞雷波法	1. 测定覆盖层厚度，确定基岩面形态； 2. 探测隐伏地下洞穴的位置、形态； 3. 探测基岩风化带，确定其厚度	1. 受地形、场地条件限制较小； 2. 勘探深度较小，目前一般为 30～50m	适合在复杂地形条件下工作，特别是对浅部精细结构反映清晰，分辨率高，工作效率高，资料直观，成本较低
层析成像法	电阻率层析成像	1. 探明隐伏断层、破碎带的位置、产状； 2. 探明隐伏洞穴的位置、空间形态、充填性质	1. 充水(液)孔、孔内无套管； 2. 井-井探测有效距离小于 120m; 3. 剖面与孔深比一般要求小于 1	属近源探测，准确性较高，适合对重点部位地质要素的详细了解，资料结果比较直观、精确，成本较高
	电磁波层析成像	1. 探明隐伏断层、破碎带的位置、产状； 2. 探明隐伏洞穴的位置、空间形态、充填性质	1. 孔内无套管； 2. 井-井探测有效距离一般在 100m 以内； 3. 剖面与孔深比一般要求小于 1	适合对重点部位地质要素的勘探，资料准确、直观，成本较高

续表

物探方法		解决问题	应用条件	经济、技术特点
层析成像法	地震层析成像	1. 探明隐伏断层的位置、产状； 2. 探明隐伏洞穴的位置、空间形态	1. 钻孔的激发、接收条件要尽可能一致； 2. 可在井管孔中施工； 3. 井-井探测距离小于120m； 4. 剖面与孔深比一般要求小于 1	适合对重点地质要素的了解，资料准确、直观，成本较高
	声波层析成像	1. 探明隐伏断层、破碎带的位置、埋深、形状； 2. 探明地下洞穴的位置、埋深、形状	1. 受发射能量限制，井-井跨距一般较小，最大为30～50m； 2. 剖面与孔深比一般要求小于 1	为无损检测工作，孔内工作激发比较简单，可测声波参数多，信息量大，成本较高
放射性及其他方法	氡气法	探明隐伏断层的位置、分布	1. 受地形、场地、环境的限制小； 2. 测点尽可能避开近期的人工扰动地段	方法简便，限制少，适于普查工作，成本低
	汞气测量	1. 探明隐伏断层、破碎带的位置； 2. 探明地下洞穴的位置	1. 受地形、场地、环境的限制小； 2. 取样点避开近期的人工扰动地段	方法简便，资料直观，效率高，适于普查工作，成本低
	微重力测量	1. 探明隐伏断层、破碎带的位置； 2. 探明隐伏洞穴的位置、埋深	1. 要求精确的测量工作； 2. 不受场地、环境限制，在坑道、平硐中可开展工作	测量条件简单，资料分析难度较大，适合在某些特殊环境下工作，成本高

表 8.1.3　单一、综合参数及方法一览表

项目	单一参数及方法	综合参数及方法	模式特点
参数	电阻率、波速、介电常数、氡气、激化率、磁场强度等	氡气+电阻率、波速+氡气、电阻率+波速、介电常数+电阻率	低电阻高氡、低波速高氡、低电阻低波速、低波速高介电常数
方法	瞬变脉冲电磁法、直流电阻率法、高密度电阻率法、地质雷达法、浅层地震法、测氡法、电磁波 CT、单孔与跨孔声波 CT 成像法、隧道地震预报法等	测氡+联合剖面法、浅层地震+测氡、浅层地震+瞬变脉冲电磁法、浅层地震+高密度电阻率法	

8.1.4　构筑物结构检测

水害往往是从构筑物结构薄弱的部位发生的，因此对构筑物的结构检查主要依据各类构筑物的特点，选择合适的方法对构筑物结构进行全面系统的检查，以查清构筑物结构状况，为安全性评价和处治方法的选择提供基础数据。

8.1.5　排水系统检查

公路构筑物由于多年运营，部分排水系统缺乏养护，造成排水系统的堵塞和失效。排水系统检查包含对地表排水系统和构筑物排水系统的检查，采用人工调查结合必要的技术手段进行检查，如可采用工业内窥镜、潜望镜、多功能机器人等设备对隐蔽排水工程进行检查。

8.2　新型公路防排水结构设计思路

公路工程水害主要是在地下水补径排过程中造成的，现规范中对公路构筑物的防排水以堵和排为主，缺乏系统性的防排水结构设计思路。针对公路工程防排水结构，易采用查、截、堵、排、养的综合设计处治方法。

查：查明水源范围、径流通道及排水功效，即查明地下水的补径排规律。

截：根据地形地貌，沿公路表面径流线路设置排水设施，截排地表水，即将地下水的补给通道进行截流，减少大气降雨和地表水的入渗量。

堵：封堵影响公路构筑物的地下水径流通道，减少构筑物的涌水量。

排：设置内部排水系统及时排出入渗水分，即保证地下水排泄通道的畅通。

养：定期并及时对构筑物排水系统进行检查、疏通和更换，保持有效的排水系统。

8.3　排水系统设置原则

排水系统应该根据构筑物所处的工程地质环境、水文地质环境、构筑物结构特点及工程设计需求，科学、合理、有效地进行设置，具体设置原则主要有以下几点：

(1) 地层岩性特征。结合工程地质勘探等资料，充分掌握构筑物所处地质环境的地层岩性特征，包括地层的种类、产状、完整性及必要的物理、力学和水理性质。

(2) 地下水特征。根据水文地质资料，充分了解构筑物所处水文环境的地下水类型、分布、水量及补径排特征。

(3) 排水设施类型。基于所掌握的构筑物所处地质环境和水文环境的地层岩性特征、地下水特征，再结合构筑物排水设计需求，选择科学、合理、经济的排水设施类型。

8.4　新型排水结构

依托工程项目，本书研发了曲纹网状透水管结构，其充分利用虹吸原理和毛细现象，集吸水、透水、排水于一体。曲纹网状透水管结构具有满足工程设计要求的耐压能力、透水性和反滤作用，以及超长耐候性。不因地质、地理温度变化而发生断裂，并可达到快速排水的效果，不会对环境造成二次污染，属于新型环保产品。由于其施工简便，对地质、地形无特殊要求，任何需要用暗排水的地方都可以使用。新型边坡可更换硬韧组合双层曲纹网状透水管也可实现更换和清洗等功能，极大地降低维护成本和减少维护工程量，对道路路基和边坡等工程项目的可持续稳定运行起到至关重要的作用。

曲纹网状透水管作为新型渗排水管应用于高速公路工程项目，具有优越的透水性能、超强耐压能力、超强抗沉降性及超长使用寿命，能够极大地延长高速公路的使用寿命，减少维护次数，降低维护成本，是当前市场上最先进、最科学的渗排水产品，是高速公路项目渗排水工程最理想的选择。

高速公路建设项目需要用到透水管的部位有路基盲沟、中央绿化带渗沟、隧道边沟、隧道横向盲沟及边坡仰斜排水孔。

由于使用部位不同，曲纹网状透水管主要分为曲纹网状 HDPE 硬式透水管、新型边坡可更换硬韧组合双层曲纹网状 HDPE 透水管及曲纹网状 HDPE 方型透水管，其结构和外观各不相同。

8.4.1　曲纹网状 HDPE 硬式透水管

曲纹网状 HDPE 硬式透水管是以高密度聚乙烯塑料为主要原料，添加一定比例的抗氧化剂和抗酸碱腐蚀剂等，在高温情况下通过热挤出机，经环向均匀摆动所形成的具有均匀密集小孔的 2/3 平面透水、1/3 平面不透水的网状管材。管材结构图和实物图如图 8.4.1 和图 8.4.2 所示。

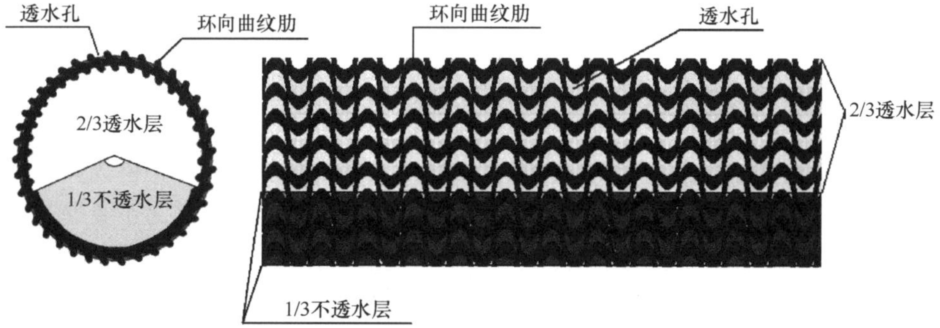

图 8.4.1　曲纹网状 HDPE 硬式透水管结构图

图 8.4.2　曲纹网状 HDPE 硬式透水管实物图

曲纹网状 HDPE 硬式透水管可用在路基挖方段碎石盲沟、填方段急流槽碎石盲沟、路面中央绿化带碎石盲沟、隧道纵向渗水边沟和隧道横向透水管等部位。

由于土质及地理位置不同，受天气影响，雨水量各不相同，敷设选用曲纹网状 HDPE 硬式透水管的规格也不尽相同，曲纹网状 HDPE 硬式透水管有多种尺寸规格可供选择，具体技术参数如表 8.4.1 所示。

表 8.4.1　曲纹网状 HDPE 硬式透水管技术参数

规格/mm	外径/mm	壁厚/mm	开孔率/%	每平方米孔个数/(个/m²)	环刚度/(kN/m²)	环向曲纹肋根数/根
50	49	3	50～75	≥16000	≥3	24
60	59	3.2	50～75	≥12000	≥3	26
75	74	3.5	50～75	≥12000	≥3	30
89	88	4	50～75	≥11000	≥3	32
110	109	4.5	50～75	≥9000	≥2	37
150	149	6	50～75	≥7000	≥2	40
160	159	7	50～75	≥6000	≥2	41
200	199	8	50～75	≥5000	≥2	45

8.4.2　新型边坡可更换硬韧组合双层曲纹网状 HDPE 透水管

新型边坡可更换硬韧组合双层曲纹网状 HDPE 透水管分为外管和内管。外管称为曲纹网状 HDPE 硬式透水管，如图 8.4.1 和图 8.4.2 所示。内管称为曲纹网状 HDPE 韧性透水管，外径规格为 60mm，是以高密度聚乙烯塑料为主要原料，添加一定比例的抗氧化剂和抗酸碱腐蚀剂等，在高温情况下通过热挤出机，经环向均匀摆动所形成的具有均匀密集小孔的全透型网状管材，管材结构图和实物图如图 8.4.3～图 8.4.5 所示。

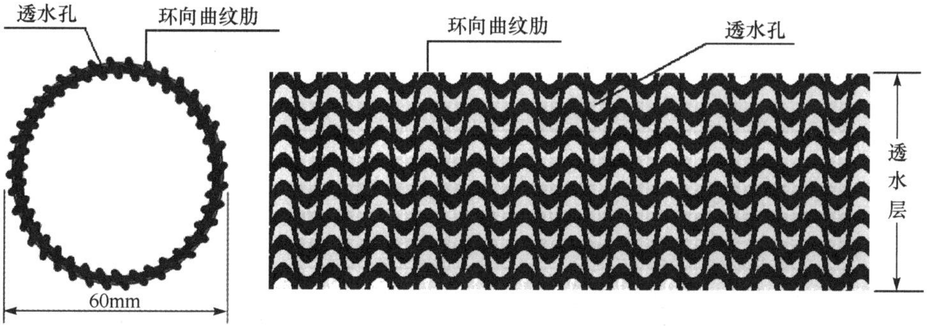

图 8.4.3　内管结构图

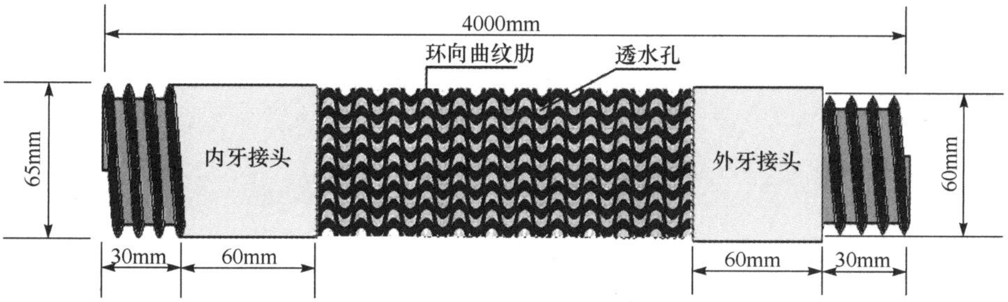

图 8.4.4　内管平面图

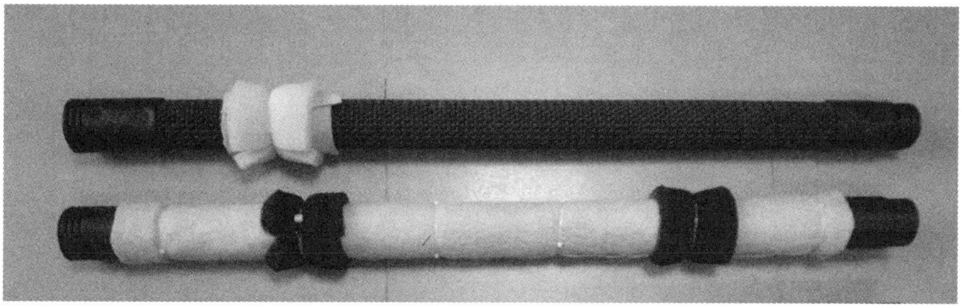

图 8.4.5　内管实物图

新型边坡可更换硬韧组合双层曲纹网状透水管只有将内管和外管组合起来使用才能起到其特有的作用。管材结构图和实物图如图 8.4.6～图 8.4.8 所示。

新型边坡可更换硬韧组合双层曲纹网状 HDPE 透水管结构比较复杂，其组成除内管和外管以外，还有其他相应的辅助性配件，外管作为排水孔骨架及第一过滤层，将岩土中的地下水通过管壁的透水孔引入管内，内管的主要作用是将渗入外管内的地下水及时有效地排出来。外管固定在坡体中，作为排水孔骨架及第一过滤层，永不再拔出；内管插入外管中，定期可将内管拔出清洗或更换，且不易弯曲或断裂，无须再重新钻孔布设新的排水孔。其他组成部件如下。

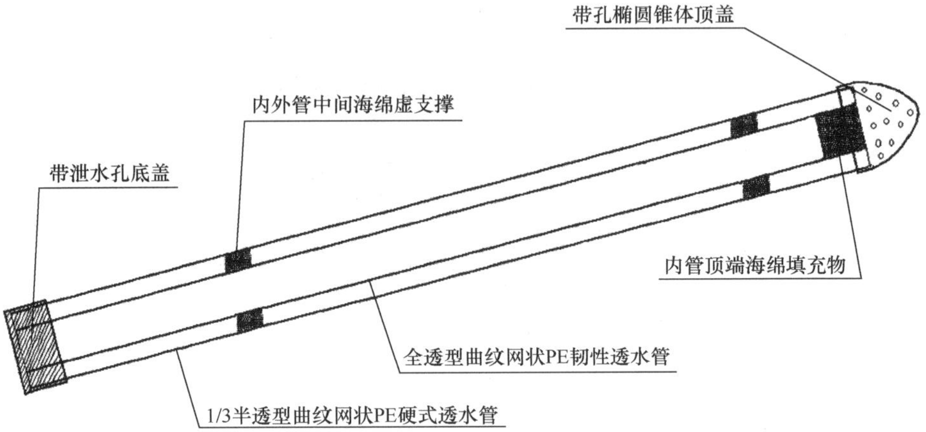

图 8.4.6 组合管平面图

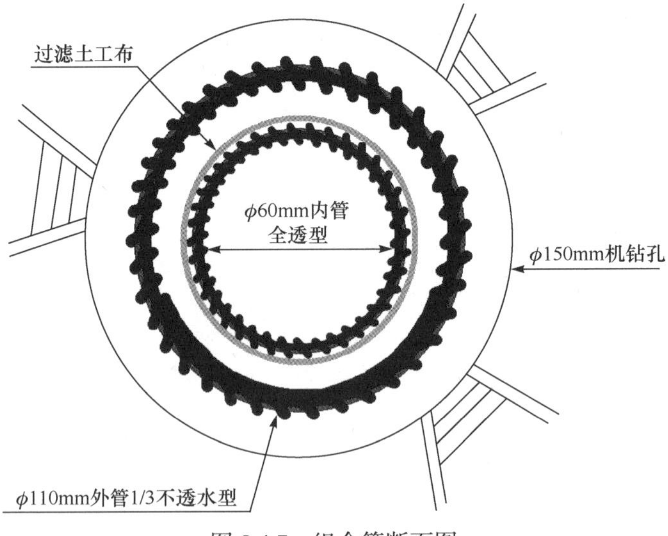

图 8.4.7 组合管断面图

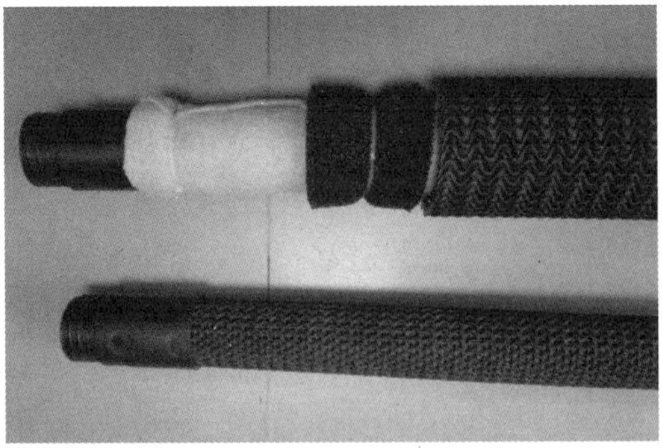

图 8.4.8 组合管实物图

(1) 外管直通接头。其主要作用是作为外管的连接件使用。接头为内径 110mm、内外壁光滑带孔直通的 HDPE 材质，如图 8.4.9 所示。

(2) 外管顶端锥体顶盖。其主要作用是方便外管推进到机钻孔内，同时防止岩土进入外管内。顶盖一头大一头小，形状类似子弹头，扩口为内径 110mm 带孔的 HDPE 材质，如图 8.4.10 所示。

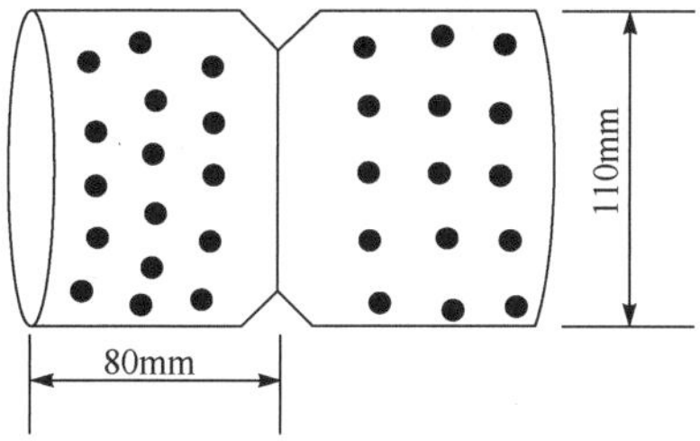

图 8.4.9　外管直通接头大样图

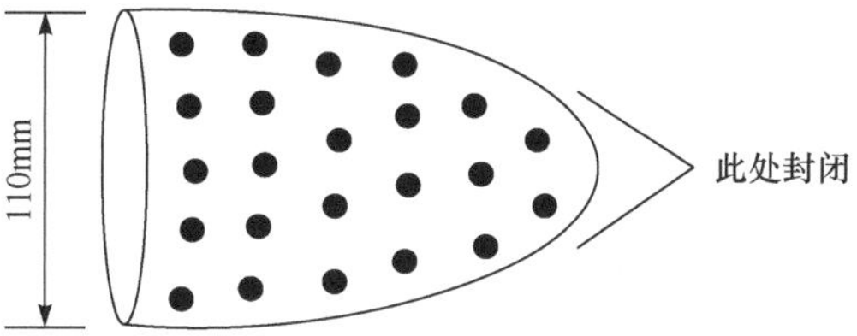

图 8.4.10　外管顶端锥体顶盖大样图

(3) 外管底盖。其主要作用是防止内管滑落。底盖内径为 110mm 的 HDPE 材质带排水孔尾盖，如图 8.4.11 所示。

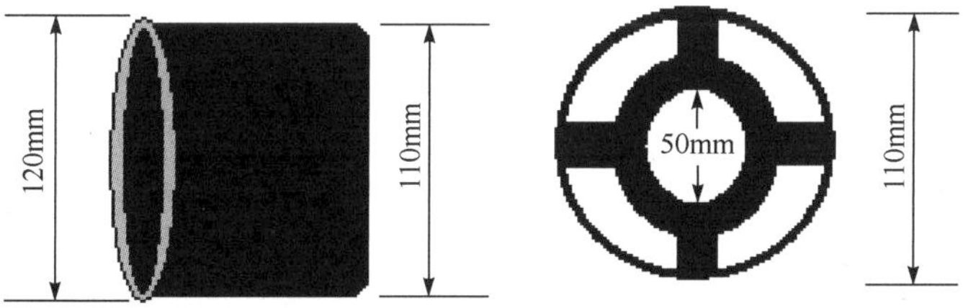

(a) 尾盖侧面　(b) 盖子底部

图 8.4.11　外管底盖大样图

(4) 内外管之间海绵虚支撑和内管顶端海绵填充物。作为虚支撑，其主要作用是防止内管滑落且防止泥土流失；作为内管顶端填充物，其主要作用是防止泥土进入内管造成淤堵。特征为带密集小孔，孔径不大于 2mm，厚度为 30mm 的发泡粗网孔硬海绵，如图 8.4.12 所示。

(5) 内管过滤土工布。其主要作用是包裹在内管外面，防止泥沙进入内管造成内管淤堵，规格为不小于 $100g/m^2$ 的无纺土工布。

新型边坡可更换硬韧组合双层曲纹网状透水管只有两根管，规格单一，其主要技术参数如表 8.4.2 和表 8.4.3 所示。

图 8.4.12　海绵实物图

表 8.4.2　外管技术参数

产品规格	外径 110mm
外观	草绿色，色泽均匀，无气泡、无杂质，管体无弯曲变形，两端切口平整，不透水层与透水层分界线与管体轴线垂直，两条分界线平行
管材壁厚/m	≥6
每米管透水孔个数/个	≥2700
主孔孔径/mm	2～4
开孔率/%	65±5
环向曲纹肋条数/条	≥36
环刚度/(kN/m²)	≥3
环柔性	无反向弯曲，无破裂，无分层
扁平试验	经试验后无裂纹
落锤冲击试验	经试验后 90%以上不破裂

表 8.4.3　内管技术参数

产品规格	外径 60mm
外观	黑色，色泽均匀，无气泡、无杂质，管体无弯曲变形
管材壁厚/mm	≥3.2
每米管透水孔个数/个	≥4800
主孔孔径/mm	1～2
开孔率/%	100
环向曲纹肋条数/条	≥26
环刚度/(kN/m²)	≥1

续表

产品规格	外径 60mm
环柔性	无反向弯曲，无破裂，无分层
接头壁厚/mm	≥2
螺纹丝扣圈数/圈	≥4
螺纹丝扣部位长度/mm	30～35
承插热熔端长度/mm	60～80

8.4.3　曲纹网状 HDPE 方型透水管

曲纹网状 HDPE 方型透水管是一种以高密度聚乙烯塑料为主要原料，添加一定比例的抗氧化剂和抗酸碱腐蚀剂等，在高温情况下通过热挤出机，经环向均匀摆动挤出后，再通过方型定型模具冷却所形成的具有均匀密集小孔的方形网状管材，管材周身布满密集小孔。管材结构图和实物图如图 8.4.13 和图 8.4.14 所示。

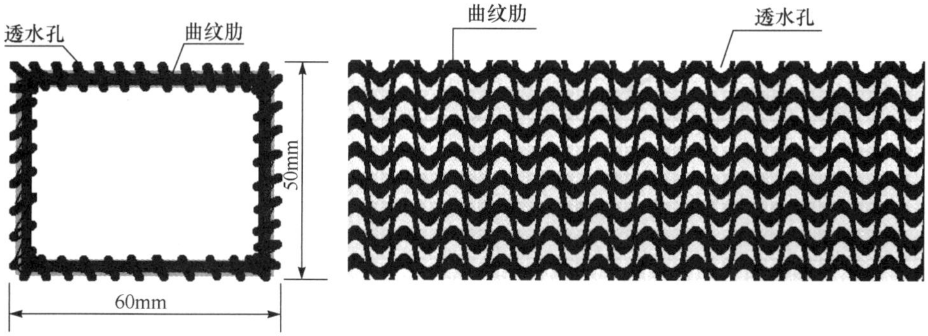

图 8.4.13　曲纹网状 HDPE 方型透水管结构图

图 8.4.14　曲纹网状 HDPE 方型透水管实物图

目前常用的曲纹网状 HDPE 方型透水管是 50mm×60mm 全透型管，壁厚为 3.2mm，长度为 4m/条，抗压强度不低于 1kN/m^2，外包土工布施工，可用专用接头连接，也可用土工布包扎相连。

8.5　新型排水系统设计

8.5.1　路基路面渗排水系统设计

依据公路路基路面水害特点和机理，结合研发的新型排水结构，对路基路面的渗排水系统设计如图 8.5.1 所示。

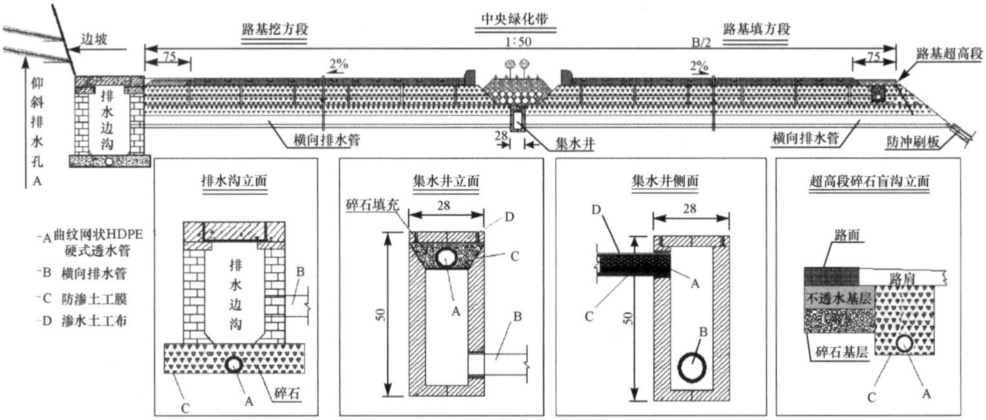

图 8.5.1　路基路面渗排水系统结构图(单位：mm)

8.5.2　路面渗水上基层横向排水结构处治技术

1. 设计参数

产品大样图及实物图如图 8.5.2 和图 8.5.3 所示。产品参数指标如表 8.5.1 所示。

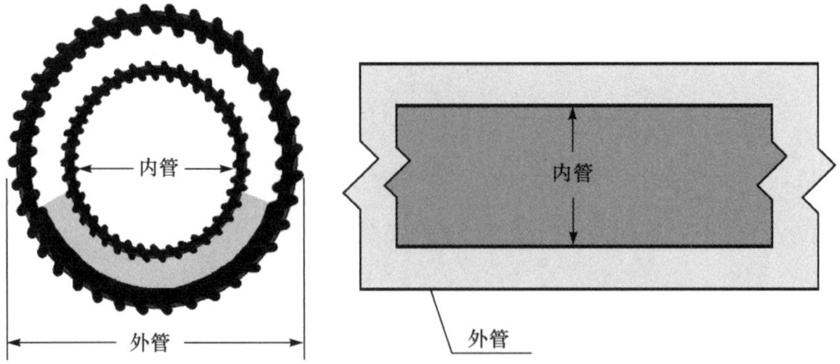

图 8.5.2　产品大样图

图 8.5.3　产品实物图

表 8.5.1　产品参数指标

产品类型	外管	内管
外观	草绿色，色泽均匀，无气泡、无杂质、无裂痕	色泽均匀，无气泡、无杂质、无裂痕
单孔孔径/mm	2～4	1～2
环刚度/(kN/m^2)	⩾5	⩾3
环柔性(弯曲屈服强度)	取 1m 管，定向弯曲 45°不开裂	取 1m 管，定向弯曲 90°不开裂
扁平试验	压扁至管径的 1/3 高度时不开裂	压扁至管径的 1/4 高度时不开裂
落锤冲击试验	经试验后 100%不破裂	经试验后 100%不破裂
壁厚/mm	4～6	3～4
开孔孔网部分比例/%	50～75	100
开孔个数/(个/m^2)	⩾9000	⩾12000

2. 安装步骤

路面上基层透水管安装步骤如下。

(1) 当路面填方段上基层被压路机压结实之后，尽快从中央绿化带位置向路肩开挖出一条宽约 12cm、高约 20cm 的直线沟槽。

(2) 将双层透水管组装好后放置于沟槽内，外管不透水层朝下，外管采用电热熔方式连接，外管和内管靠近中央绿化带顶端都要用过滤材料或海绵封堵。

(3) 内管外表面要用过滤材料包裹，并包扎海绵支撑物。

(4) 采用挖出的原状土直接回填沟槽，然后将沟槽夯实即可，每相隔 20m 即埋设一条同规格透水管。

3. 注意事项

(1) 必须在上基层处预埋透水管材。

(2) 基层必须被处理结实之后方可开挖。

(3) 透水管材必须保证不透水层朝下放置安装。

(4) 外管采用电熔连接，内管采用螺旋丝扣连接，便于日后拔出清洗。

(5) 内管必须包裹过滤物，靠近中央绿化带位置一端必须用过滤海绵封堵。

(6) 开挖出的沟槽底部必须保证平整，沟槽宽度和高度需保证适中，尺寸不能过大。

(7) 在路面坡顶位置可适量增加管道的间距，在坡底位置可适量缩小管道间距。

8.5.3 边坡排水系统设计

针对公路边坡仰斜排水孔淤积堵塞机理，采用新型边坡可更换硬韧组合双层曲纹网状透水管进行结构设计，结构设计图如图 8.5.4～图 8.5.6 所示。

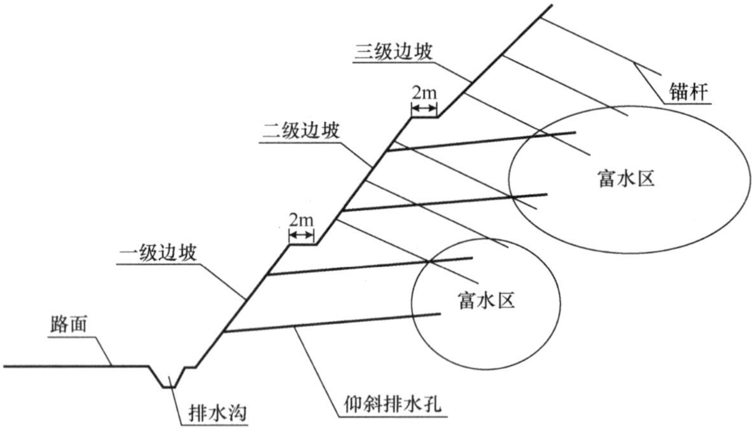

图 8.5.4　仰斜排水孔布设至富水区断面图

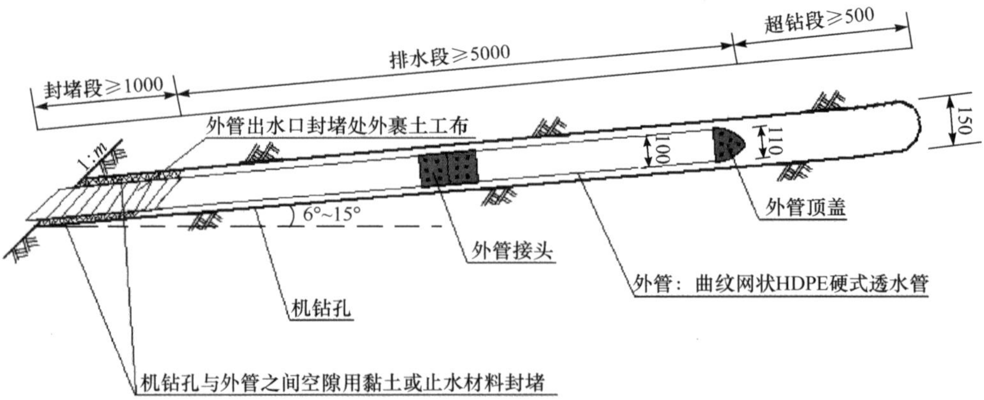

图 8.5.5　仰斜排水孔布施倾角断面图(单位：mm)

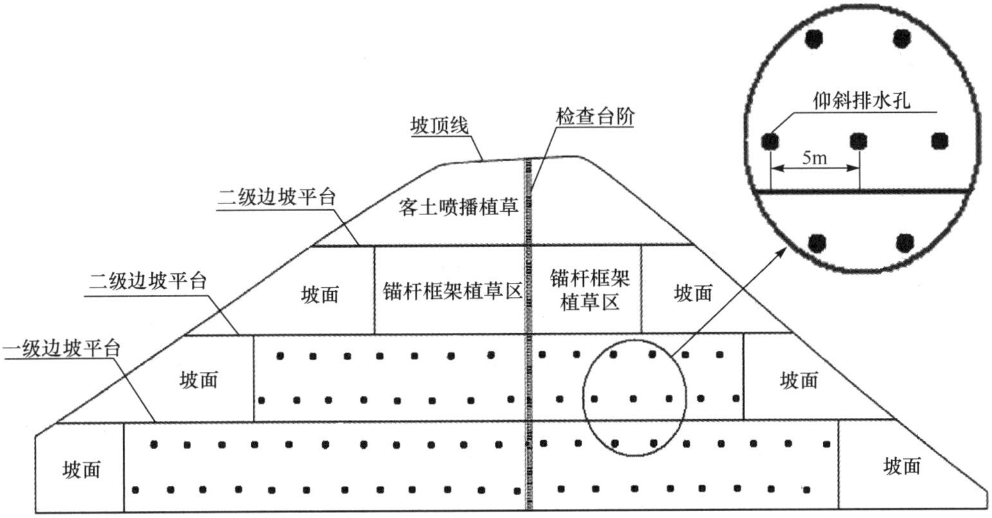

图 8.5.6　仰斜排水孔孔位与孔距立面图

8.5.4　隧道排水系统设计

针对隧道排水系统淤积堵塞机理和隧道地下水渗流规律，结合新型排水系统对隧道排水系统进行设计，如图 8.5.7 所示。

8.5.5　隧道新型排水系统

1. 边墙可视化可更换排水系统

目前国内针对运营公路隧道衬砌背后地下水引排的研究有较多的成果，隧道边墙墙脚排水是常用的方法，但总体而言，国内外在这方面的研究还处于初始阶

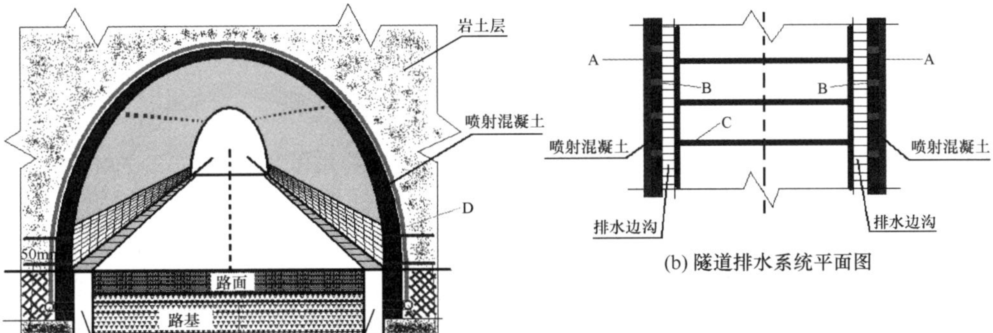

(a) 隧道排水系统立面图

(b) 隧道排水系统平面图

A-纵向曲纹网状HDPE硬式透水管
B-横向曲纹网状PE硬式透水管
C-隧底纵、横向50mm×60mm曲纹网状HDPE方型盲沟管
D-环向半圆排水管

图 8.5.7　隧道排水系统设计图(单位：mm)

段，大多采用墙脚打孔后凿槽埋管引排的方式，存在施工困难、后期无法养护和更换的缺陷，主要表现在：施工中需切割和凿除部分衬砌，施工难度高，而且影响隧道整体结构的稳定性；施工完成后，由于凿槽埋管引排将排水管安装在衬砌中，后期存在排水过程中无法检查泄水孔中水量和泄水孔是否堵塞的问题；泄水孔和排水管一旦堵塞，后期无法进行更换，只能重新施工，造成经济浪费。针对这些缺陷或不足，本节研制了新型可视化可更换边墙墙脚泄水结构(图 8.5.8)，该结构具有快速化施工、养护过程排水状态可视化、后期泄水孔内排水管可更换、耐久性高等优点，因此非常适宜在隧道边墙墙脚排水结构中推广应用。

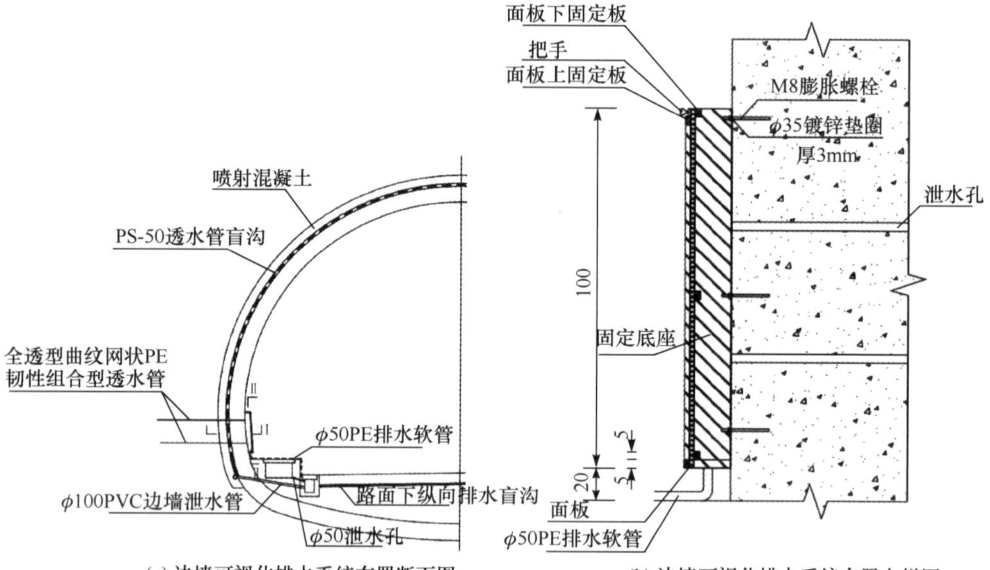

(a) 边墙可视化排水系统布置断面图　　(b) 边墙可视化排水系统布置大样图

图 8.5.8　边墙可视化可更换排水系统图(单位：mm)

2. 边沟可更换井点降水系统

目前国内针对运营公路隧道路面渗水和围岩水引排的研究有较多的成果，边沟井点降水是常用的方法，井点内排水管大多采用钻孔的 PVC 管或乱丝盲管，但钻孔的 PVC 管存在排水能力较差、易堵塞的问题，乱丝盲管刚度太低，施工过程和后期易破损。双层曲纹网状透水管(图 8.5.9)具有后期可更换、管材环刚度高、韧性强、开孔率高、透水性能好、耐久性好且不易堵塞等优点，适合在公路隧道边沟井点降水中采用。

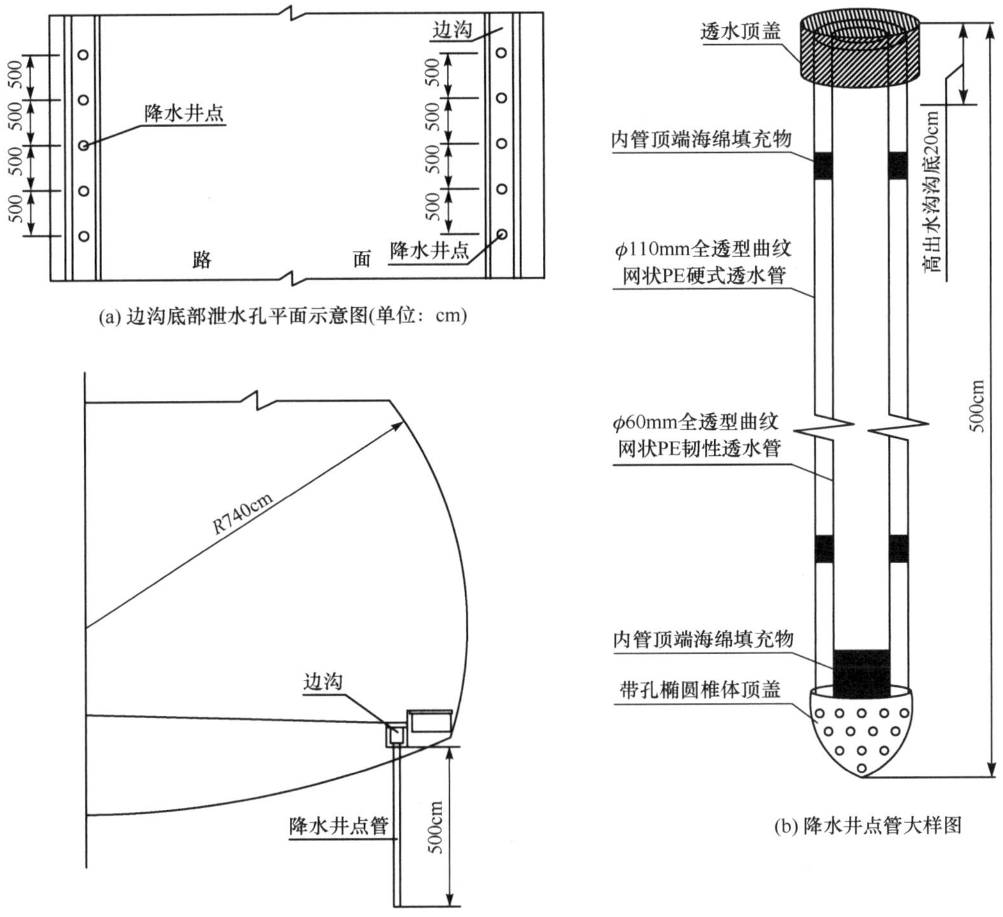

(a) 边沟底部泄水孔平面示意图(单位：cm)

(b) 降水井点管大样图

(c) 边沟底部泄水孔处治立面图

图 8.5.9　边沟可更换井点降水系统图

参考文献

[1] 陈宏斌. 甘肃省公路水文地质区划研究[J]. 公路交通科技(应用技术版), 2007, (12): 70-71,75.

[2] 李萍, 张志超, 许金良, 等. 山东省公路水文区划研究[J]. 公路交通科技, 2014, 31(6): 53-62.

[3] 耿大定, 陈传康, 杨吾扬, 等. 论中国公路自然区划[J]. 地理学报, 1978, 33(1): 49-61.

[4] 熊怡. 中国水文区划[M]. 北京: 科学出版社, 1995.

[5] 汤奇成. 中国河流水文[M]. 北京: 科学出版社, 1998.

[6] 《中国水利区划》编写组. 中国水利区划[M]. 北京: 水利电力出版社, 1989.

[7] 王金芬. 公路隧道防排水技术研究现状分析[C]//2009 中国公路筑养路机械技术大会, 北京, 2009: 230-233.

[8] 钟阳. 路基路面工程[M]. 哈尔滨: 哈尔滨工业大学出版社, 2010.

[9] 王战卫, 薛东剑. 四川新龙县滑坡地质灾害影响因素及分布规律分析[J]. 江苏科技信息, 2019, 36(3): 78-80.

[10] 潘海泽. 隧道工程地下水水害防治与评价体系研究[D]. 成都: 西南交通大学, 2009.

[11] 张治国. 公路路基灾害防治对策研究[D]. 西安: 长安大学, 2010.

[12] 刘海燕. 基于公路路基路面常见水损害及对策的探讨[J]. 科技创新与应用, 2013, (32): 211.

[13] 陈洪波. 路基边坡地质灾害防治技术信息系统[D]. 西安: 长安大学, 2007.

[14] 齐洪亮, 田伟平, 舒延俊. 中国公路水文区划指标体系[J]. 长安大学学报(自然科学版), 2010, 30(2): 39-43.

[15] 李庆贺. 山区高速公路路基排水技术研究[D]. 西安: 长安大学, 2010.

[16] 何忠明, 彭振斌, 陈乐求, 等. 运营隧道水害整治施工技术[J]. 勘察科学技术, 2005, (5): 41-43.

[17] 罗鉴银, 傅瓦利. 岩溶地区开凿隧道对地下水循环系统的破坏——以重庆市中梁山为例[J]. 西南农业大学学报(自然科学版), 2005, (4): 432-435.

[18] 齐永生. 庐江牛广路路基回弹模量初探[J]. 安徽建筑, 2010, 17(3): 159-160.

[19] 夏宁, 黄琴龙. 路基处治土回弹模量试验研究[J]. 粉煤灰综合利, 2010, (1): 18-20.

[20] 张伟. 广东省地质灾害的空间分布规律研究[J]. 地球, 2013, (6): 204, 206.

[21] 任世玺, 魏少伟, 张玉芳. 广东省高液限土岩土成因及边坡病害特点与防治对策[J]. 铁道建筑, 2015, (11): 84-88.

[22] 周邦良. 含煤系地层路堑边坡处理方法与探讨[J]. 文摘版:工程技术(建筑), 2016, (1): 251.

[23] 罗建军. 从水毁边坡谈防治水措施[J]. 湖南交通科技, 2006, 32(1): 50-53.

[24] 白诗尧, 但汉成, 凌桂香. 海南省公路沥青路面水损害主要类型与成因分析[J]. 江苏科技信息, 2016, (21): 67-71.

[25] 刘海峰, 李彩霞. 沥青路面水损害原因分析及预防措施[J]. 建筑工程技术与设计, 2014, (31): 391.

[26] 毛昌伟, 朱晓静. 水泥混凝土路面责任期内常见病害及维修[J]. 黑龙江科技信息, 2003, (3): 117.

[27] 储继业. 基于断裂力学原理的水泥混凝土路面开裂研究[J]. 交通科技, 2005, (6): 1-4.

[28] 许秀东. 水泥混凝土路面损伤断裂研究[J]. 交通标准化, 2009, (9): 189-191.
[29] 李秋菊. 水泥混凝土路面应力吸收层的功能分析[J]. 科技视界, 2012, (15): 255-256.
[30] 肖春发, 吴传海, 舒翔. 水泥混凝土路面板底脱空判别物元分析方法[J]. 广东公路交通, 2011, (3): 82-86.
[31] 赵茂才, 刘德海, 郑传锋,等. 水泥混凝土路面板下基层不均匀支撑成因分析[J]. 公路交通科技, 2005, (S1): 94-97.
[32] 邹育麟, 何川, 何聪,等. 重庆岩溶地区季节性富水营运隧道渗漏水病害特征及其成因机制分析[J]. 现代隧道技术, 2014, 51(4): 18-27, 45.
[33] 交通运输部. 公路隧道加固技术规范(JTG/T 5440—2018)[S]. 北京: 人民交通出版社, 2019.
[34] 杨兴陈. 公路隧道的无损检测技术与病害的治理研究[J]. 城市建设理论研究(电子版), 2013, (33): 1-4.
[35] 苗强强, 陈正汉, 蒋树屏, 等. 非饱和含黏砂土边坡模型渗水规律试验研究[J]. 地下空间与工程学报, 2013, 9(z1): 1511-1515.
[36] 史宏江. 土质对路基回弹模量的影响研究[J]. 内蒙古农业大学学报(自然科学版), 2011, 32(4): 248-251.
[37] 吕大伟, 孙晓立. 含水率和压实度对含粘砂土路基回弹模量的影响研究[J]. 路基工程, 2013, (3): 1-5.
[38] 朱朝. 路基的主要病害及防治措施[J]. 交通世界, 2013, (1): 104-105.
[39] 黄镇平, 张亮. 袖阀管注浆在桥梁台背加固处理中的应用[J]. 广东公路交通, 2019, (4): 173-177.
[40] 芮孝芳. 水文学原理[M]. 北京:中国水利水电出版社, 2004.
[41] 薛晓辉, 李常茂, 孙强, 等. 降雨诱发滑坡的水文地质因素分析[J]. 科技通报, 2015, (9): 29-35.
[42] 曰志龙. 降雨对边坡稳定性的影响分析[J]. 工程地质计算机应用, 2010, (3): 18-20.
[43] 樊炼, 陶文涛, 李漪. 路基含水率动态变化的数值分析研究[J]. 资源环境与工程, 2014, (1): 62-65.
[44] 张璐璐, 何晔. 降雨诱发滑坡稳定性分析的综述[J]. 中国科技论文, 2011.
[45] 路彦青. 降雨条件下公路路基渗流特性及边坡稳定性分析[J]. 科技风, 2013, (16): 144.
[46] 蒋中明, 熊小虎, 曾铃. 基于 FLAC3D 平台的边坡非饱和降雨入渗分析[J]. 岩土力学, 2014, (3): 855-861.
[47] 邹隽. 富水高陡路堑边坡深层排水技术研究[D]. 长沙: 长沙理工大学, 2008.
[48] 蒙健, 陈安, 张豹. 灰岩地区排水孔淤堵机理研究[J]. 中国水运(下半月), 2019, 19(5): 240-241.
[49] 许桂生, 陈胜宏. 含排水孔渗流场的 p 型自适应复合单元法分析[J]. 岩石力学与工程学报, 2006, 25(5): 969-973.
[50] 杜婷婷, 张勇江. 农村公路路基排水设计与施工实践[J]. 交通企业管理, 2016, 31(4): 52-54.
[51] 王林珍. 路基边坡冲刷及其防护研究[J]. 中国科技信息, 2014, (21): 80-81.
[52] 成永刚. 论水对滑坡的作用[J]. 四川建筑, 2004, (1): 53-54.
[53] 刘廷伟. 综合排水措施在高速公路滑坡治理中的应用[J]. 北方交通, 2020, (3): 88-91.
[54] 邓钦. 滑坡的防治理论与实践[J]. 灾害与防治工程, 2006, (1): 50-54.

[55] 罗丽娟, 赵法锁. 滑坡防治工程措施研究现状与应用综述[J]. 自然灾害学报, 2009, 18(4): 158-164.
[56] 苏蓉. 公路综合防排水设计简述[J]. 山西交通科技, 2004, (3): 30-31.
[57] 王德强. 湿热地区桥面铺装动水行为及材料组成设计优化研究[D]. 西安: 长安大学, 2011.
[58] 郝花艳. 孔隙水对沥青路面破坏机理及防治措施分析[J]. 交通世界(建养机械), 2013, (11): 290-291.
[59] 陈卫金, 程东会, 陶伟. Van Genuchten 模型参数的物理意义[J]. 水文地质工程地质, 2017, 44(6): 147-153.
[60] 张林洪, 王苏达, 吴培关, 等. 沥青路面结构的渗透性能测试研究[J]. 中南公路工程, 2005, 30(3):10-14.
[61] 沙庆林. 高速公路沥青路面早期破坏现象及预防[M]. 北京: 人民交通出版社, 2001.
[62] 沈金安. 关于沥青混合料的均匀性和离析问题[J]. 公路交通科技, 2001, 18(6): 20-24.
[63] 吉青克. 基于面层渗透系数的路表水渗入率设计[J]. 岩土工程学报, 2005, 27(9): 1045-1049.
[64] Cedergren H R. Drainage of Highway and Airfield Pavement[M]. New York: John Wily & Sons, 1974.
[65] Rideway H H. Infiltration of water through the pavement surface[J]. TRR 616, 1976: 98-100.
[66] 中华人民共和国交通运输部. 公路排水设计规范(JTG/T D33—2012)[S]. 北京:人民交通出版社, 2012.
[67] 但汉成. 饱和沥青路面动力耦合分析与路面非饱和水设计理论研究[D]. 长沙: 中南大学, 2011.
[68] 但汉成, 李亮, 李凌. 开裂沥青路面结构渗水量计算[J]. 哈尔滨工业大学学报, 2011, 43(6): 105-111.
[69] Slowik V, Saouma V E. Water pressure in propagating concrete cracks[J]. Journal of Structural Engineering, 2000, 126(2): 235-242.
[70] 李宗利, 任青文, 王亚红. 岩石与混凝土水力劈裂缝内水压分布的计算[J]. 水利学报, 2005, 36(6): 656-661.
[71] 王洪江, 吴爱祥, 刘金枝, 等. 排土场浸出过程中的渗流规律[J]. 中南大学学报(自然科学版), 2006, 37(2): 390-395.
[72] 但汉成, 李亮, 杨小礼,等. 基于渗流理论的沥青路面渗入率计算与分析[J]. 中南大学学报(自然科学版), 2010, (2): 742-748.
[73] 王林. 高等级公路路面现状分析及预防性养护建议[J]. 华东公路, 2019, (2): 42-43.
[74] 左江. 沥青路面病害原因分析及预防措施[J]. 黑龙江交通科技, 2010, 33(5): 48,50.
[75] 郝尧生, 刘兴东. 高速公路沥青路面坑槽病害成因与处治[J]. 中外公路, 2012, 32(3): 118-120.
[76] 李恪轩. 沥青路面坑槽病害处理技术研究[J]. 价值工程, 2013, (28): 143-144.
[77] 韩民. 沥青路面含砂雾封层在高速公路养护中的应用[J]. 中国新技术新产品, 2011, (24): 45.
[78] 郑震. 水泥路面接缝维修技术[J]. 交通世界(建养机械), 2014, (z1): 74-75.